U0049927

應用倫理學的新面向

劉阿榮◎等著

序

　　從學術研究與社會關注的焦點來看，很少有如「倫理學」議題的起伏變化：傳統社會中，把倫理道德視為社會安定的基石；新文化運動以來，又把它看做「吃人的禮教」，必欲去之而後快。曾幾何時，社會脫序、人欲橫流，學術界、社會上、政府與媒體……均強烈呼籲：要重視倫理道德、要加強倫理教育，使得「倫理學」又成為晚近的「顯學」，紛紛在大學中開設。

　　倫理學研究的核心在於人與人、人與社會、人與自然的相互關係。自古以來，東、西方思想家、政治家已有各種不同的言說論述。但近代倫理學的許多理論概念、研究路徑，大抵深受西方學術影響，並將「倫理學」置於「知識系統」作分析思辨，而不同於傳統文化中，將倫理道德納入「德行系統」去反省實踐。當然，若能使知識系統與德行系統結合：「知行合一」、「智德兼備」是一種理想的目標；然而實際上在學術關懷與研究旨趣上，知識與實踐還是各有偏重的。

　　一般說來，近代倫理學依研究取向與學術路徑，大致可以分為三種：規範倫理學、描述倫理學與後設倫理學。**規範倫理學**著重「應然」的規範，考究是否符合倫理原則，一般傳統倫理學、哲學家致力於此；**描述倫理學**探究「實然」的現象，並以是否符合社會公平正義為依歸，許多政治、經濟、法律……等社會科學的哲學思辨，常推展到此一層界；至於**後設倫理學**，則以分析倫理道德的後設意義，是否符合邏輯意含、語詞意義、經驗檢證等，通常為語言學、分析哲學家所關注的焦點。

事實上，倫理學的研究，如果僅止於理論探討、語詞分析、抽象思維，終究與現實生活有所隔閡。因此，晚近「應用倫理學」的發展，正符合社會需求和理論知識的實踐性，亦即將倫理學應用在現代生活的各個面向，以處理不同議題；或在不同專業中，樹立起倫理道德的規範。所謂生命倫理、企業倫理、社會倫理、政治倫理、行政倫理、新聞倫理、網路倫理、醫學倫理、法律倫理、環境倫理……等，蓬勃發展，蔚為新潮。在此一時代氛圍中，由兩岸共同關心倫理研究與道德實踐的相關單位和學者專家，於最近一、兩年舉辦了一次以公平正義為主題的學術研討會，會中發表了數十篇精彩的論文，範圍涵蓋上述應用倫理諸議題，因限於篇幅與主題性質的考量，由編審小組選出較具有代表性且與主題相近的十餘篇論文，經作者修改後編輯成冊，並以「應用倫理學的新面向」為書名刊行。謹對各篇作者致以誠摯的謝意；並對未獲選入的學者們表達最深的歉意。

劉阿榮 謹識於元智大學人文社會學院

2007 年 11 月

目　錄

孫 震

自利與公益的調和及衝突

1

孫震　元智大學名譽講座、台灣大學名譽教授

一、前言

在一般觀念中，自利和公益是兩件不相容的事，追求自利不免犧牲公益，而謀求公益難免妨礙自利。不過進一步思考就會發現，這樣的說法只有在以下兩個假定下才能成立。第一個假定是總資源固定，自己得到多，別人能得到的就減少；反之別人得到多，自己能得到的就減少。因此自利和公益在資源一定的條件下是互相衝突的。如果資源由於我們追求自利或公益的行動而增加，使二者可以得兼，則剩下的不過是分配多少的問題。第二個假定是我們只有從自利中感到幸福或得到喜樂，因此才會有損人利己的行為。不過事實並非如此，自古以來，中外思想家都說，人有利己之心，也有利他之心。我們不僅從自己的利益中得到快樂，也從別人的利益中得到快樂。因此，不但別人的利益增加並非一定使我們的利益減少，而且我們的利益減少也不一定表示我們的幸福會減少，可能更增加。

因此如果我們去掉這兩個假定，接著就會發生兩個重要的社會與人生最基本的問題。第一個問題是：究竟追求自利或公益何者更能使社會可用的總資源增加？第二個問題是：究竟人生幸福的來源是什麼？關於第一個問題，亞當・史密斯（Adam Smith）所代表的西方資本主義思想認為，追求自利更能使總資源增加，因而追求自利可以使自己和別人都得到更多的利益。我國傳統的儒家思想則認為促進公益較能使總資源增加；更重要的是，儒家最關心的其實不是總資源增加多少，甚至增加或不增加，而是義利之辨的義。這兩種思想有其時間的差距，也反映不同的技術條件。

史密斯在他的《國富論》（*An Inquiry into the Nature and Causes of the Wealth of Nations*, 1776）中提出自利與公益調和學說。他最常被引用的名

言是：每個人都追求自己的利益，冥冥中好像有一隻看不見的手，帶領其達到公共的利益，而且比蓄意想達到公益更有效。他的理論為資本主義經濟提供了道德上的正當性。人為了自己的利益而努力，結果推動了經濟進步，讓大家更富裕；但過分看重自利也會產生流弊，結果使公益受損。

那麼我們是否應回到孔子「子罕言利」和孟子「王何必曰利」的境界？如果大家不在乎自利，只熱心公益，經濟會不斷成長嗎？又縱然推動公益也可使經濟成長，總資源增加，但其效率如何？公益比自利更能促進成長、增加資源嗎？以下先說亞當·史密斯的理論。

二、自利、公益調和說

史密斯的「一隻看不見的手」（An invisible hand）在上千頁的《國富論》中只出現一次，卻被引用最多。這隻看不見的手究竟是什麼？史密斯未加解釋。有人說是制度，有人說是市場，有人說是當時習用的表達方法。為什麼個人追求自利可以達成公益？史密斯說：

「通常他既無意去促進公益，也不知促進了多少。他優先投資於國內產業而非國外產業是為了自己的安全。他如此經營此產業以獲致最大的產值，是為了自己的利得。他在此一情況和在很多其他情況一樣，被一隻看不見的手所帶領，達成了原本無意達成的目的。他無意於此亦非對社會不利，他追求自己的利益，往往比有意促進社會利益，更能有效達成社會的利益。」（IV. ii. 9）

史密斯又說：

「我們有飯吃，並非因為肉商、酒商和麵包商的恩惠，而是因為他

們知道對他們有利。我們是投其所好，而非訴諸他們的善心和好意。永遠不要告訴他們自己多需要，只告訴他們對他們有多少好處。」（I. ii. 2）

沒有人比我們自己更知道自己的利益所在，而且任何交易只有在買賣雙方都有利的情形下才會成立。所以在市場經濟中，每個人只須主張自己的利益，而由對方主張他自己的利益，無須像《鏡花緣》中的君子國，買賣雙方各為對方的利益爭執。為對方的利益考慮，誠然是一種崇高的情操，然而既不能使消費者的欲望得到最大的滿足，因而產生最大的效用，也不能使資源利用發揮最大的效果。

有趣的是，兩千多年前我國西漢初年的史家司馬遷在他的《史記·貨殖列傳》中，對於個人發揮自己的能力與專長、追求欲望的滿足，經過供需增減、價格變動，所產生的市場效果，有十分生動的描寫。司馬遷說：

「人各任其能，竭其力，以得所欲。故物賤之徵貴，貴之徵賤，各勸其業，樂其事，若水之趨下，日夜無休時，不召而自來，不求而民出之。豈非道之所符，而自然之驗邪？」

史密斯發現了市場功能因而主張經濟自由、減少干涉，司馬遷二千多年前有同樣的主張。司馬遷在〈貨殖列傳〉開宗明義就說：

「夫神農以前吾不知己。至若詩書所述，虞夏以來，耳目欲極聲色之好，口欲窮芻豢之味，身安逸樂，而心誇矜勢能之榮使。俗之漸民久矣，雖戶說以眇論，終不能化。故善者因之，其次利道（導）之，其次教誨之，其次整齊之，最下者與之爭。」

司馬遷不僅道出了市場的功能，而且列舉了不同程度政府干預、經濟計畫的可能性。他認為最好順應市場（因之，market friendly），最應

避免與之抗爭。二十世紀世界經濟發展的經驗證明，司馬遷可謂真知灼見，可惜未能發展為經濟學，而留待一千八百多年以後英國的亞當·史密斯。

三、自利必須建立在公平的基礎上

亞當·史密斯是從道德哲學出發，發展出他的經濟學。很少人（包括經濟學者）讀過史密斯的《國富論》，更少人讀過他的《道德情操論》（*The Theory of Moral Sentiments*, 1759），史密斯的經濟學建立在倫理的基礎上，史密斯二百多年來為人誤解，經濟學者亦為人誤解，被視為冷漠無情。然而史密斯在《道德情操論》中，開宗明義就說：

「無論我們認為人如何自私，在他的天性中必然有若干原則，使他關心他人的幸福和喜樂，雖然他從中並無所獲，只不過樂於看到而已。那就是同情或憐憫，也就是當我們看到別人不幸所感到的一種情緒。我們從他人的哀傷中感受到哀傷是顯而易見的事實，不需要任何證明。而這種情操像人性中其他原始的熱忱一樣，並不限於善良慈悲之士，即使是窮凶極惡之輩與鐵石心腸的亡命之徒，亦非全無同情之心。」（台灣協志版，頁1）

史密斯被視為資本主義的代言人，他的經濟主張被認為只顧自利，罔顧經濟弱者的福利。然而上面的話是否像孟子？史密斯也和孟子一樣，特別強調對兒童的關注。他說：人的天性對子女比對父母更多同情與感應，對子女的無微不至也勝過對父母的尊敬和感激。在自然眼中，兒童似乎比老人更重要，也往往激發更強烈、更普遍的關懷，因為兒童之生存全賴父母照顧，而且萬物皆有待於兒童。孟子的「孺子將入於井」反映同樣的心態，只是他不會這樣講出來而已。

人有利己之心，也有利他之心。沒有利己之心就不可能生存，沒有利他之心不可能發展成社會。史密斯從我們對自己和他人的關懷，引伸出三種美德。我們關心自己的幸福，因而有審慎的美德（the virtue of prudence），我們關心他人的幸福，因而有公平的美德（the virtue of justice）和仁慈的美德（the virtue of beneficence）。關心自己的幸福是生物的本能，關心他人的幸福出於同情之心，是一種投射。因而利己之心強烈，利他之心薄弱。

進一步分析，審慎是對自己生存發展條件的重視與維護。在史密斯的思想中，審慎包括健康的照顧、財富的追求，以及地位與聲望的建立。這些都是人生愉悅與幸福之所寄託及憑藉。我們生而飢思食、寒思衣，好喜樂而惡苦痛，都可視為大自然的聲音，指示我們如何趨吉避凶，以維護身體的良好狀況。顧好自己的身體，使其健康成長，是自然賦予我們首要的任務。然而我們要有足夠的財富才能取得所需的資源與便利，以享受安樂，免於貧窮。除了財富，我們尚需要地位、聲望和尊敬。史密斯認為，地位、聲望和尊敬可能是我們所有欲望中最強烈的欲望，這些欲望的達到，也需要財富，當然更重要的是要有高尚的品德和行為，才能贏得信任和尊敬。

史密斯尋求以強烈的利己心為動力，讓人們追求自利，以推動社會的公益；但追求自利必須遵守公平的原則：公平是不傷害別人，仁慈是幫助別人，增進別人的福祉；公平是「絕對的義務」，仁慈是非絕對的義務。

四、價值的創造與分享

別人的利益不減少，自己的利益從何而來？來自創造了增加的價值（added value）。這是因為企業生產貨物或勞務滿足消費者的需要，需要

的滿足產生效用（utility），效用產生價值。嚴格說應為市場價值（market value）或經濟價值（economic value），因為人生尚有其他方面的價值，留待下文討論。

企業募集資金，僱用生產因素，購置機器設備與原、材料，從事生產、創造價值。在生產的過程中，地主得到租金，資本主得到利息，員工得到薪資，機器設備與原、材料的供應者得到價款，投資人得到利潤，如經營不當，利潤可能是負值。

我們將所有企業所生產的總價值相加，減去「中間產品」（intermediate products），即投入之機器設備、原材料，所得到的「最後產品」（final products），就是這些企業經由生產所創造的「增加的價值」（added value 或 value added），叫做「國內生產毛額」（Gross Domestic Product, GDP），或「國民生產毛額」（Gross National Product, GNP）。GNP 恰等於所有生產因素的所有主以其生產因素參與生產所得到的報酬或所得總和，叫做「國民所得毛額」（Gross National Income, GNI）。

公平就是使所有相關的利害關係者都得到公平的對待，不受到損害，即不欺騙顧客與投資人，不剝削員工，不虧欠生意伙伴。企業以最有效率的方法，生產最為社會需要的產品，其所創造的價值即最大，因而利潤最多。所以自利和公益是一致的。社會因個人追求自利而達到公益。

利潤有兩個重要的社會意義，一個是作為生產效率的指標，一個是作為資源分配的指標。效率包括生產方法的效率和選擇產品的效率，後者就是晚近流行的「藍海策略」（blue ocean strategy）。[1]生產方法的效率基本上有三個重要的來源，即管理、資本與技術。管理是指由於組織與管理方法改進使勞動生產力提高；資本是指資本增加使勞動生產力提

---

[1]黃秀媛譯（2005），W. Chan Kim & Renée Mauborgne 著，《藍海策略》。台北：天下文化。

高；技術是指由於技術進步使勞動生產力提高。資本相對於勞力增加雖可使生產力提高，但由於「邊際報酬遞減法則」（law of diminishing marginal returns）的作用，最後會下降為零，因此技術進步是生產力不斷提高、經濟不斷成長最重要、最根本的因素。有了以現代科學為基礎的技術不斷進步，才有人均所得不斷增加的現代經濟成長。不過如果沒有新產品出現，技術不斷進步，生產力不斷提高，會使現有產品的邊際效用（marginal utility）下降為零，失業增加，因此必須有新產品不斷出現，這就是「藍海策略」的要點。「藍海策略」指避免生產技術方面的激烈競爭，轉向創造新商品與服務的競爭。資源分配包括在使用者之間的分配與產業之間的分配。資源流向最能有效使用資源之人與利潤最高之產業，因而使社會有限的資源，產生最大的價值，滿足最大的需要。

五、企業的社會責任與公平

亞當‧史密斯原為蘇格蘭 Glasgow 大學道德哲學的教授，後來發展出他的經濟學。他的《國富論》雖建立在「公平」的基礎上，但基本上他更依靠市場和競爭保障個別的利益，而不是靠每個人發揮自己的公平正義之心和利他的胸懷。所以他說永遠不要告訴他們自己多需要，只告訴他們對他們有多少好處。商品、勞工、土地、資金、機器設備和原材料，各有其市場決定買賣雙方都接受的價格，市場保障了公平。所以他的現代信徒諾貝爾經濟學獎得主傅利曼（Milton Friedman）說：企業只有一個社會責任，就是在遊戲規則的範圍內使用其資源，從事增加利潤之活動，所謂遊戲規則就是從事公開自由的競爭，而不欺騙作偽。

不過在現實生活中，欺騙作偽隨時、到處可見，公平競爭並不常存在，消費者和勞動者勢單力薄往往無法保護自己，以致權益受損，需要道德的號召與制度的節制。此外，經濟高度發達，經濟活動的外部不經

濟（external diseconomies）對社會和自然環境所產生的傷害日愈嚴重，引起新的關懷，主張企業除了賺錢也應負起其社會責任。企業的社會責任（corporate social responsibilities）就是要照顧到其利害關係者的利益，包括顧客、員工、生意伙伴、社區、社會與自然環境，這種主張稱為「利害關係者理論」（stakeholders theory），對照之下，傅利曼的主張稱為股票所有者理論或股東至上論（shareholders theory）。

　　企業社會責任中的利害關係者並非都屬相同的性質，因而照顧的方式應亦有所不同。顧客、員工、生意伙伴原則上可藉市場機制得到公平的報酬。不過如果完全依賴市場，則供需決定價格，價格影響供需，在調整的過程中產生額外成本，因此在順從市場決定之外，仍應付出照顧與關懷，為斤斤計較的市場機制，增加人情的溫暖。對社會與自然環境的外部不經濟應力求避免，或給予適當的補償；公益支出應以到達其邊際收益等於邊際成本之點為限，過此則損及股東或投資者的權益。其實這一切都是史密斯主張的公平。

　　重視公平基本上有兩個原因：第一，公平才能久遠，才能和平共生，無公平即無法維持秩序、穩定與效率；第二，公平本身就是一種最終目的（ultimate end）或絕對價值（absolute value），源自人的利他胸懷，有此胸懷才能形成社會。公平和公正、公義是同義字，譯自 justice，社會包含自利、公平與仁慈，並非只是利益的結合。

　　社會如失去公平，以致影響秩序、穩定與效率，等待自我糾正，必然曠日廢時，而且一定會付出很大的代價。因此社會必須同樣重視自制與公平，才能維持和諧、穩定的發展，仁慈則讓社會充滿溫馨與感動，相信是每一理想社會都追求的境界。

六、自利的社會後果

在公平的原則下追求自利，才能將努力引導至經濟價值的創造，產生所得，累積財富。人的欲望雖然無窮，曹操說：「人苦於不知足，既得隴，復望蜀」，然而正如韋伯（Max Weber）所說，貪得無厭是古今各國共同的現象，但並未導致資本主義的發展，資本主義反而是有節制的追求財富。

然而過分重視自利，賦予功利上和道德上的正當性，加以強調，很容易使人性中原本即較為薄弱的公平退居次要的地位。我們相信社會上絕大多數的人都重視自利與利他，然而當外在條件使二者不可得兼，或維持公平所需付出的自利代價愈大時，弊端就會暗中滋長。難怪梭羅（Lester Thurow）說，企業醜聞是資本主義的常態而非偶然。[2]

顧客、員工和生意伙伴雖然可能常受到欺騙，但畢竟有市場的保障，而且因為受害者是具體確定的對象，容易立刻察覺與救濟。所以晚近我們所熟悉的重大企業醜聞幾乎都是以廣大、分散的投資者、金融系統、政府為算計的對象，而最後的受害人是不知情甚至是至死不悟的社會大眾。

例如美國 2001 年 12 月爆發的安隆（Enron）醜聞，和 2002 年 6 月的「世界通信」（WorldCom）。基本上，安隆是利用特別目的組織（SPE）隱藏不利財報，維持偏高的股價，從中取利，使不知情的投資者慘遭損失。世界通信是將維護費用當作資本支出處理，並降低各種提存以降低成本，虛增利潤，以欺騙大眾。在台灣，企業醜聞的主要形式則是掏空自己的公司，或甚至進一步藉政府「紓困、救經濟」，取得銀行資金，飽入私囊，逍遙法外。

---

[2] 轉引自孫震（2004），＜梭羅看企業醜聞＞，《理當如此——企業永續經營之道》。台北：天下文化，頁 133-134。

資本主義不僅是一種制度，也是一種文化，過分重視經濟發展使自利，具體的說，使金錢成為這種文化的主流價值，其他一切價值包括對社會關懷的倫理價值與物欲以外的精神價值，都失去其重要性，社會即向下沉淪。這時我們是否會想起傳統儒家思想的社會意義呢？

七、儒家思想的社會意義

　　我們如果說西方資本主義社會的功利思想重視利己，而且以此為動力，推動經濟發展與社會進步，而我國傳統的儒家思想重視利他，而欲推而廣之，擴而充之，以增進社會的福祉，大致應可為學者所接受。孟子所說的「人皆有不忍人之心」，其實就是史密斯所說的我們不僅關心自己的幸福，也關心他人的幸福。孟子認為，不忍人之心產生惻隱之心、羞惡之心、辭讓之心、是非之心。他說：「惻隱之心，仁之端也。羞惡之心，義之端也。辭讓之心，禮之端也。是非之心，智之端也。」「苟能充之，足以保四海，苟不充之，不足以事父母。」（公孫丑）就是說，如果我們不能擴充此利他之胸懷，只重視自己的利益，社會引起爭奪，導致社會的衝突與不安，反過來影響自己的生活。所以他又說：「苟為後義而先利，不奪不饜。」（梁惠王）

　　然而這並不是說儒家思想不重視自利。正如史密斯所說，利己是生物的本能，比利他更是顯而易見的事實，人如果不知利己，根本不可能生存。孟子雖然批評「楊子為我是無君也」（沒有社會觀念），但他也批評「墨子兼愛是無父也」（沒有家庭觀念）。孔子說：「富而可求也，雖執鞭之士吾亦為之。」又說：「富與貴是人之所欲也，不以其道得之不處也。」他只是更重視原則。他說：「不義而富且貴，於我如浮雲。」魯君違背他的原則，他寧願離開魯國去周遊列國。在陳絕糧，子貢勸他說：「夫子之道至大也，故天下莫能容夫子，夫子蓋少貶也。」孔子對

子貢「今爾不修爾道而求為容」甚為不滿，他說：「賜，爾志不遠矣！」重視原則，不肯違背原則以達到目的，即令是群體的目的，是中華文化中最偉大的傳統。

其實儒家對人民的經濟福利很重視。子貢問政，孔子說：「富之，既富乃教之也。」孔子又說：「政之急者，莫大乎使民富且壽也。」（施政最優先的項目，就是讓老百姓富有而長壽。）孟子也說：使民養生喪死無憾是「王道之始也。」至於政府對財富應有的態度，儒家主張：「德者本也，財者末也……故財聚則民散，財散則民聚。」「國不以利為利，以義為利也。」（大學）對全國的百姓而言，財富最重要，但對政府而言，最重要的是「德」和「義」，「德」和「義」都是利他的表現。政府和領導階層要發揮利他的精神，以達到人民利己的目的。因此孟子見梁惠王曰：「王何必曰利，亦有仁義而已。」儒者對自己的要求則是「君子謀道不謀食。耕也，餒在其中矣；學也，祿在其中矣。君子憂道不憂貧。」《論語》有一個故事最能說明儒者對財富的看法：「原思為之宰（擔任孔子的管家），與之粟九百。辭（原思不接受，為老師服務不接受報酬）。曰：毋！以與爾鄰里鄉黨乎？」（孔子說，不要這樣，不會送給你的鄰里鄉黨嗎？）

傳統儒家思想重視倫理勝於知識，重視原則勝於功利；儒家重視人民的經濟生活，但不鼓吹經濟發展。事實上，以生產力不斷提高、人均所得持續增加為特質的現代經濟成長是現代科技興起以後的現象。在缺少技術持續進步的傳統社會，中外思想家的努力都是維持社會之和諧而非物質上的進步。不過儒家的基本教訓有利於經濟發展，包括忠心、盡責、追求卓越、重視教育。所以美國的未來學家 Herman Kahn 說：經濟發展並非西方獨有的產物，亞洲新儒文化（the neo-Confucian culture）比

傳統西方文化更有利於經濟發展。[3]

　　孔子的教育是詩、書、禮、樂、文、行、忠、信的全人教育，並非只培養治國、平天下的人才。他的學生中有結駟連騎與國君分庭抗禮的子貢，也有匿於陋巷不厭糟糠的原憲，而他最欣賞的弟子是「一簞食、一瓢飲、在陋巷」用行舍藏的顏回。後世以制度誘使天下英才進入政府，以致才智之士不是在朝為官，就是埋首苦讀為做官作準備，可能是不利於科技進步、經濟發展的重要原因。

八、結語

1. 人性有利己的成分，也有利他的成分。利己是生物的本能，是切身的感受；利他出於同情，是自身感受的投射。因此利己之心強烈，利他之心薄弱，更不必說對我們不認識、甚至根本不知是誰的陌生者。利他又有不同的程度，不傷害別人的利益是公平，增加別人的利益是仁慈。基本上這是英哲亞當·史密斯的說法，不過主張性善的孟子也不能否認，因為這是顯而易見的事實。

2. 史密斯的理論是說，每個人都在公平的原則下追求自己的經濟利益，則透過市場機制的作用，會使資源利用發揮最大的效率，因而為社會創造最大的經濟價值。追求自利可以達到公益，因此自利和公益是一致的。但在現實生活中，總是有人不顧公平，犧牲他人的利益，成就自己的利益。這在任何社會都難避免，就像任何社會都有壞人一樣。然而社會的目的愈強調經濟價值（例如重視財富、重視經濟成長），社會的倫理觀念便愈薄弱，社會監督

---

[3] Sun Chen, "Investment in Education and Human Resource Development in Postwar Taiwan," in Steven Harrell & Huang Chun-Chieh, eds., "Cultural Change in Postwar Taiwan," Westview Press, 1994.

系統愈鬆弛，則人民愈易為追求財富而背棄公平，經濟情況困難時尤其如此。

3. 這就是社會學家墨頓（Robert Merton）所說的「規範動搖」（Anomie）。墨頓的此一理論是說，社會強調的目的與其所提供的正當（legitimate）手段不一致是「規範動搖」的主要原因。「規範動搖」不是無規範（normless），而是明知有規範但加以逾越。「規範動搖」嚴重將使社會紀律廢弛，道德敗壞，漸至失去融洽與安定，終致影響經濟效率與發展。

4. 儒家思想主張節制自利動機，發揚利他胸懷，以造福人群。社會的目的主要為（社會）安定與（經濟）進步。傳統社會缺少持續的技術進步，沒有以人均所得持續增加為特色的現代經濟成長，故社會安定和諧成為主要目的，而儒家思想讓人民「貧而樂道，富而好禮」，降低對經濟價值的重視，強調精神價值與倫理價值或道德價值，追求完滿的人格與修、齊、治、平之道，最能達到此一目的。進到現代成長時代，儒家思想並非與成長不相容，其重視盡忠、負責與學習的人生態度可能更有利於經濟發展。唯儒家思想如轉而重視自利動機與經濟價值，將不成其為儒家思想。儒家思想強調成就動機（achievement motive）但不強調自利動機。

5. 一切價值源自內心欲望的滿足，欲望的滿足產生效用，效用產生價值。經濟價值是對自利動機中物質欲望的滿足，故也可稱物質價值；不過自利的欲望不僅包含物質欲望，正如亞當‧史密斯所說的，尚包含對社會地位、聲望與受人尊重的欲望，滿足這部分欲望所產生的價值可稱為社會價值。此外，史密斯的思想未包含的，應尚有精神價值，例如我們對音樂、藝術、獨立自主、自由的心靈，以及自然美景的欣賞。例如陶淵明辭官歸里，「倚南窗以寄傲，審容膝之易安。」、「採菊東籬下，悠然見南山。」；蘇東坡「江上之清風與山間之明月。」而我們由利他的欲望所得到的

滿足可稱為道德價值或倫理價值。經濟價值（economic value）、社會價值（social value）、精神價值（spiritual value）和倫理價值（ethical value）共同構成我們的價值體系，讓我們得到最大的幸福（happiness）。

6.我們如果將此由西方思想所導出的價值體系與我國儒家的傳統思想相比較，則經濟價值相當於利或富，社會價值相當於名或貴，倫理價值包括義和仁。此外，社會價值是孟子所說的人爵，倫理價值是孟子所說的天爵。孟子說：「有天爵者，有人爵者。仁義忠信，樂善不倦，此天爵也。公卿大夫此人爵也。古之人修其天爵而人爵從之。今之人修其天爵以要人爵，既得人爵而棄其天爵，則惑之甚者也。終亦必亡而已矣！」（《孟子·告子篇》）

7.以上的討論可作成下圖：

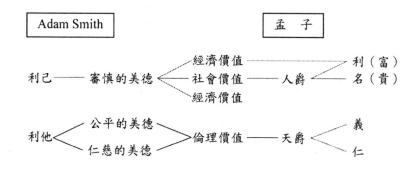

　　以今天的社會和二千多年前孔、孟的時代相比，現代經濟成長使經濟價值的重要性提高。孟子感嘆「今之人」沽名釣譽，以求取社會價值，既得到社會價值則忘記了根本，敗德喪行，終不免於身敗名裂。如今在社會價值之外增加了經濟價值，更引導世人追逐，重名利而輕仁義，敗壞社會的倫理基礎。

　　經濟發展，所得與財富增加，並不能使人更快樂，更幸福，因為人

所追求的除了經濟價值和社會價值，尚有精神價值和倫理價值。我們是否因此更能了解為什麼孔門高弟之中有人做官，有人經商，但也有人如孔子最欣賞的顏淵，和請其為宰的原憲，寧願在陋巷過清苦的日子！

李奇茂

科技時代「倫理」功利觀的昇華蛻變之路

2

李奇茂　淡江大學文錙藝術中心主任
台灣藝術大學教授
中華倫理教育學會理事長

「倫理」一詞最初見於《禮樂記》，係指事實之倫類條理而言。若就字義來解釋，「倫」就是「類別」，「理」就是「紋理」，引申為一切有條貫、有脈絡可循的倫理，說明人際關係互動的行為規範。

在事務方面有一成不變的倫理關係，運作得當則產生相輔相成的效果，運作失序則會形成嚴重的災變。大自然界是否風調雨順與海嘯地震等理學有關，就是最好的說明，而科技方面的進步與發明，更與能否掌握物質方面的倫理關係，有密不可分的因果關係。

人類的倫理關係，就是人人為正常生存，而應循人類之規則，各自敬謹遵守之秩序，亦即人與人生活關係中相處的道理。儒家思想最重視人倫關係的建立，孔子力倡「忠、恕、仁、愛」之道，孟子更律定「五倫關係」，認為惟有如此，才是安定社會，繁衍種族的基礎。

孟子所舉的「五倫」是：「君臣、父子、夫婦、兄弟、朋友。」必須要作到「君臣有義、父子有親、夫婦有別、長幼有序、朋友有信」，才能夠各守其分際，各盡其責任，建立親密的人倫關係，進而維繫著互助合作的社會模式，從而產生安和樂利的生存環境。

先秦時代，百家爭鳴。楊朱為我，拔一毛而利天下不為也；墨子兼愛，大利天下而為之；孔孟之道則講求「恕」，主張凡事要「推己及人」，以期做到「泛愛眾而親仁」的境界。一般人咸認人類的稟性中具有高貴的「人性」素質，而人類的心理層面中更有明確的「理性」成分，「人性」就是「倫理」的基礎，「理性」則是「倫理」的骨幹。意味著「倫理」與「人類」原本就有著密不可分的關係。自從人類群居開始，為了共同生存與生活的需要，就會自然而然的產生出「倫理關係」。

準此而論，人類以外的動物、植物、礦物何嘗不是如此，基於生存的需要與生活的條件，也自然而然形成了各種各樣的倫理關係！試看猿猴的生態井井有條、蜜蜂則分工合作各司其事、竹林的排他性以及礦物的互相依存關係，在在透露出倫理關係的自然法則都是不變的道理。

自從達爾文的「天演論」石破天驚的出爐以後，凸顯了「物競天擇，

優勝劣敗，適者生存，不適者淘汰」的生存法則。同時也說明了生物在營生的過程中，競爭求勝和自私自利本就是與生俱來的天性與本能。競爭求勝是為了獲得較佳的生存條件，以顯現出人類在精神層次上的崇高地位，實非一般動、植物，堪與比擬。

人類的「倫理條件」是以道德修養為依歸，而「倫理關係」的實踐與發揚，則端賴功利主義作為誘因和基礎。基於道德修養所產生的容忍調和、必須自我約束、尊重他人、服從公意、愛護群體和服務犧牲，善盡個人本分，才能在歷史的長河中，維繫「倫理關係」的全面實踐與持續發展，基於社會進步已進入科技時代，如此人人須對個人功利主義加以調適改變，方可細水常流，行之有效。

如此說法，絕無褻瀆人性之意，蓋趨吉避凶向為生物之本能，喜功好利尤為人類之本性。苟能「明份盡己」，誠誠懇懇的恪遵「人倫關係」，便能得到精神上的獎勉與實質上的報償，名利兼顧，又何樂而不為呢？

人倫關係、人類關係均十分複雜，不像其他生物那樣單純，因此「人倫關係」得視其適用範圍的大小，而有不同層次的區分。先聖先賢們也不避諱「等差之愛」。大凡範圍較小，距自己最近的「家族倫理」執行得最為徹底。彼此關係的好壞，影響彼此之間的直接利害；「社會倫理」的範圍較大，距離自己較遠，實質的影響往往間接而迂迴，因而在執行上也就難免會受到忽視。

這種情形演變的結果，使得關係密切的彼此之間，情感熱絡，秩序井然；個人與社會大眾之間，則因陌生疏離，更缺乏適當的規範。倘若在農業社會，個人的活動範圍較小，彼此老死不相往來，尚不易引起太大的影響；但在工業社會中，個人活動的範圍加大許多，人與人之間的關係廣泛而密切，個人的一舉一動，對社會大眾便易產生立即而全面的影響。

更嚴重的是，由於「等差之愛」觀念的牢不可破，一般人對於維護熟識者的權益尚能敬謹遵行，不敢逾越；但對於陌生人的權益卻視若罔

聞或無暇顧及。常見的現象是：自己家裡整理得乾乾淨淨；出門卻亂倒垃圾，為了自己的喜愛而鑼鼓喧天；開設工廠為了降低成本而不作好環保設施；宴會時互相禮讓，而開車出門時卻橫衝直闖；甚至只顧自身利益而不惜侵害他人權益；因而遭受損害的對象尚未納入自己認定的「倫理關係」之中，也就安然為之，了無愧疚之意。

我國自古重視倫理，以農立國的倫理觀念與規範，在社會型態快速轉變為科技工業時代以後，「倫理關係」尚未來得及調整與建立，因而便出現了許多脫序的現象。英國哲學家羅素說過：「我們這個時代的麻煩之一，在於思想的習慣無法和技術變化一樣快。」意思是說科技的突飛猛進，使社會狀況產生了迅速的變化；然而思想習慣和行為模式往往世代相傳，一時之間尚難有所因應及改變。

李國鼎先生有鑑於此，曾經提出在「五倫」之外，加上「群己關係」的「第六倫」他認為「五倫」是屬於私德的範圍，「第六倫」講求的「群己關係」則是屬於公德的範疇，彼此相輔相成，方可整頓社會秩序，提昇生活品質，否則落後的國民，何能長期保持進步的經濟成果呢？

基於「倫理關係」的有效踐勵，植基於喜功好利的動機及誘因上，勢必要予以明確的獎勉以資鼓勵，更要靠嚴厲的懲罰妥收制裁的效果；人人知所奮勉，處處知所戒惕，方能立竿見影，迅赴事功。徒法不足以自行，徒善不足以為政，單憑宅心仁厚及與人為善，豈能適應一日千里的進步時代；當獎則獎以滿足人們喜功好利的心理，該罰就罰以嚇阻人們的僥倖投機心態，歷代名相從管仲、諸葛亮、王安石到張居正，多以儒家思想為體，以法家辦法為用，援取「援法入儒」的措施，其意當在於此，吾人肩負推行倫理教育的重責大任，必須注意及此。

1988 年，諾貝爾獎得主多人在巴黎集會時宣言就說：欲謀求 21 世紀的幸福和平，必須回到二千五百多年前，向孔老夫子思想去尋求智慧。惟有實踐孔子的仁愛之道，才能使社會繁榮進步，生活幸福美好，並促進世界之大同。

從先賢「援法入儒」的經驗，到當代人傑尊孔的一致主張均不謀而合，這一見解為我們未來應走的方向提供了「援法入儒」的正確大路，值得我們深思研究，並妥為運用才是。

高柏園

論儒墨社會公平觀

高柏園　淡江大學中文系教授

一、前言

　　人是社會的動物，而且人不僅是動物，更是能反省、有理想性的動物，因此，人雖然是社會的動物，但是並不是完全被社會所制約，反之，人也會提出對社會的反省、批評與改造，而此中對社會之反省、批評、改造實皆預設其對完美社會的構想。今無論完美社會之具體內容為何，完美社會做為人類追求的理想與目標，勢必不應該違背社會的公平與正義，因此，社會公平正義之認定，也就成為改造社會的必要前提。若再將此義加以引申，則吾人對公平社會之肯定與建構，必然與其對人性與價值之看法相關連，是經由吾人對人性與價值的立場，從而建構了公平社會的可能，果如此，則吾人論及某思想家之社會觀時，應追溯其人性論與價值論，而其客觀化之內容即表現為社會的公平觀也。

　　社會公平觀有其連續性與相對性。所謂社會公平觀有其連續性，是指社會乃是以一層級模式存在，由小而大，由淺而深，由低而高，此間乃是連續而非斷裂關係。例如，小至鄉鎮的社會公平性，其實也是國家公平性的縮影，而國與國之間是否公平而正義，亦一如不同省分之間的關係。易言之，整個世界乃是一個整體，其間的正義公平與否，是表現在其間各個層級而為一連續性的關係，因此，如果要改善社會公平，勢必要有一種整體觀的考量，而不可能孤立某對象而加以解決。其次，社會公平觀亦非有一絕對之標準可供吾人參考，不同的時代與歷史文化加上差異的社會背景，其間對公平、正義之理解與要求不必一致，當然並非全然不一致。這樣的不一致並不是人類缺乏共識，而是人類發展的差異性使然。

　　人類文化發展有其時空條件之差異，亦有人性表現之不同，由是而有種種不同之文化內容與型態。也正因為如是之差異而造成距離，甚至

不公平，而吾人對社會公平正義之要求亦是相應此不正義而發也。問題至此變得有些弔詭，一方面公平社會有其連續性，吾人不可能只採取片面之解決，然而另一方面社會公平又是相對的而非絕對的，如是，則若要採取全面改革則吾人缺乏一可依靠之標準，若採取相對標準則似乎只是承認社會不正義之可能而未能加以改造。關於此，吾人建議採取一歷程觀加以掌握。易言之，社會正義並非一蹴可及，因為吾人並無法獲致一絕對的標準，然而吾人仍可有一相對的、消極性之原則可供參考，例如「己所不欲，勿施於人」，由是而依此原則以一步步使人類社會有更公正之發展。其實，這樣的問題也正是儒墨面對社會時的問題，而其解決之方法則顯然不同。為集中論點，筆者將以墨子與孟子為探討之對象，展示其不同的人性論、價值觀與社會觀。

二、儒墨的時代問題

墨子在孔子之後，而孟子在墨子之後，其間雖有時代之差異，然大體的問題仍甚相似，此即周文疲弊之社會也。王邦雄教授在其《老子的哲學》一書中，透過對五音、五色、五味之討論，說明了當時社會乃是一工商業高度發達之社會，也是井田破壞，社會失衡的時代[1]。同時，由當時的好奇貨亦可輔證。此外，大軍之後必有凶年，戰勝以喪禮處之，凡此說明當時戰爭之慘烈與苦難，皆是人間極大的不正義與不公平之所在。正是在如此的社會裡，墨子才會強調節用、節葬，才會強調兼愛、非攻，才會力主法儀之重要，以平息此人間之不正義。同時，孟子有善戰者服上刑之論，並痛斥當時之王公貴族之奢侈乃是率獸食人之惡行，更強調井田制度對社會之安定性。易言之，周文疲弊是一種時代的崩壞

---

[1] 參見王邦雄（1980），《老子的哲學》。臺北：東大圖書公司，6月。

問題，表現在政治上諸侯國的興起與周天子的衰落，表現在經濟上的井田破壞與工商興起，表現在軍事上是由傳統的局部戰爭擴大為步兵戰的整體戰爭，其慘烈程度亦遠非昔日所能比擬，表現在社會上即為士大夫的解放與知識的普及，做為知識份子的士已逐漸自由地參與各國政事。唯以上所論皆只是周文疲弊的時代內容，而儒墨做為思想家，其所解決之問題並不限於現象，而更要求在觀念上及思想上加以安頓，此即形成儒墨二派思想之差異[2]。

　　孔子以不復夢周公而嘆息，其有「郁郁乎文哉，吾從周」之說，兩者皆顯示以孔子為核心的先秦儒學乃是以恢復周文為職志。對儒者而言，周文的疲弊並不代表周文的錯誤，而是吾人缺乏因革損益的結果，只要吾人能善加掌握周文背後之精神而加以活化，周文仍不失為安頓時代與社會的良方。相對而言，墨家卻不將重心放在周文禮樂的建構，而企圖利用宗教式的努力，建立一絕對的價值標準，以此來解決時代問題，其節用、節葬、非樂之說，明顯地拒絕周文以禮樂治國的態度，反而更重視現實功利的有無，所謂兼相愛若不流為虛說，必以交相利為其內容也，此所謂以質救文。至於以文救文，以質救文之間究應如何選擇，則成為儒墨思想異同之關鍵所在。

三、墨子的功利主義及其引申發展

(一)兼愛與天志的優先性

　　兼愛為墨子思想的核心觀念，而兼愛之所以可能則預設了天志的存

------

[2] 參見牟宗三（1983），第三講〈中國哲學之重點以及先秦諸子之起源問題〉，《中國哲學十九講》。臺北：臺灣學生書局，10月。

在，因此，兼愛與天志其間的優先性問題始終成為墨學討論主題之一。即就墨學及先秦諸子而言，其共同的時代問題為周文疲弊，而此問題並非一理論問題或知識問題，而是一現實的實踐問題。同時，先秦諸子除了名家及墨辯之學重視客觀知識之討論外，其餘諸子皆是以實踐為其解決方式，而諸多理論不過是此實踐要求之引申發揮而已。易言之，先秦諸子的主要關懷與興趣，並不在客觀知識之推演引申，而重在實踐如何可能。即就墨子而言，其關心乃在平治天下之亂，使天下百姓皆能享有合理之生活，其目的乃在實踐而不在建構知識系統，其學亦非以一完整之系統取勝。果真如此，則吾人可說，兼愛在墨子思想中應具有實踐上的優先性，墨子一切思想皆是環繞此兼愛如何可能而展開。試觀〈兼愛上〉之文：

> 聖人以治天下為事者也，必知亂之所自起，焉能治之；不知亂之所自起，則不能治。譬如醫之攻人之疾者然，必知疾之所自起，焉能攻之；不知疾之所自起，則弗能攻。治亂者何獨不然？必知亂之所自起，焉能治之；不知亂之所自起，則弗能治。聖人以治天下為事者也，不可不察亂之所自起。當察亂何自起？起不相愛。[3]

聖人之治天下者乃實踐之事也，其重點在去亂返治，而察此亂之源乃人之不相愛，是以欲治國平世則當對此不相愛加以扭轉，此即以兼愛易之也。

> 是故，子墨子言曰：「今天下之君子，忠實欲天下之富，而惡其貧；欲天下之治，而惡其亂，當兼相愛、交相利，此聖王之法、天下之治道也，不可不務為也。」〈兼愛中〉

---

[3] 本文《墨子》採孫詒讓（1975），《墨子閒詁》。臺北：河洛圖書出版社，三版，4月。

依此文，君子乃是以利天下為職志，是以能兼相愛始能交相利，而天下始可治也。至於兼愛雖可利天下，然此利不必為人人所奉行，是以仍需有一更高之標準以為基礎，此即天志之論。〈天志上〉云：

> 順天意者，兼相愛，交相利，必得賞，反天意者，別相惡，交相賊，必得罰。然則是誰順天意而得賞者？誰反天意而得罰者？子墨子言曰：「昔三代聖王，禹湯文武，此順天意而得賞也。昔三代之暴王，桀紂幽厲，此反天意而得罰者也。」然則禹湯文武，其得賞者何以也？子墨子言曰：「其事，上尊天，中事鬼神，下愛人。故天意曰：此之我所愛，兼而愛之，我所利，兼而利之，愛人者，此為博焉，利人者，此為厚焉。故使貴為天子，富有天下，業萬世子孫，傳稱其善，方施天下，至今稱之，謂之聖王。」然則桀紂幽厲，得其罰何以也？子墨子言曰：「其事，上詬天，中詬鬼，下賊人。故天意曰：此之我所愛，別而惡之，我所利，交而賊之。惡人者，此為之博也，賤人者，此為之厚也。故使不得終其壽，不歿其世，至今毀之，謂之暴王。」然則何以知天之愛天下之百姓？以其兼而明之。何以知其兼而明之？以其兼而有之。何以知其兼而有之？以其兼而食焉。

兼愛為天志之所意，而天為最貴、最智，是以人人皆應以兼愛為守。而天之所以愛百姓，以百姓皆祭祀天地，而天乃保護百姓也。此段論證甚淺，然其精神則甚明。易言之，天志乃是為合理說明兼愛而後有之論，此中仍應以兼愛為實踐之優先，而邏輯上兼愛預設天志，則天志在邏輯上較兼愛優先也。

(二)明鬼與尚同的權威主義

兼愛以天志為最高之法儀與依歸，由天志之最智最貴以及天對天下百姓之愛，證成兼愛的合理性與可行性。然而，由於兼愛乃是天志而非

人志，是以人志與天志之間並不必一致，而人也不必以天志之兼愛為志，如是，則兼愛是可行應行但卻不必行，除非人接受天志。問題是，人不接受天志並沒有邏輯上的矛盾，因此，人之接受天志而以兼愛為實踐內容，就必須有天志之外的存在做為推動之動力，此動力可由二方面加以說明。首先，墨子證明鬼的存在，〈明鬼〉中已有十分清楚的說明；當然，〈明鬼〉對鬼的證明僅由歷史的傳說中加以證成並沒有邏輯的必然性與有效性，但是其欲證明鬼的存在則為不可移之事實。墨子之所以要證明鬼的存在，其目的乃是由鬼負責天對人的賞罰，如果人不接受或遵守天志的兼愛，則天便會透過鬼來執行其賞罰，由是而強制人對天志兼愛之實踐。由鬼來實現其賞罰，也就是以一外在的權威——天志做為兼愛的基礎，這自然是一種權威主義。而且是以一種超自然的、類似宗教的權威主義。另一方面，如果我們基本上是一個無神論者，則鬼的存在是可疑的，因而天志的賞罰及其權威亦是可疑的，如是即可不必以兼愛為實踐之原則。針對此，墨子另以尚同的思想加以補救，也就是經由平民百姓、小官、大官以至天子的層層上同，以天子之意志為意志，如此便可形成另一種賞罰的權威。天子以天志為上同之對象，人民以天子為上同之對象，如是即可形成天志之落實，並且藉由政治的權威——天子來實現其賞罰的實效。由此看來，明鬼與尚同乃是墨子用以實現其兼愛的二大支柱，明鬼是一種超現實的、宗教式的權威，而尚同則是一種現實的、政治的權威，由是而構成墨子權威主義之全貌。

(三)墨子理想社會的平等性與階級性

依墨子兼愛思想而論，既然人人皆能兼愛，則人人之地位應該平等，因此，兼愛的社會應該是最平等而無差別的社會。然而另一方面，尚同的思想以天志為最智最貴，並且由天子代表天志，由是而要求下者尚同於上者，此中智、貴之差別成為一絕對的差別而不容踰越，果如此，則

墨子的尚同社會又會成為一個充滿上下階段的不平等、權威的社會，這也形成墨子思想中極為特殊的對比。墨子思想何以會有如此強烈的對比？或許有以下的線索可尋。

首先，我們看看徐復觀先生對墨子思想之描述：

> 墨子的出身，我不願附和許多無根的臆說。但他始終處於平民的地位，直接反映當時平民的利害與意願，則似乎是沒有問題的。他所反映的平民的利害，可以構成廣大社會正義的基礎；但其解決問題的構想，也常以他們現實生活的情形作根據。這便是薄葬、非樂，棄周禮而用夏政，只考慮物資生活的一面，而不考慮精神上的要求的原因。一般平民的意識，有其純厚的一面，也有其落後的一面。因此，墨子的思想，是出於正義地直覺直感者為多，出於理論地自覺反省者為少。當時人格神性質的天，在知識分子間，已經垮掉了；但一定還保存於社會大眾之中。墨子的天志思想，或許與史角之後有關；不過，史角之後，即使因其家世關係而依然保持周初宗教的傳統；但僅在此一傳統中，不可能保有廣大的社會性。墨子精神中的廣大社會性，當然是由平民生活中吸收來的。天志的觀念，恐怕也是適應於當時平民的心理而提出的。當時的儒家，以為只有天子祭天地；而墨子則「率天下之萬民，齋戒沐浴，潔為酒醴粢盛，以祭天鬼」（尚同），是墨子以為平民也可以參與祭天之事，亦可見墨子之強調天地，係當時社會宗教心理之一種反映。因為墨子的思想，是平民要求的直接反應，所以他的構想，保持了非常素樸的形態。他在先秦所發生的重大影響，主要是來自他偉大的正義感，與為正義而犧牲的精神；並不是來自他的理論構造。[4]

---

[4] 徐復觀（1977），《中國人性論史－先秦篇》。臺北：臺灣商務印書館，三版，4月，頁 317-318。

依徐先生的描述，墨子思想具有強烈的平民意識，這樣的意識表現在幾個重要的觀點上。首先，因為是平民意識，而且平民生活最關心的是現實生活的內容；因此，墨子思想也就重在現實生活的改善，而不重形而上學的討論或是禮樂教化的貴族文化。這一方面表現出素樸的精神，一方面也是對奢侈的貴族生活的一種抗議。同時，兼愛的社會對處於社會下層的絕大多數平民而言，也最具現實生活的安定性與保障性。平民意識的第二個重點，表現在理論建構的簡單無華上，也就是以生命、生活的直覺感受為出發點，並且以此出發點為內容，加上個人生命的實踐加以完成，並不是藉由理論自覺反省而加以建構。例如，天下亂而無序，此為天下人民之苦。聖人之為聖人，即在其能治天下而去人民之苦。今天下之所以亂乃起因於人的不相愛，因此只要以兼愛易之，便可去亂返治。這樣的想法十分簡單合理但缺乏更深入而周延的討論。我們可以問：為什麼人會不相愛，其中主觀、客觀之因素何在？如果只是以兼愛易之，此兼愛是否會形成另一種扭曲與壓迫，進而造成人類更大的災難？凡此皆非墨子思想所及，此為其思想之限制所在也。

　　事實上，這樣的缺陷最直接的表現，就在其社會公平觀——兼愛上。依墨子，經由以兼愛取代別愛之後，人人視人之父如己父，視人之子如己子，則世界一家、天下一人的理想社會於焉完成。然而事實並非如此，首先，兼愛並非發自內在的人性，而是來自外在的天志，人是被強制如此而非其本性如此，此即造成兼愛與人性之間的斷裂性與不一致性。為了彌補這樣的斷裂與不一致，尚同、明鬼等權威主義接著加以補強。試問：如果一個大同世界、理想社會乃是由外在的權威加以支持，誰能保證其不會變質而成為極權的壓迫呢？這在墨子的思想中是無解的，以天志壓制天子並不具實效。其次，兼愛既為無差別之愛，因此人的平等性首先應該加以肯定。然而，尚同、法儀的思想又必須假設上下貴賤智愚的等級差別，這也構成墨子思想的不一致。依墨子的兼愛社會，社會一方面是人人平等的兼愛，一方面則是上下階級之嚴格區分，兼愛是否真

的能帶給平民更多的保障與安全則不無疑問。易言之，兼愛、天志之思想對於社會何以會有上下貴賤智愚之差別性欠缺合理的說明與安頓，因而兼愛在一個階級森嚴的社會中只淪為口號與想像，無法在客觀的社會機制中尋得建立之根據。

即使以上問題皆可解決，兼愛思想及其社會仍有其實踐上之困難，此即孟子對兼愛之批評。兼愛以兼易別固為美事，然而這樣的兼愛基本上是忽視或抽離現實人生的結果。人生而有其歷史性及特殊性，易言之，人是有限的存在，因而相應其有限而有其歷史性與特殊性，而人之愛人亦必須經由其歷史性與特殊性而完成，此即必然有差別性，而兼愛則完全不顧人之存在事實，此即為一抽象的結果而非一真實生命的實情。事實上，兼愛是天志的內容，而天可以是無限的、無差別的，因此兼愛對天而言是可能的，但是對有限的人而言是不可能的。問題是，如果以上所述成立，則墨子思想及其理想社會之間充滿矛盾與困難，如此素樸而充滿困難的思想又何以能成為顯學呢？此中仍要歸到其平民性格上來說。簡言之，墨子思想之所以能為人所接受而影響深遠，並不因為其理論本身之價值，而在其個人人格之表現，是其實踐及正義感，感動了社會而接受之。墨子不會問兼愛如何做到，他以摩頂放踵的精神加以印證，墨學之勝場不在理論而在實踐。因此，當墨學轉入墨辯其實也就代表墨學的衰敗與死亡，然而此中仍有其隱含之線索在。

唐君毅先生在孟子之性情心與墨家之知識心，對墨學之論心有十分特殊之說明：

> 墨子之學，表面觀之，乃不重言心者。在墨辯中，對心之一名，亦未列為一條，加以解釋。然其所以不重言心，亦正由其對心之一看法。即由其看心，特重心之作用之知之一面。此心之知，乃以「接於物而明之、慮之、辨之，而知其類，以進而知吾人之知識與行為

之類」為性。此其所以較不重直接論心也。[5]

　　就文獻而言，墨學對心之引述不多，於性更是罕見討論，然而其所以不重心，乃是因為其以認知心加以掌握，進而以認知心之種種功能為核心加以討論，以致於給人不重心之討論之印象也。「由墨子特重心之知，故墨子之所謂心，自其與孟子所言之德性心、性情心之不同言，吾人可名之為理智心、知識心。」[6]認知與知識之重要特質，即在其必然形成一客觀的知識判斷，而且此種判斷乃是以概念加以表述。易言之，認知心之知識性即在其對事物之抽象普遍之原理之把握，這也可以說明墨子何以會以兼愛取代別愛，其抽象性之根源正是一種認知心的型態。唐君毅先生以此說明孟子的惻隱之心與墨子認知心之不同，而墨子之所以會以外在權威為根據，亦應是認知心使然。試觀下文：

　　孟子言「墨子兼愛」，莊子言「墨子泛愛兼利而非鬥」，尸子言「墨子貴兼」。墨子之思想主要在兼愛，已為先秦人所共認。自愛之為愛言，此固是情上事。尅就墨子所言之愛親，愛人等中，此愛之情之初發動之際言，亦固原出於孟子所謂性情心、德性心。然墨子兼愛之教所重者，則不在其尚愛，而在其所以言愛，及其愛之必求兼，與其所以倡兼愛之理由。凡此等等，則明原於墨子之理智心，而與孟子之所以言「仁者愛人，仁者無不愛也」之意不同。此異處所在，簡言之，即孟子之言「仁者愛人，仁者無不愛也」，初乃就吾人之具體生活上說。7

　　又：

─────────────

[5]唐君毅（1984），《中國哲學原論─導論篇》。臺北：臺灣學生書局，六版，1月，頁86。
[6]同註5，頁86。
[7]同註5，頁91。

然在墨子之言兼愛，則首為兼愛建立種種理由。如其反復言及人當察天下之害與亂之所自起，天下之利與治之所自生；亂與害之所自起在不兼愛，治與利之所生在兼愛；故人當兼愛，然後天下治；以及因天志在兼愛，故人當兼愛。此皆是為人當兼愛，說出種種理由。墨子必欲言兼愛之理由，終不能直契其欲兼愛之心，初乃依於一仁心，於此仁心不須更問其理由之一義。此墨學之所以不如孟學也。[8]

依唐先生，墨子之所以主張兼愛，其初心亦是一仁心之發用，唯墨子並未直接認取此當下發用之仁心，而是以一理智態度對此仁心內容尋求種種之理由，由是而轉成一理智心之型態。然此中之理由係屬外在，因而使其兼愛遠離本有之仁心而轉求於外在之權威，由是而造成墨學根源性不足之困境。如前所論，兼愛之所以可能者亦有賴其抽象性使然，此抽象性亦是一認知心之內容。兼愛之為兼乃是去除、抽離個人之特殊性而只以「人」視之，由是而能依愛人而轉為兼愛，以人無差別，愛人亦應兼而無別也。此唐先生云：

> 然此在墨者之思想中則可能者，正由於墨者之本其「知慮」，將吾人之具體生活所接之特殊個體之人等，均視作一類中之人，而加以理解，如此則愛其一而不平等愛其餘，便為悖理。即在理智上講不通者，遂在實踐上為不當有者。而在實踐上當有者，只能為對凡在一類中者，皆一一平等而愛之。而其所以似能建立者，唯在此理智心全捨離此具體生活中之理解，而一意孤行，「以其知有求」，盡慮以向前直推，乃將吾人當前具體生活中所接之人物，只化為類中之一，更不再加以還原之故。[9]

嚴格言之，純以人之為人而加以重視、尊重，應為一甚高貴之思想，

---

[8] 同註5，頁92。
[9] 同註5，頁94-95。

以其能給予所有人以平等之肯定與尊重。然而，由此而推及兼愛則涉及到具體的個人，此時便不能完全無視個人之差別性而一往以抽象的人加以理解，此即必由兼愛而轉為差別之愛，差別之愛不應視為兼愛之否定，而應視為兼愛之實踐方式也。

最後，我們再看看兼愛的平等主義與尚同的階級主義其間之關係，唐先生即對此有甚深入之分析：

> 於是墨子之思想，即發生一奇怪之結果。即一方看，墨子是要天下人皆兼相愛交相利，使每一人之所愛所利為無限，而一人與一切人，皆發生兼相愛交相利之關係。而另一方，則是使一切人間之關係，皆交會歸結於人與天之關係。此即墨子尚同之理想社會之思想。……由是而墨學之歸趨，遂一方為求一切人與人之絕對之相結合，而以天為總綰——實際上則以天子為總綰；而另一方則亦可要個人自其原有之關係分離，而絕對的散開，而只分別與里長鄉長或墨者團體中之巨子發生隸屬關係者。則墨子之教之真實現，即勢將由絕對平等之道，轉為絕對差等之道。此義吾人由觀西方包含類似墨學精神之中古教會，以人皆平等之義始者，終發展為一層級性之組織，而以教皇為至高之權威；及西方馬克思主義以破除特權階級始者，終發展為下級服從上級集權於一領袖之政黨；而可知其勢之所必至。墨學之未發展至此，即由其中斷。[10]

兼愛為天志，人以天志為尚，因而必然兼愛，此中人人平等，直通天志，此時無中介之階級在。然而，這樣的看法之所以能推動之動力乃來自外在之權威，此權威由上而下即為法儀尚同之論，並由是呈現出極為嚴格之階級，人之平等性完全消失。當天志只是虛名，而天子為實位時，一切之階級便同時實化而形成一由上而下的權威體系，進而造成天

---

[10]同註 5，頁 97-98。

下百姓更大的壓迫與痛苦。由平民立場出發的墨學,最後卻演變為權威、層級之社會,似已與其兼愛的社會理想相背離,亦使其當初的仁心與正義感難以申張。此中之關鍵,即在墨學以平民身分發言,卻只以認知心為核心,導致其遠離真實生活,進而形成更大的不義與壓迫,此似乎是墨子始料未及之事。相對於此,我們可以看看孟子如何回應墨學之挑戰與困境。

四、孟子學對墨學的回應與互補

有關孟子學之討論可謂多矣,吾人在此不必再將孟子學一一贅述,僅就以上墨學之問題,展示孟子學之可能回應及互補之可能。

(一)道德的優先性與義利之辨

相對於墨子的功利主義,孟子乃是以道德的理想主義做為其終極之關懷。孟子在回答梁惠王之問時,直接以「王何必曰利,必有仁義而已矣」相回,便顯示出孟子道德優先的立場。依孟子,魚與熊掌、義與利皆為人之所欲,此中並無對利之否定,但是當利與義不可得兼,亦即相衝突之時,孟子是選擇義,也就是選擇了道德的優先性。當然,這樣的道德優先性基本上是先對知識分子而發,它成為人的修養內容,也就是一種道德上的美德。至於對於一般平民,富而後教乃是原則,而不是以理殺人或以道德強迫他人的做法。尤有進者,孟子認為唯有在道德得到充分之安頓,人才可能真正享有現實之利益,否則一個以利益為優先的社會,永遠在利益衝突中掙扎,甚至形成弱肉強食的野蠻社會,並不會帶給人類真正的利益。易言之,孟子並不排斥利,而是認為道德價值應該更具有價值上的優先性。甚至吾人之所以追求利益的心,其出發點亦

是一種追求價值的心使然。功利主義顯然預設了人對價值的追求，只是功利主義將價值簡化為某種利益罷了。此義亦是唐先生之觀點，其認為兼愛之初心亦是仁心之發用，只是墨子並不思此仁心，而遽以兼愛取代之，此其根據性仍有不足者也。

(二)仁政的心性基礎

一如前論，墨子的兼愛乃是天志之內容，而由天的最貴最智而要求人服從此外在的權威，唯此權威如何保證其必為吾人所接受，則有賴明鬼、尚同之說加以說明。唯此兼愛之說既是由外在權威加以證成，則其便帶有壓迫性與他律性，而功利主義便成為推動兼愛的動力。至於孟子則由不忍之心而有不忍人之政，主張惻隱之心人皆有之，此為人性本有內容，是良知良能，是我固有之，非外鑠我也。由此看來，孟子之說似乎較墨子之說更有人性之基礎。然而，此中是否有互補之可能？依墨子，兼愛若能由人性自律自發，當然可消解其外在權威之壓迫之可能，但是，孟子的人性內在之說是否便毫無困難呢？吾人不否認人性有惻隱之心，然而此中之惻隱之心是否一定發用仍有變數。如果我們也能輔以法律之規範，使人的惻隱之心不只是個人主觀修養，同時也能以社會或政治制度加以客觀化，則惻隱之心之發用便可有更客觀之形式與表現。

此外，墨子之說會導致平等性與階級性並存的矛盾。此義在孟子之說中則可消解。依孟子，人之平等性乃在人之所以為人上，而人有歷史性，是以其愛人亦因此歷史性而有等差性。由是而有等差之愛的提出，人的差別性在此亦獲保留。孟子之所以能避開墨學之困難，乃是因為孟子並非以一抽象之方式看人，因而也不會形成無分別的平等性與嚴格層級的階級性之衝突。易言之，孟子的平等社會並不是一致無分別，而是相應於特殊性的各安其位，社會的多元性亦因此而獲肯定與保留，甚至這才是社會應有之內容。唯墨子之說亦非全無價值。當儒者主張親親仁

民愛物、盈科而後進時，墨子要問：親親要到何時才發展至仁民、愛物？盈科何時成立而再關愛他人？易言之，儒者的想法會不會有無限後退的自私可能呢？因此，墨子要求當下兼愛亦可救儒者親親仁民愛物所隱含之無限後退之可能。此外，墨子亦不認為儒者重主觀之修養為充分之說，因而更強調客觀體制之建制，例如，相應不同層級的災難，官吏的薪俸也相對減少，以共體時艱，這樣的想法便十分客觀而合理。〈七患〉云：

> 一穀不收謂之饉，二穀不收謂之旱，三穀不收謂之凶，四穀不收謂之餽，五穀不收謂之饑。歲饉，則仕者大夫以下皆損祿五分之一；旱，則損五分之二；凶，則損五分之三；餽，則損五分之四；饑，則盡無祿，稟食而已矣。

讀完此文，我們也不得不敬佩墨子的用心及其客觀化的努力。

(三)民貴君輕的相對主義

依墨子，天子一如天，乃為一絕對之權威，其最貴且最智。然而，如何證成天、天子之最貴最智似乎缺乏經驗之支持。也因此，天子的權威性便隱含著危險性。關此，孟子的說法則更為進步，孟子首先將君的地位降在人民之下，此為其民本說。同時，如果君不能如其為君，則人民可透過革命之方式轉移政權，這便賦予百姓決定何者為最貴、最智的最後權力，也破除了權威主義的危機。同理，也使得國家的種種階級皆成為相對的、變動的，而給予人民更開放而自由的發展可能。我們可以說，墨子的社會顯然是比較封閉的，而孟子的社會則較為開放。

五、結語

　　雖然我們說墨子的社會比較封閉，但並不表示無價值，我們看當前的開放社會似乎只是在資本主義與消費主義的浪潮推引下，肆無忌憚地對地球環境及資源無情地掠奪、破壞。因此，以墨子的兼愛為基礎，發展出全球環境及資源的共產化應是值得深思的課題。易言之，地球者全人類之地球也，某些人是否可以因其擁有權力與財富，便可以無條件地使用、耗盡地球的資源，還是人類應有一種基本之資源配給量，以降低人類無止盡的破壞與消耗。另一方面，我們是否可以由非攻這樣的觀念，發展出消極性的權威或共識，也就是禁止戰爭、迫害與掠奪。我們不敢去奢望兼愛或是親親仁民愛物，但是我們卻可以規範不發動戰爭，不以鄰為壑，不以政治優勢壓榨第三世界。易言之，雖然墨學不免種種缺失，然其精神及主張，對此當代世界仍有甚深的啟示，值得吾人省思再三。

林安梧

「道德意識」在現代社會中的可能義涵及作用─以「儒家」思想為例的展開

4

■未能深入文化傳統底蘊，只從表象病灶，就開藥方，不但無益而且有害

■時移勢異，在現代化進程裡，中國的道德哲學正在變化中

■正視文化傳統的力量，讀經是必要的教養，有助於整個族群的認同

■解開「道的錯置」開啟新時代「王道」理想

■「境界型態修養」易異化為「阿Q式精神勝利法」

■突破「順服的倫理」，正視「慎獨的倫理」，開啟「公共的道德」

■正視「個體」免除「個人中心主義」

■「筷子文化」，「王道文化」

■從「無我的真我」轉而為「有我的真我」：正視個體性

■結語：正視道德的創造性、生長性、動力性，從「知恥倫理」轉出「責任倫理」

林安梧　玄奘大學中文系教授暨通識教育中心主任
台灣師範大學國文系教授

壹

一、前言

　　對「道德意識」，不由西文之 moral consciousness 起論，而是經由一漢語文式的深層理解，展開詮釋。「道德意識」是「道」、是「德」、是「意」與「識」；蓋「道」是總體的根源、「德」是內具的本性、「意」是純粹的指向、「識」是對象的了別。以「道德」而論，它具有兩個向度，一是「生長義、創造義、動力義」，另一是「法則義、規範義、限定義」。此與前所論「存有的連續觀」有密切關聯。中國文化道統強調「感通」而上透至本源，西方基督宗教的傳統則以「誡律」落實為客觀的法則。就道德系譜來說，可以老子所論「失道而後德，失德而後仁，失仁而後義，失義而後禮」為序。不論孔老儒道，都強調人之實存可透到宇宙造化之源的「生生之德」，而落實則為「一體之仁」。這是將存有論與價值論，將宇宙次序與道德次序通而為一。就中西形而上學的區別，可以說是「象在形先」與「形在象先」的對比，這亦是「散點透視」與「定點透視」、「圖象性文字」與「拼音文字」的對比。

　　經由文化傳統的深層理解，對道德哲學理型有恰當定位，才能有真切的診斷。未能深入文化傳統底蘊，只從表象病灶就開藥方，不但無益而且有害。時移勢異，在現代化進程裡，中國的道德哲學正在變化中。解開「道的錯置」，才可能開啟新時代的「王道」理想。一方面，我們須得注意「境界型態的修養」容易異化為「阿 Q 式的精神勝利法」，而我們須得突破「順服的倫理」，正視「慎獨的倫理」，才能開啟「公共的道德」。正視「個體性」，免除「個人中心主義」，才能開啟真正的公民社會。我們必須從「無我的真我」轉而為「有我的真我」，正視個

體性，正視道德的創造性、生長性、動力性，從「知恥倫理」轉出「責任倫理」。

二、「道德」：「道」是總體的根源、「德」是內具的本性

　　「道」「德」合稱，自來是華人文化的特點，《老子道德經》說「道生之，德蓄之」[1]，孔老夫子在《論語》裡也說「志於道，據於德」[2]。這些年來，一直想對中國傳統哲學給出一個新的詮釋，這個詮釋關聯到中國古漢語本身，又關聯到整個生活世界，當然也關聯到當前整個學術世界。如我們說「道德」或「道德意識」時，常常會馬上想到外文字詞與它相互對應的，就叫 "morality" 或 "moral consciousness"。我想提醒大家，我們可以先不要這樣，我們何妨就「道德意識」這四個字來說。「道」是「總體義、根源義」；而「德」是「內具義、本性義」。「道德」這兩個字在我們華人——我用華人這兩個字比較好，因為它包括全世界所有的華人，當然用中國人這個詞也可以，我們想範圍寬一點——文化傳統裡面，基本上「道」是回到那總體的根源處。「德」就是內在的本性說[3]。

　　「道德」這兩字連到一塊，其實是說回溯到那總體的根源，由那總體的根源之所發之所顯現，落實到我們每一個人他內在的本性。這樣合著說，我們說是「道德」。這樣說就符合於，比如說老子《道德經》裡說的「道生之，德蓄之」。道是總體根源說，德是內具之本性說，這也

---

[1] 語見《老子道德經》第五十一章。
[2] 見《論語・述而》。子曰：「志於道，據於德，依於仁，遊於藝。」。
[3] 見林安梧，<「道」「德」釋義：儒道同源互補的義理闡述>，《鵝湖》第二十八卷第十期（總號 334），頁 23-29，台北。下段所述，亦多本於此。

合乎《論語》所說的「志於道，據於德」。「志於道，據於德」的意思是說，人有一主體的自覺。這主體的自覺是投向於那個總體的根源，就是認為宇宙萬有一切總的有一個根源。這根源是理想義、價值義的根源。人們對這樣的一個理想，它有一個定向，我們說的「志於道」。正因為人們「志於道」，所以「道生之」。「人能弘道，非道弘人」，所以如此，其實正因為人之能弘道，是人之「志於道」，而使「道生之」，就在這相互過程裡，才有所謂的「道」之彰顯而落實於「德」，落實於人的本性上就是「德」，這樣講的道德。

三、「道德」的兩個向度：生長義、創造義、動力義　VS. 法則義、規範義、限定義

對比來說，「道德」對華人來講是生長、是創造，它代表一種生命內在的動力。這個生命從個人小我的生命到宇宙大我的生命，它們彼此是通而為一的。我們這樣定位以後，這裡所說的「道德」，與我們一般所說的，譬如說以法則、以規定、以規範、以限定來說的道德，是不同的。道德有它的法則義，有它的規範義，有它的限定義，但是我們剛剛那樣說的道德是以生長義、以創造義、以動力義為主的。

我們可以發現，這個向度來詮釋的「道德」是不同的，「法則義、規範義、限定義」為主導，與以「生長義、創造義、動力義」為主導是不同，這很有趣。我們華人文化傳統談道德，其實必須回溯到總體的根源處，必須落實到人的內在的本性處來說。究竟來說，它不是落實到「客觀的法則、具體的規範或者強迫的限定」來說。不過，這並不意味在中國文化傳統裡，道德沒有法則義、沒有規範義、沒有限定義；這也就是說，我們法則義、規範義、限定義不是優先的，不是最為首出的，不是排在第一位，它是衍生出來的。在我們傳統裡，道德是以生長義、創造義、動力義為優先的。

這與西方文化傳統剛好形成了一個非常強烈的對比。西方文化傳統的道德是以法則義、規範義、限定義為主的。以基督宗教的文化傳統來說，它最重要的有兩個戒律是：第一個就是「你必須要愛上帝」；第二個是「你必須以同樣的方式愛你的鄰人」[4]。「敬愛上帝」與「愛你的鄰人」，這樣做的客觀的法則，給具體的規範，帶有一種強制性的限定，它是以這樣的方式出現的。中國古文化的傳統典籍裡面談到，「仁者愛人，有禮者敬人」[5]。我們講道德的時候，講「道生之，德蓄之」，講「志於道，據於德」，對比起來，這有很大很大的不同。

貳

四、中國文化道統強調「感通」而上透至本源；西方基督宗教的傳統則以「誡律」落實為客觀的法則

在傳統文化的對比裡，我們可以從這「神人、物我、人己」三個根本面向來看，我們講「天人合德」、「物我合一」、「人己不二」，我們把「天人物我人己」通而為一。這樣的傳統，強調的是「宇宙萬有一切通而為一」，相信後頭有一生命的互動感通，關聯成一個不可分的整體；由互動感通，關聯不可分的整體；所以它強調的人與宇宙、人與人、人與萬有一切最重要的就是一種最真實內在的關係。這個最真實的內在

---

[4] 基督教〈路加福音〉《新約全書》第十章二十七及二十八節：「你要盡心、盡性、盡力、盡意，愛主你的上帝。又要愛鄰舍如同自己」。
[5] 語見《孟子》〈離婁〉下，孟子曰：「君子所以異於人者，以其存心也。君子以仁存心，以禮存心。仁者愛人，有禮者敬人。」

關係，在儒家觀點裡用「仁」這個字眼去說。從「仁」這個字眼上說其實可以把「仁」理解成彼此的真實的感動。「仁」是「彼此的感通」，由此才導生「義」為「客觀的法則」。我們可以發現「道德仁義」這四個字，它是「道」在最先，「德」在其次，「仁」再其次，「義」又其次，如果再加一字就是「禮」。它是這樣一個導生的過程：由道而德，由德而仁，由仁而義，由義而禮，由「總體的根源」而有「內在的本性」，由內在的本性而有「彼此的感通」，由彼此的感通而有「客觀的法則」，由客觀的法則而有「具體的規範」，它是這樣連在一塊，這個系譜就是這樣[6]。當然你繼續揣摩下去，如果由「禮」再下去就是法家說的「法」了，「法」重在「刑德二柄」[7]，這就是「強制的限定」，我們的道德哲學就是這樣連在一起的。

　　西方基督宗教傳統是從「客觀的法則」切進去，「因信稱義」，從這切進去。你對上帝給出的客觀法則與客觀的紀律而因信稱義，在那裡做一個定點而往下延伸了，那就是由客觀的法則到具體的規範，由具體的規範而落實到強制的限定。我們在客觀的法則上求一個彼此的感通，而彼此的感通我們說有一個內在的本性，而內在的本性必須回溯到總體的根源，這個對比很重要。須知：我們這個族群所構成的文化傳統與西方的文化傳統是很大不同的。包括我們現在使用的方塊文字，在人類的幾個大文明裡，圖象性的文字只有我們還在維繫著，大部分的文明都改成了拼音文字。甚至他們有一個謬論，認為我們的圖象性的文字只能夠具體的表象，做一些具體的、形象性的思維，而達不到抽象的層次。

　　這個說法是錯的。這個說法是因為站在西方人的觀點，他們很難理解，為什麼圖象性的文字仍然能夠表達抽象的層次。因為在他們思考裡

---

[6]這主要取於《老子‧道德經》第三十八章，「失道而後德，失德而後仁，失仁而後義，失義而後禮。夫禮者忠信之薄而亂之首」。

[7]《韓非子》〈二柄篇〉，「明主之所導制其臣者，二柄而已矣。二柄者，刑、德也」。

面，從具體到抽象，從個別到普遍，這中間一層一層逐層往上遞進，是斷裂的關係；而我們則是彼此交融成不可分的總體，是一個連續體，這有很大的不同。這牽涉到我們這個族群怎麼樣去看圖象，怎麼去看一個具體的事物。我拿到這兒來說，是想與大家說的是，我們談道德哲學是不能離開存有論（ontology），離不開形而上學（metaphysics），離不開人作為一個主體的人是怎樣進入到世界來，怎麼看這個世界，怎麼參贊這個世界。因為你用什麼樣的方式來看這個世界，世界就用什麼樣的方式來迎向你[8]。在這個過程裡，你找尋到你該當怎麼辦。

五、道德系譜：「失道而後德，失德而後仁，失仁而後義，失義而後禮」

縱觀中國歷史，我們要問：為什麼中國的道德哲學到後來變得這樣虛假呢？中國道德哲學不但沒有如我們前述說的回溯到總體的根源，自如其如地生長，就連最根本的彼此的感通、客觀的法則，就連具體的規範，常常都是一塌糊塗的。其實，這與我們的生存資源，與我們其他的資源分配，各方面有很重要的關係，還與我們長期的兩千年的帝王專制傳統有密切的關係。這與我們文化傳統最原初的、原型的發展可能，應該區別看待；要區別看待並不意味著它們沒有關係，它仍然有密切的關係，而是必須要好好的檢討，去梳理。這些年來，我花了許多功夫作了一些整理，藉由「三綱」：君為臣綱，父為子綱，夫為婦綱，我處理一些相關的問題，處理到整個中國人心靈意識裡非常麻煩的問題。一個是國君，皇上國君，「君為臣綱」嘛；一個是父權的父親，「父為子綱」；

---

[8] 關於此我常引《王陽明傳習錄》巖上觀花的故事，「先生遊南鎮，一友指巖中花樹，問曰：天下無心外之物。如此花樹，在深山中自開自落，於我心亦何相關？先生曰：你來看花時，則此花與汝心同歸於寂。你看花時，則此花顏色一時明白起來，便知此花不在你心外。」（卷下）。

一個是男子中心，「夫為婦綱」[9]。這三者造成整個中國兩千年來一種宰制型的高壓控制，這樣一種控制，連著「血緣性縱貫軸」形成一個密不通風的系統。這種系統使得我們原來的道德學裡很多可貴的東西不見了[10]。

其實回到《老子》書來說，《老子》第三十八章已經點出了相關的道德系譜。我認為這一章大約是在春秋戰國時期，春秋末、戰國初甚至到戰國中所寫成的，或者那個時候重新修改成的，《老子》書的成書年代還是有爭議的。《老子》五千言雖然很短，但它決非一個人當下就寫成的，它可能寫了又傳抄，又變化。像這章講的「失道而後德，失德而後仁，失仁而後義，失義而後禮，禮者，忠信之薄而亂之首也」，「道」失去了就強調「德」，德失去了就強調「仁」，仁失去了就強調「義」，義失去了就強調「禮」，這個脈絡與我們前面講的理論邏輯脈絡相同。失去了那個「總體的根源」就強調「內在的本性」，失去了內在的本性就強調「彼此的感通」，失去了彼此的感通能力就強調「客觀的法則」，失去了客觀的法則當然就要強調「具體的規範」，當我們努力的強調具體的規範的時候，人們內在的忠信，內在的那個「忠」和「信」已經薄弱了，一切的禍害，一切的亂世就已經開始了。「禮者，忠信之薄，而亂之首」，其實已經不是禮，而是落到刑賞之法了。「刑德二柄，人主之具也」，這是《韓非子》裡面說的，「刑」與「德」這兩個權柄是人主控制一切的手段，進到帝王專制兩千年，這就不得了[11]。我們現在去談

---

[9] 見林安梧《儒學與中國傳統社會之哲學省察》一書，特別是第三章＜血緣性縱貫軸之三基元：父子、君臣、夫婦＞，該書由中國上海：學林出版社印行，1998 年。

[10] 見前揭書之第八章＜論「道的錯置」──論血緣性縱貫軸之基本限制＞。

[11] 關於此，請參看余英時〈反智論與中國政治傳統〉（收入氏著《歷史與思想》，1987 年，台北：聯經出版公司印行。）又有關於此，筆者早年曾深化檢討，見拙著《中國政治傳統中主智、超智與反智的糾結》，

中國文化，一方面要有歷史的縱深度理解，一方面對我們這個族群原來所開啓的那個哲學原型的發展可能，我們要去瞭解。這點是重要的。

六、透到宇宙造化之源的「生生之德」，落實而為「一體之仁」

比如說回到原來「道生之，德蓄之」、「志於道，據於德」那個傳統去瞭解「道德」，並且進一步去瞭解「仁、義、禮」；這樣子說的「道德仁義禮」，其實是很能彰顯出中國道德哲學的特質。徹底來說，中國「道德」哲學必須回溯到宇宙總體的根源，談到最後，我們重視的是「生生之德」，重視的是「天地之大德曰生」[12]，這是《易傳》裡的話。「天地之大德曰生」，我們說「上天有好生之德」的「德」。我們從「生」的源頭，從「生生」的動力來講「德」。這樣講「道德」是生長、是創造、是動力。

王陽明講「一體之仁」，人與人彼此有關懷的動力，經由彼此關懷的動力，與外在的任何事物，人我萬物通而為一個不可分的整體，叫「一體之仁」[13]。孟子稱「仁義」，他講「仁義內在」，「義」之作為客觀的

刊於《鵝湖月刊》第五卷第三期，總號 51 期，頁 2-11，1979 年 9 月，台北。

[12] 請見《易經》〈繫辭傳〉下，第一章「夫乾，確然示人易矣；夫坤，隤然示人簡矣。爻也者，效此者也；象也者，像此者也。爻象動乎內，吉凶見乎外，功業見乎變，聖人之情見乎辭。天地之大德曰生，聖人之大寶曰位。何以守位？曰仁。何以聚人？曰財。理財正辭，禁民為非，曰義。」

[13] 關於此，請參見拙著〈王陽明的本體詮釋學——以《大學問》為核心的展開〉，《陽明學學術討論會論文集》。 1988 年 11 月，頁 105-124，台北：行政院文建會暨師範大學人文教育中心。

法則，但是它的根源是內在的，不是外在的，這是孟子所強調的[14]。道德的哲學很深奧地涉及到一些相當深、相當麻煩的問題。如我剛剛談的，這樣的一種理解方式與我們怎樣進入到這個世界，這個世界迎向你，你迎向這個世界，彼此的相互迎向所引申的理解和詮釋的過程有著密切的關係。你怎麼看待這個世界，看待的時候你用什麼樣的方式來表達。這與整個道德意識，價值義涵是密切相關的。

　　我們剛才講的圖象性文字在我們華人文化傳統裡，為什麼到現在為止，還一直在使用。這已成為全世界幾個大文明極為獨特的現象。除了漢字文明以外，幾乎幾個大的高度文明所用的都是拼音文字，只有我們用的是圖象性的文字。這牽涉到我們的「圖象性文字」，我們看這個世界，這個世界向我們顯露的時候，「象」與「形」何者為優先的差異。

參

七、中西形而上學的區別：「象在形先」與「形在象先」的對比

　　在華人文化傳統，「象」是在「形」之先，「形」不是在「象」之先，這很獨特。「象在形先」，而不是「形在象先」。當我們經由圖象去揭露意義，並不為圖象後面的「形」所限制。這個很重要。一樣地，當我們面對某一個客觀法則時，也不太受這個客觀法則的限制。我們在客觀法則後頭，找尋一個更有創意的、一個原生的、調節的、和諧的氤氳的力量。任何客觀法則我們都要這樣重新來一遍，因此會造成很大的

---

[14] 請參見林安梧（1978），《孟子心學義理結構初探》，《鵝湖月刊》第四卷第四期，總號40，頁 6-12，10 月。

麻煩。有的東西是它衍生出來的，有的是它原生的，原先的典型在裡頭。剛才講到的，我們在看這個世界時，「象在形先」而不是「形在象先」，這是兩個很大不同的形而上學的區別[15]。

引經據典的說，《易傳》裡有這個話，「見（現）乃謂之象，形乃謂之器」。「道」之所顯現的即為「象」，這個總體的根源所顯現的「象」，經過一個具體化的過程，形著的活動，往上追溯，那叫做「道」；形著具體化的活動，而下委其實，這叫「形而下」。「上」是上溯，「下」是下委，「委」是轉折而成為一個東西，下委其實，這時候我們說是「器」。上溯其源叫「道」，下委其實叫「器」。這個過程有個重要的中介是「象」，照我們文化傳統所說，象在形先，而形不在象之先。西方的存在論傳統或形而上學傳統在認識上來說是強調「形在象先」[16]。這也就是說：我認識一個東西，這是有一個具體的東西擺在那裡，作為我去理解它、把握它的對象。這個東西是之所以為東西，「形」在前，它呈現出來的東西是離形一層的，並不是形之自身，而只是表象。這與我們在《易傳》裡說的「象在形先」不同。在中國古代典籍裡，不只《易傳》這麼說，《老子道德經》也這麼說：「道之為物，惟恍惟惚，恍兮惚兮，其中有象，惚兮恍兮，其中有物」[17]，「象」仍寫在「物」前面。又說「執大象，天下往」[18]，說「道」是「象帝之先」，說在一切「象」之前，那個根源是「道」。

---

[15] 關於「象在形先」請參看林安梧（2003），〈關於中國古代經典詮釋的一個問題：對《易經》〈繫辭傳〉「見乃謂之象，形乃謂之器」的一個理解〉一文，發表於《經學論叢》。台北：洪葉文化事業有限公司，頁 67-74。

[16] 同註 15。

[17] 見《老子道德經》第二十一章。

[18] 見《老子道德經》第三十五章，「執大象，天下往。往而不害，安平太。」

八、「散點透視」與「定點透視」的對比：「圖象性文字」與「拼音文字」

上節所述，聽起來很深奧，很難理解，都是經典的，這裡舉一個很具體的例子讓讀者易於瞭解。中國的國畫以山水畫為例，山水畫與西洋的風景畫有很大的不同。它最大的不同在哪裡？西洋的水彩風景畫是定點透視，從一個定點來看他所看的。水彩風景畫的畫作遠近合乎物理比例，而我們中國的山水畫是不合乎物理比例的。如果你拿西方的風景畫，回過頭來說我們的山水畫的畫師真的沒有物理學的腦袋，不合乎物理比例。你這樣指責就錯了。因為我們不是這樣看這世界的，我們看這世界，不是站在一個定點來凝視這個世界的，而是悠遊涵泳於其生活世界之中，我們是走進去看，與它關聯為一，而不是凝視的看。畫是要走進去畫的，走進去畫而要把它表現在畫上是很困難的一件事。它用的是「散點透視」。它的透視點是移動的，也就是說：它所顯示的象，不為它的形所拘束，它的「象」已經超過它所要畫的那個「形」了，因為它要透過那個「形」所要顯的那個「象」來更接近本源。這本源就是我進到裡面悠遊，去遊山玩水那樣的本源，這一點很重要[19]。這在華人文化傳統是非常獨特的。

你會聽到老一輩的人告訴你，你看這幅畫的時候要走進這幅畫，好好看看這幅畫。這句話你一聽就能聽懂，而且你站在那裡就真的能走進那幅畫。你怎樣走進去，你移形換位，就好像武俠裡的移形換位，走進去了？是。因為你的心不為你的身所拘，你的神不為你的形所拘，你的心靈意識活動就這樣飄然的進到畫裡去了。這對我們華人來講是很容易理解的，非常容易理解，就是如此，我們平常都是以這種方式來思考問

---

[19] 蔣勳（1995），《美的沉思——中國藝術思想與芻論》。台北：雄獅圖書公司，頁108。

題，包括我們看世界都是這樣的。這就是我解釋為什麼到目前為止，我們還是使用圖象性文字，而不是用拼音文字。圖象性的文字的學習，它最重要的不是指向一個對象的定執的把握，它其實有一真正生命真實的互動和感通。

語感是很重要的，附帶一提，如果你學習中國的古文，如果你透過語法的把握來寫古文，那你寫不好古文。古文的學習其實就很像舞劍、很像唱戲、很像打太極拳。它基本上是一個陰陽開闔、上下跌宕、如其韻律而呈現的過程，這才能「源泉滾滾，沛然莫之能禦」[20]的出來。它是依循著存有的韻律生發出來的，這文化傳統非常的獨特。我可以與在座的各位朋友講，這也是中國文化為何經歷了數千年，到目前為止，很多大的文明系統都已經被斬斷。中國文化傳統幾千年來卻是綿延不絕的，這與我們剛剛所說的有密切的關係。

九、經由文化傳統的深層理解，對道德哲學理型有恰當定位，才能有真切的診斷

現在回到道德學上來說，華夏文化傳統它不從客觀的法則直接切進，它告訴我們在這「客觀的法則」上頭有更重要的「生命的感通」、更重要的「內在的本性」、更重要的「總體的根源」。這道理的講明，會有些幫助，我們因而可以恰當地釐清整個中國哲學裡有關道德哲學後來所衍生出的種種問題。這種種問題，它真正的樣相是什麼？比如說我們說「道德」總免不了法則義、規範義、限定義，道德落在實際層面，居然發生了「以理殺人」的嚴重後果，是非常不合理的，但道德規範教

---

[20] 這兩句話有取於《孟子》，〈離婁〉下「源泉混混，不舍晝夜」，〈盡心〉上，孟子曰：「舜之居深山之中，與木石居，與鹿豕遊，其所以異於深山之野人者幾希。及其聞一善言，見一善行，若決江河，沛然莫之能禦也。」。

條落在人間裡頭，而造成人間煉獄的那種現象不是沒有過的。有！這樣的症狀所關聯的，不是以客觀的法則義、規範義、限定義為主導的模型所引申出來的；而是以生長義、創造義、動力義為主導的原型結構衍生出來所造成的後果。這真值得注意。

在西方一樣有如上所述的嚴重的史實，不是只有中國文化傳統有道德低落的年代，西方也有道德低落的年代。中世紀末，宗教裁判所對於異端者的審判，像伽利略、哥白尼，他們慘無人道的遭受到迫害。這涉及到的道德哲學問題，其後頭的原型與我們後頭的道德哲學原型是不同的。釐清原型與原型後面的嚴重後果的不同關係是必要的，要不然你就無法真正療治這個族群所面臨的問題。這意思也是說，你怎麼樣去診察這個病症。這個病症如果診斷錯了，那我們在族群裡整個的改革將會面臨很大的困境。因為你下的藥是錯的。同樣是發燒，它很可能有各種狀況，腸胃炎發燒與感冒發燒都是發燒，但是治療的方式是不同的。不能以為吃了退燒藥就了事。如果是腸胃炎發燒而你用的是感冒藥，那發燒是不會好的，而且可能會更嚴重。

當你看到中國道德低落的狀況，你要怎麼樣恰當的去瞭解？我認為必須對道德哲學的原型有恰當的把握，對整個歷史發展的脈絡必須要如實的理解，對當下的實況它到底是怎麼回事？你必須深入的恰當的詮釋、定位。所謂深入的恰當的詮釋、定位，必須關聯整個傳統的歷程的發展，關聯到最原初的原型的理解和把握；要不然，你所給出的診斷往往就可能是空洞的幾句話。或者你給出的藥很具體，但很有可能卻是錯的。比如說我們這個族群沒有西方基督宗教的絕對一神論的傳統，而西方基督宗教的絕對一神論傳統發展出了民主、發展出了法治。這並不意味著我們也要有與西方一神論一樣的傳統，才能發展出民主和法治；而是在我們學習西方民主、法治的過程，我們要瞭解到西方民主、法治後頭是一神論的傳統。我們現在展開民主法治的時候不是一神論的傳統，我們是多神論，是多元而一體歸溯到「道」的「道論」傳統，我們應該

做些什麼樣的調整。這可以使我們的民主和法治有恰當的發展，這一點很重要。

十、未能深入文化傳統底蘊，只從表象病灶，就開藥方，不但無益而且有害

有人說，西方因為在基督宗教的文化傳統裡有所謂的「原罪」意識，而所引伸出的「幽暗」意識，因為這個「幽暗」意識所以不是直接的人性本善的肯定，因此它們比較容易發展出民主和法治[21]。這說法有某種言之成理的因素在，但這並不意味著我們現在要強調人的原罪意識和幽暗意識，才能發展出民主和法制，並不是如此。這是兩個不同的樣態，我們怎麼樣不失其主體性，而在這互動過程裡，我們對整個人類文明的發展作為對話者的一端，我們仍然有我們的貢獻。正因為截至目前為止，足以與西方文化這麼大的傳統作對比，能夠具有主體的，與它展開一種主體際的對話，真正具有這麼大的力量的就只有中國文化傳統。勉強說印度文化傳統也是，雖然伊斯蘭文化傳統也可以與它對話，但是伊斯蘭文化傳統畢竟也是一神論的傳統。就宗教傳統來說，華人文化傳統是非常非常可貴的。我們要恰當的理解，我們不能拿西方文化傳統所形成已經固定的那種模子，以那種模子作為對比的起點，並且壓倒性的認為那就是標準。那是不對的。特別是到了 21 世紀的現在，我們應該仔細的瞭解，千千萬萬不能夠忽略，因為忽略了，你就不自覺地被整個文化霸權控制的機制所滲透、所侵蝕，而你毫無自覺地完全接受了它。一旦，你誤認為就只那種方式，拿到我們自己文化傳統，拿到我們生活世界中展開，努力的實踐，反而造成嚴重的後果。這是很奇詭而值得重視的一個現象。這就牽扯到我們華人心靈意識的生存結構，與西方人廣義的，以

---

[21]張灝（1989），《幽暗意識與民主傳統》。台北：聯經圖書公司。

西方主流文化為主的心靈意識的生存結構是不同。

　　以「九二一大地震」為例，1999年秋天，台灣中部發生大地震。這次大地震死了很多人，我老家全垮了。我那天晚上11點多剛好回到老家，凌晨1點47分大地震。家裡只有我與我媽媽，父親剛好在住院，最先倒塌的是我父親住的主房，算很幸運，逃過一劫。第一回震後，我背著母親跑出來，第二回震，全都垮了。「九二一大地震」真厲害，地震之後，很多人處在驚慌恐懼之中，我也一樣會有。誰不驚慌，誰不恐懼？什麼叫生死存亡，什麼叫劫後餘生？我出了那個院子，就看到南邊的天整個是紅的，南投酒廠爆炸起火，就好像看到戰爭的可怕，很像在影片中看到戰爭的樣子。大地震之後，多少人處在創傷、恐懼、驚慌裡面。臺灣很多心理諮商師、精神醫師、輔導老師投入救災，這裡有許多是留學美國的。起先，他們到災區輔導的效果並不好。因為他們起先用的是洋方法，沒有進入到這些災民的心靈裡。這些災民是怎麼醫好的？他們到廟裡去，廟裡有「收驚」的阿媽，最有名的是臺北的行天宮恩主公廟，它是祭祀關聖帝君的。幾個儀式做下來，竟就好了。

　　我舉這個例子想要說明的是，我們整個心靈機制、心靈土壤與洋人是不同的，輔導學、教育學如果不與文化土壤結合到一塊，你所展開的心理治療活動常常會是事倍而功半。這是很嚴重的！我舉這個例子就是要說明很多理論得具體的經由生活層面的驗證，理論不是那麼理論的，實際不是那麼實際的；實際必須藉由理論來進行反思，你才能恰當的把握它，理論必須透過實際的反思，才能夠建構起來[22]。這同樣也是很嚴重的！我們再想一想，近一百年來，多少知識份子給自己的國家民族開藥方？依我看，開的藥方常常不是八九不離十，而是八九皆離十，差很遠。截至目前為止，我們看到有關中國未來的發展的時候，仍然有很多知識

[22]林安梧（1999）。〈理論是很實際，實際很理論〉，《台灣文化治療：通識教育現象學引論》。台北：黎明文化事業公司。

份子積極地開藥方，開藥方時，沒有對中國哲學、中國文化傳統深入理解，他給出的藥方是會有問題的。

肆

十一、時移勢異，在現代化進程裡，中國的道德哲學正在變化中

作為一個人，與其他各種存在事物不同，人文學與自然科學是不同的。自然科學有它的普遍性，人文科學也有它的普遍性，人文科學的普遍性必須關聯到它整個傳統的差異性，才能恰當的來理解它的普遍性，人文科學的普遍性不是挂空，與傳統無關，與人無關那樣的普遍性。自然科學可以與傳統無關，與人無關。它是一個與人可以區隔出來那樣的普遍性。有中國哲學、有印度哲學、有美國哲學、有歐洲哲學，我想不會出現一個中國的物理學、美國的物理學、歐洲的物理學，不會的。只有在近代科學之前，在物理學史底下中國當時的物理觀，因此導生出的一套學問系統，與近代所說的物理意義不同。人文學這個學問必然要與我們整個生活世界，與歷史社會總體密切關聯在一塊，與我們心靈內在的機制時時刻刻一直在作生息的互動。這一點是我們要仔仔細細，要好好思考的。

既然如此，那我們回到整個道德哲學來看時，我們就要去揣摩，去想一個問題：中國現代十三億人口了，可能還更多，這十三億人口在現代化的進程發展裡，發展得不錯。但是，我在報紙上看到了有個地方叫愛滋病村，我看的都很難過，可見我們很多地方發展得很不平衡啊！我們發展有些問題，農民被迫去賣血、賣血漿，因此感染了愛滋病。這是很可憐的一件事實，而經濟起飛了，人民生活所得提高了，物質的整個

飛躍、進步，整個社會也在變動著。這個變動的過程裡，整個中國人在他生命裡頭如何找尋到恰當的安身立命，這是我們對道德哲學有些深入理解的朋友所關心的。在經濟發展過程裡，我們的政治社會如何真正恰當地發展，政治社會非發展不可的。

請問有了網際網路之後，與還沒有網際網路之前，人們的溝通方式會一樣嗎？不一樣。人們的溝通方式不一樣，人們心靈很多內在的意識會一樣嗎？不一樣。因此導生出來的倫理規則、道德法則會一樣嗎？也不一樣。它們整個在變化。那麼請問人們能夠回到沒有網際網路的年代嗎？不可能。除非很嚴重的大的毀滅。現在是不可能的。想像假使你能夠操作一個不可見的巨靈，能夠讓人這個全球的網際網路暫停十分鐘，這個世界可能就毀了。也可能不需要十分鐘，可能更短，現在網際網路時時刻刻在動。整個中國大陸網際網路傳輸不得了。手機有多少台？我以前聽到三億，現在可能不止了吧！三億、四億，這不得了呀。在整個發展的過程裡，國家它的整個組織型態必然要變化，人的整個道德意識的表現方式也要變化。時移勢異，勢異備變，以前是在什麼型態下，而現在是什麼型態，回到中國文化傳統裡，還有什麼資源，我們可以重新把它釋放出來，參與到我們生活世界裡面來。這是我們應該要關心的問題。

記得西元 2000 年，我在武漢大學與幾個朋友，作了中國哲學、西方哲學、馬克思主義哲學的對話。馬克思主義哲學這幾十年來對中國大陸，由於官方極力推動，已經造成一定影響。2003 年，我又到吉林大學演講，當時有學生提出一個反映，他們對這很有意見，他問我說，我覺得怎樣？我說，因為作為官方的東西在華人文化傳統一旦被強化到一定程度，便會有些不同意見，就像台灣對三民主義也一樣有意見。這些年來，大陸的儒、道、佛思想有著長足的進步，這可以說是一個新時代的表徵，一切就在變化中。這些年來中國文化傳統在中國大陸蓬勃發展，真的是春風吹又生，增長速度非常快。

十二、正視文化傳統的力量，讀經是必要的教養，有助於整個族群的認同

我有位朋友王財貴教授推動全球兒童讀經運動，不只臺灣，不只馬來西亞、美國，現在中國大陸也都有了。不只有了，據報導中國大陸就有五百萬兒童讀經，現正要向八百萬兒童讀經邁進。兒童讀經，這與民國初年對比，蔡元培掌北大時，廢除讀經，而現在我們要重新讀經，讀四書五經，讀中國古代的古典。不只是如此，也要讀西方優秀的文學、宗教的經典、背誦莎士比亞。有個朋友告訴我（不知是真是假），中國準備在奧運的時候，十萬兒童朗誦莎士比亞，此事如果是真的，會對全世界造成一個震撼性的回應。這正表明我們是一個面向全世界開放的族群、我們是一個面向全世界的國家，我們不是守在自己的文化傳統，我們的讀經，我們的什麼是邁向全世界的，我們兒童的教育是繼承了全人類文明的遺產，不僅僅以中國文化傳統為主，我們涉及所有人類。其實，華人幾百年來終於有了新生的可能，我們要好好回到自己文化傳統作恰當的理解。我們怎麼樣把古代經典的意義好好釋放出來，參與到人類文明的互動、對話，這是我們的責任。我當然鼓勵年輕一輩的朋友，我們除了把中文學好，也就是說你至少要讀十本古書以上。十本古書只是幾十萬字而已，幾十萬字而已，大約十本，當然更多更好。《論語》、《孟子》、《老子》、《莊子》，還有《大學》、《中庸》，以及佛經，像《金剛般若波羅蜜經》，《唐詩三百首》、《楚辭》、《詩經》加起來也只有幾十萬字而已，沒有錯，不是很多。《老子》才五千個字呀。《莊子》也不一定要三十三篇都讀完，內七篇也就可以湊和湊和了。須知：正視文化傳統的力量，讀經是必要的教養，這有助於整個族群的自我認同。

我們一直在學習人家，基本上我們瞭解他們要比他們瞭解我們多，強勢文化理解弱勢文化，弱勢文化未必沒智慧，弱勢文化智慧往往是很

深厚的。它是政治、軍事的強勢，經濟的強勢，未必是文化上的強勢，文化的強勢是長久的。只要能夠好好的把意識放進來，加進去之後，它就會成為一個新的文化發展的動力的來源。原來羅馬人是反基督教的，後來羅馬人變成維護基督教的最重要的資源，很有趣吧！我們要去重視它。滿清人原來反對我們漢文化，入關之後，後來竟成為漢文化最重要的守護者之一。很有趣的！商朝文化與周文化誰比較高，商文化比較高，但周文化繼承了商文化，建成了整個夏商周文化下來的集大成，從周公「制禮作樂」到孔老夫子「集大成」[23]。我這麼說是要說，中國文化在人類文明的發展裡，在 21 世紀裡，有機會不止大放異彩，有機會真正參與到人類文明發展，真真正正扮演更為重要的角色。當今人類文明發展已經不可能不重視華人文化傳統的重要。當然我說的，道德實踐的發展過程裡，道德哲學裡，我們的「道、德、仁、義、禮」這五個字由上往下排，從「總體的根源」到「內在的本性」、到「彼此的感通」、到「客觀的法則」、到「具體的規範」，我們說客觀的法則可以往上提到「道」、「德」、「仁」這三個字，而在西方的道德哲學傳統，則可從「義」切進去，從客觀法則切進去，再落實為具體的規範。我們並不是說因為上溯至源頭，所以我們比較優越，而是說這個溯其源頭所表現出來的形態後面的機制不同，它有更多值得我們重新去鑒定、去思考的。我就是要強調這一點。

---

[23] 語出《孟子・萬章》下，孟子曰：「伯夷，聖之清者也；伊尹，聖之任者也；柳下惠，聖之和者也；孔子，聖之時者也。孔子之謂集大成。集大成也者，金聲而玉振之也。金聲也者，始條理也；玉振之也者，終條理也。」

十三、解開「道的錯置」開啓新時代「王道」理想

　　強調這一點要做什麼？因為不同的文化機制，處世的方式就不同。我們中國對這個世界有更大影響力的時候，美國的布希就不會用這種方式對待伊拉克。以這種方式對待伊拉克，用中國的傳統來說，是霸道的方式。相對於「霸道」，我們傳統強調的是「王道」，「王道」與「霸道」是不同的。中國文化的發展，從秦漢之後兩千年，基本上並不是如我們剛所說那麼美好的、理想的、根源的典型在發展，而是朝一個我認為比較糟糕的方式的發展。我這樣說會不會陷入到說：中國從秦漢以後完全停滯的思考，其實平心而論，從秦漢以後，中國文化傳統的發展的確是有一些停滯，它之所以停滯，正因為它陷溺在帝皇專制傳統裡面。在帝皇專制傳統裡形成了我所謂的「道的錯置」（misplaced Tao）狀況[24]。

　　什麼是「道的錯置」呢？就是我常說的，以帝皇專制的國君——宰制性政治連結，這最高點做為一切管控的核心，把它連結到血緣性縱貫軸的傳統來，連結到我們整個文化道統上來。「宰制性的政治連結」的「君」與「血緣性的自然連結」的「父」連成一氣，這麼一來就把父道、父親的「道」與「親」減弱了，而強化了「父權」。再者，它連接到我們文化道統的最高連結體那個「聖」，「聖」是「人格性道德連結」的最高頂點，一旦被攫奪了，「聖」的教化意義及「聖」對人的生命啓發變弱了，它反變成強制規範。這時的「君」成了「聖君」，「君」成了「君父」，「君」這「宰制性的政治連結」把「父」之做為「血緣性的自然連結」，把「聖」之做為「人格性的道德連結」全部掠奪而佔據了！

　　我們發現到這兩千年來帝皇專制傳統使得我們的道德哲學以強制、

---

[24] 關於「道的錯置」問題，請參看林安梧（2003），《道的錯置：中國政治思想的根本困結》。台北：學生書局印行。以下所論亦本於此。

以規範、以權柄控制做為主導方向，它失去了道德哲學原先的真意了。回到孔、孟傳統裡去看，你會覺得怎會是這樣的？原來儒家所強調那根源性的、生命自得的回歸、回溯與開啟，它的目的是落實在人間裡頭實踐的。結果我們發現落實在人間實踐不可能在政治社會裡有一總體而恰當的實現，勉勉強強是在人倫世界裡實現。這個人倫世界一樣被這個帝皇專制傳統所控制，他強化了父親的權柄，強化了男性中心，像女子「三從四德」的傳統被強化了。就這樣，在這過程裡，原先那根源性的、生命自得的回溯與開啟的落實碰到了困難，逐漸它廣泛開啟為一種帶有境界形態的修行。中國很多讀書人，大概從秦漢以下，到了唐宋以後，我們發現它所強調的道德，除了在人倫日用中以外，也常落到父權對於子弟的壓迫。我們唯有解開這種「道的錯置」狀況，才可能開啟新時代的「王道」理想。

十四、「境界型態修養」易異化為「阿 Q 式精神勝利法」

大體說來，在兩千年的帝制影響下，華人的道德實踐逐漸轉向心性修養，或者說，就以心性修養來取代道德實踐，甚至還強調人的心靈境界怎麼提升。我們還可以發現一種獨特的現象，原來的道德強調要回到根源性的總體，又要走向歷史、社會、政治的總體裡面。結果，因為帝制、父權等專制的高壓，因而它慢慢往內強調心性的修養，往上強調境界形態的開啟，生命境界的開發，形而上理境的開發，由於太強調往上往內，因而要進到生活世界，它反而受到限制。換言之，通向「外王」，有它實際的困難，因而反過來要求「內聖」。「內聖」是個偏枯的「內聖」，並不是真實的「內聖」，偏一邊的、枯萎的、是很內斂的「內聖」、沒有辦法內外通貫的「內聖外王」的「內聖」。其實，「內聖」必須是

與「外王」兩端而一致的交貫一體展開才是，要不就會有它的虛假性[25]。

這就是我這些年來一直強調的重要議題，我們要問：為什麼我們的文化傳統那麼強調道德實踐，而後來居然變成一境界形態的修養，又異化扭曲變成阿 Q 式的自我精神勝利法那樣的自我安慰！「不要與他計較了！」，不要與他計較，是因為你沒有那個道德內在動力與他計較；「不要與他一般見識」，因為你根本沒有那個道德實踐的動力去與他好好的談論這個問題[26]。你當然忘記了孟子所說「自反而縮，雖千萬人吾往矣！」[27] 這時，你當然忘記了孟子所說的種種，作為一個人，一個生命必須投到這個世界，他不會告訴你「哎，你不要多說話！」；他會告訴你「余豈好辯哉，余不得已也」，它會告訴你要「知言」，如何「知言」，要「詖辭之其所蔽，淫辭知其所陷，邪辭知其所離，遁辭知其所窮」；要如何「養氣」？「其為氣也，至大至剛，以直養而無害」[28]。你看這彼此之間相差多遠！這兩千年啊，不短的時間，使人性扭曲到無以復加的地步；當然幸虧我們這兩千年來民間的教化傳統一直存在，與民間的宗教、民間的習俗種種結合在一塊，總的來講人倫孝悌是存在的。我們相信自然天地、無為無執，有一調節的生命力仍然在氤蘊造化。然而，我們發現這根源性倫理的追求轉了，它變得封閉，它把自我封閉當「慎獨」[29]。

---

[25]關於內聖與外王之問題，請參見林安梧（2004），〈後新儒學的新思考：從「外王」到「內聖」——以「社會公義」論為核心的儒學可能〉，《鵝湖》三十卷二期（總號350）。8月，頁16-25。

[26]請參見林安梧（1999），〈孔子與阿 Q：一個精神病理史的理解與詮釋〉，收入《台灣文化治療：通識教育現象學引論》。台北：黎明文化事業公司印行。

[27]語出《孟子‧公孫丑》上。

[28]以上所引，俱見《孟子‧公孫丑》上。

[29]關於這個詭譎難理的狀況，請參見林安梧，《中國近現代思想觀念史論》第四章〈「以理殺人」與「道德教化」〉，第四節「從根源性的慎獨倫理到宰制性的順服倫理」，頁 109-115。

十五、突破「順服的倫理」，正視「慎獨的倫理」，開啓「公共的道德」

　　「慎獨」在《大學》、《中庸》裡是極重要的道德修養工夫理論，「慎獨」不是自我封閉啊！「慎獨」是對那生命內在的主體良知有種虔敬謹慎的真實默契，因此能上及於一根源性的本源！「無聲無臭獨知時，此是乾坤萬有基」[30]，這是王陽明的《詠良知》詩，這個「獨」是無造作相，是獨立無匹的；最後要涉及到宇宙造化根源、絕對的獨體良知。這是何等深奧，這很了不起的！結果「慎獨」成了自我封閉，這種自我封閉放在權威控制下，就轉成一種順服的倫理。在這過程裡，中國傳統道德哲學很多很可貴的內涵就不見了，精華都不見了。這時候有個錯誤的想法就出現了，誤認為中國傳統道德是教我們把脾氣修養好。誤認為脾氣好就是道德高。我常糾正很多朋友，脾氣好未必道德好。脾氣與道德不一樣。脾氣、修養有時候是屬於很個人的事，是 private，道德是公共的，是 public，是屬於公共的事物。「道」涉及到根源的總體，你尊重總體而形成根源性的動力。這根源性的動力有種調節性的力量所構成的總體就叫道，「道」在這裡生長，落實到你的生命裡頭就成了你的「德」，「天地有道，人間有德」。

　　天地場域源泉滾滾的生發，作為個體而承受著由此生發出來的氣息，而構成你的本性。就以講演為例，若在場域中，聲音嘈雜，天氣寒冷已極，麥克風沒有了，聲音也沒有了，就在這「天地無道」下，請問你的「德」怎麼好起來，不可能。道德是一個公共事物下的總體與個別之間的辯證關聯。「道生之，德蓄之」，「志於道，據於德」，這樣互動關聯才是「道德」。我們華人文化傳統居然誤認為一個人脾氣好好的

---

[30] 見《王陽明全集》（上），頁 790，上海：上海古籍出版社印行，1992年 12 月。

就叫做有「道德」。其實往往剛好相反。脾氣裝得很好的人面對公共事物，面對公共應該如何的時候，是最屈服於專制的！往往最屈服於專制的，就脾氣好。兩千年來這個問題很嚴重，在這發展過程裡，現在已逐漸走出威權體制，但仍處在非常嘈雜混亂的狀況，不過民間的生養力量仍然是非常豐富的。可以說是：天地之道默運其間。臺灣這些年來，囂嚷喧吵，看似該瓦解了？不！臺灣為什麼依然穩穩的，它主要是社會力量很大，民間有很多力量，它形成了一調節性的機制，就這樣穩住了。

伍

十六、正視「個體」免除「個人中心主義」

中國大陸現在繼續發展，經濟慢慢蓬勃起來了，人的自我概念變化了，未來所要面臨的處境與以前不同了。華人以前「自我」這個概念是從「小我」通到「大我」。我們想一個問題一定是以群性、以總體來思考，或者至少是以此為背景，以此為主導。現在慢慢變化了。這個變化再過五年，再過十年，就不得了了。它變化到令你相當難處理。這就是為什麼要好好瞭解我們自家文化傳統，好好把它的意義釋放出來，參與到目前的發展過程裡，作為對話的一個因子。讓它趕快加入到對話的過程裡，它又調節地長出一個新的可能，要不然會來不及。自我個性的突出，而以「個人」為中心，如果沒好好處理的話，誤將「個人中心主義」（ego-centralism）當成「個人主義」（individualism），那就弊病叢生囉！

個人中心主義與個人主義不同，「個人中心主義」是有「我」無「人」，而「個人主義」是你必須正視你是個「個人」，別人也是個「個人」，

每一個人的「個體性」都要受到尊重[31]。華人原來「民吾同胞，物吾與也」[32]這種以天下為一家的胸懷很了不起！如果它沒有處理好的話，在整個人類文明發展裡，讓資本主義的心靈意識徹底穿透到我們的文化傳統裡，整個華人個體性的高漲，不是正視別人個人的個體性，而是有我無人的個體性的高漲會日益嚴重。有我無人的個體性高漲，它將是社會動盪非常麻煩的原因。這很嚴重！華人學習注重每一個人的個體性，對我們來講不太容易。因為原來我們是由總體來注重每一個個體，因為每個個體是盡量以「無我」來成就「大我」，也因此讓我進入到那個「大我」，生命獲得安頓，不是正視你作為「小我」的個體。這個體是有差異的，你如何去恰當調解和諧，這與過去是不一樣的。這一點是華人未來要面對的最嚴重問題。中國大陸未來五至十年之內，這個問題會非常非常重要。如果沒有處理好的話，將是非常非常麻煩的。須知：我們要正視「個體性」，免除「個人中心主義」，才能開啟真正的公民社會。

十七、「筷子文化」，「王道文化」

中國的強盛將可使人類文明帶來一新的轉向，這個轉向會很好的；但是中國人要強盛起來要度過這一關。這一關適應起來並不容易。這是為什麼呢？因為以前我們的傳統是「個體」與「總體」，「小我」與「大我」，彼此之間，它們是連續的、感通的、整體的，他一想到「我」就推而擴充之，而及於整體，所謂「四海之內皆兄弟也」，俗諺說「表親，一表三千里」。中國強調熟人傳統，但卻缺乏對待陌生人的傳統，你不

---

[31] 關於此所涉及之個人、自由與民主等概念，請參看黃克武（1996），〈嚴復與近代中國自由民主思想的傳播〉，《中國近代文化的解構與重建》。國立政治大學文學院主編，台北：政大文學院，5月，頁153-184。

[32] 語出張載《西銘》：「乾稱父，坤稱母。予茲藐焉，乃渾然中處。故天地之塞，吾其體；天地之帥，吾其性。民吾同胞，物吾與也」。

覺得嗎？截至目前為止都是如此。我們面對熟人，是人不親土親，從血緣到地緣，有它的傳統，這傳統有它的特質，不一定不好。我們可要千萬記得，當我們表述自家的傳統特質時，不要就以為那是壞的，而誤認為西方就是好的，那就錯了。比如說：我們不用叉子吃飯，而是用筷子吃飯；要是你拿筷子當叉子來用，你當然會罵筷子是不好的叉子！筷子不是很差勁的叉子嗎？筷子當然是差勁的叉子。你想哪有那麼差勁的叉子？叉子有兩、三個叉，竟然它只一個，又不夠尖、不夠硬，太難叉了。那你乾脆不要用筷子，就用叉子好了。「全盤西化論」就是這樣思考的，其實「筷子」與「叉子」是兩個完全不同的文化傳統。

2002 年，就在中南大學，我講了一個題，叫「筷子與叉子」，談中西文明的異同[33]。後來，我又在中興大學也講了這個題目，反映很好。「筷子與叉子」是 1997 年在新加坡開學術會議時，講出來的。記得那天大家討論中西文明的對比，我靈機一動就拿「筷子」與「叉子」做對比。筷子與叉子是不同呀。筷子與叉子是工具，但在我們哲學理解與詮釋裡，就有很大的不同。「用叉子」是「主體透過一個中介者強力侵入客體，控制客體，而舉起客體」。相對來說，「用筷子」是「主體藉由一個中介者連接客體，構成整體，並達到均衡，才能舉起客體」。我們華人文化傳統不同於西方的「叉子傳統」，而是「筷子傳統」。我們是「主體透過中介者，連接客體，構成整體，達到均衡，才能舉起那個客體」。要是，中介者連接的客體，構成的整體，達不到均衡，就不能舉起客體。「筷子文化」是「王道文化」，這不同於「叉子文化」之為「霸權文化」。

---

[33] 這場講演記錄後來收錄在〈東西方文化的差異與融通〉，《儒家倫理與社會正義》第一章。北京：中國言實出版社印行，2005 年，頁 1-36。

十八、從「無我的真我」轉而為「有我的真我」：正視個體性

　　華人在馬來西亞居有六百萬，馬來西亞還是馬來西亞，它不是中國，我們從來沒有殖民過，為什麼？這就是筷子傳統下的「王道」，如果是叉子下的「霸權」，那「大中國」何止今天，當然也可能變成英國的了。但是你知道我們有六百萬的華僑在馬來西亞，一樣讀孔孟、一樣讀老莊、一樣信佛教、一樣信道教、儒學的修養一樣深厚。它放的假日比中國還中國，中國現在放假很不中國，現在全世界以放假來講，最不中國的就是中國，最不合乎中國文化傳統的就是目前的中國。中國古代傳統不見了。臺灣放的假與馬來西亞放的假差不多。春節、元宵節，還有呢？清明節，端午節；7 月叫鬼節、8 月中秋節、9 月重陽節、10 月還要過個 10月半；9 月 28 還有個教師節，是孔子誕辰。

　　我們現在談的都是很實際的，大家都很感興趣。前面講的較為理論。其實理論和實際是連在一塊的。就是如此。我們怎麼去面對總體與個體這種關係呢？「小我」和「大我」是連續一體的，任何一個「小我」可以逐層與「大我」連接在一塊，而一思考就以「大我」為思考。我們傳統強調「無我」，「無我之我方為真我」。在西方自由主義的傳統叫「有我之我方為真我」，如此真我人人都有。你應該重視每一個人的真我。這是西方個人主義與自由主義的傳統，這個傳統對我們來講必須好好調節。調節的發展過程裡，在原來中國哲學裡，並不是完全沒有這個因素，而是說我們必須在現代化的學習過程裡慢慢學會。這就是我們前面所談的「道生之，德蓄之」，談「道德」，我們要面對的，一步一步落實。我們要說以前的道德強調的是不要回報，「道生之，德蓄之」。現在我們的道德不只從「道生之，德蓄之」，「志於道，據於德」，好好真正去落實，我們得對生活周遭的世界有一恰當的分別。從「無我的真我」轉而為「有我的真我」，正視「總體的我」與「個體的我」彼此的關係，

而開啟一嶄新的可能。

十九、結語：正視道德的創造性、生長性、動力性，從「知恥倫理」轉出「責任倫理」

責任倫理如何出現？「責任倫理」與以前的「知恥倫理」是不太一樣的[34]。我們以前強調要回到總體裡，我們人在總體裡形成一種氣氛，使得我們作為一個總體裡的一份子，我們必須如何做不可，我們該當如何才無愧於祖先、無愧於前輩、無愧於師長，無愧於古聖先哲。現在我們面對這世界，這些精神資源還是很重要，但我們可能要轉到另外的資源上去，這兩者接在一塊就是責任。這是依循著一個什麼樣的法則，在什麼樣的氛圍底下，我必須如何。這樣的思考看起來很像孔老夫子所說的「正名」，但其實不同。

孔老夫子的「正名」是在禮教下說，而現在說的責任倫理是事物的本身的責任說，這個部分我們必須重新調節。原來「道生之，德蓄之」，「志於道，據於德」那個傳統仍然有用，因為它有一個非常大的調解性的力量。華人在思考問題的時候就把自己放在這個現實的人間世界。我們姑且說有情天地也好，或者說更寬廣的，天高地厚的那個天地，我們一談問題就是「上下與天地同流」[35]。我們談道德時，終極的說是頂天立地。我們談道德，談到最後，我們說，「某雖不識一個字，亦須堂堂正

---

[34] 關於責任倫理的轉出，請參見林安梧（1996），〈順服的倫理、根源的倫理與公民的倫理〉，《儒學與中國傳統社會之哲學省察》第十章。台北：幼獅文化事業公司印行，頁 177-198。

[35] 語出《孟子‧盡心》上：「夫君子所過者化，所存者神，上下與天地同流，豈曰小補之哉！」

正還我一個人」[36]。這樣的說法，其實是告訴我們，我們這個族群非常注重我們內在的生命資源，而這力量是通天接地的。我覺得這個資源非常非常重要，我們必須重視這個資源，把它開發出來。千萬不要拘在小的個體之我，我們不要以為只要學習西方，拘泥於非常小的個體的我，我們就能夠在現代化的發展進程順利前進，其實不然。

現代化之後，人類正面臨著更嚴重的問題。這問題並不是我們今天所探討的，但我要說，中國哲學的發展過程裡，以道德哲學來說，我們一方面必須回到道德的源頭，去瞭解它，它原先所強調的「生長性、創造性、動力性」，這是最為原型的。至於道德哲學所落實所強調的「法則性、規範性、限定性」在中國道德哲學來講反而是衍生出來的。中國由於帝皇專制、父權高壓、男性中心，這樣的兩千年的傳統裡，使得中國原先的那個道德的傳統，那個強調創造性、生長性、動力的為主導的道德哲學沉埋不見了；它反而變成一個極端的專制、高壓、限制、規範、教條，它反而使得人們心靈扭曲了、異化了。原先的根源性的原理，「慎獨的倫理」異化扭曲成為一個順服的、封閉型的、內縮的那樣的倫理。現在，我們有機緣重新開啟原先的儒家倫理典型，這一百年來的跌跌撞撞，我們有機會重新正視這個問題。特別大陸這一、二十年來的改革開放，中國的進步突飛猛進，經濟的發展隨之而來的是「人的自我概念」的變化。

這時候，我們更應該好好重新去理解整個傳統的原型，重新去梳理、正視，重新去詮釋，好好詮釋出恰當的中國人的這個概念是什麼，好好去正視未來發展，重新去理解。

---

[36]請參見《宋元學案・象山學案》卷五十八：「今人略有些氣燄者，多只是附物，原非自立也。若某則不識一箇字，亦須還我堂堂地做箇人」。

劉煥雲、沈宗瑞、張民光

儒家的義利觀與現代社會公平正義之實踐

5

劉煥雲　聯合大學全球客家研究中心副研究員

沈宗瑞　清華大學通識教育中心教授兼主任

張民光　聯合大學苗栗學研究中心主任

一、前言

　　「義利之辨」是儒家倫理思想所重視的課題，先秦儒家如孔子、孟子、荀子都有有關義利之辨的言論。然而，後世的學者往往將儒家的「義」與「利」視為對立的概念，即將儒家的義利觀採用一種對立式和化約主義的詮釋方式，認為儒家所主張的義、利觀是不能並存的，有志於道德實踐的君子必須行仁義而去私利，君子應該看重仁義道德之達成，不能追求私利。

　　本文旨在分析儒家義、利概念與價值的層級觀，分析儒家的義利觀不是一種直覺式、對立性、靜態性的層級，而是一種發展性、動態性、均衡性的層級關係。現代社會不能把儒家的義利觀，只放在個人倫理道德實踐和人格修養層次去瞭解，而應該進一步提升到落實「公與私、群體與個人」的關係內涵，即是指實踐社會公平正義的層次，是現代社會應該追求的公平正義觀。儒家哲學論證社會倫理的實踐，一定要提升到群體社會公平正義的實踐。本文亦指出，儒家的義利觀與現代公民社會落實公平正義蘊含有相同的理想。

　　21 世紀全球化趨勢之下，每個現代社會之特性，就是對於社會各種生命的維繫與利益之滿足之尊重，不論是個人或是企業、個體或團體，無不以追求利益之滿足為目標。而現代國家政府之職能，則有責任以公權力及政策，保障個別利益之追求，同時又必須整合諸多個別利益，並把他們提升到普遍的層次，這就是說政府有責任促進社會公平正義的實現。

　　民主政治的目標之一即是促進社會之公平正義，政府有責任維繫與保障社會之公平正義，人民亦必須意識到社會之公平正義，是社會穩定、國家長治久安的必要條件之一。因為一個不公不義的社會，很難維持其

穩定發展，可能致使國家陷入動盪不安、社會失序，政權亦不穩定。西方政治哲學家長期以來都有有關什麼是公平正義概念之討論，如蘇格拉底、柏拉圖、亞里斯多德等早已探討正義之概念。西方政治哲學常常將正義與自由、平等並舉，認為只有正義才是無限制的善事物。一個社會可能會有太過自由或平等的疑慮，但卻沒有太過正義的不安。阿德勒（M. J. Adler）認為：個人只應該擁有正義所允許的最大自由，不能超過它；一個社會應該達致正義所要求的最大平等狀態。他認為無論是法律主義的正義、自然主義的正義，或是效益主義的正義，三種正義觀念應加以調和，而且參照自然權利的正義事務優先於參照公平判準的正義事務；因為前者牽涉到個人正義，後者牽涉到社會正義。[1]柯貝爾（L. Kohlberg）在《道德發展的哲學》一書中，以「道德階段與正義觀念」為副標題，將人格成長中的道德發展區分為七個階段：處罰與服從、工具、人際的協調、社會維繫、社會契約、普遍原則與無私的愛等。他認為就正義的原則而言，最高的是第六階段，此一階段人以良心的決斷，做為倫理性的原則，屬於普遍的正義原則，論及於人權的平等以及對個人尊嚴的尊重；第七階段無私的愛則已超越了正義的原則。[2]從柯貝爾對正義的理解來看，他把正義理解為「義務」，即是指人的意志按照自己所選擇的義務或原則來加以遵守。

影響政治思想最為深刻的羅爾斯（J. Rawls）則主張正義就是「公平」，他以平等主義的觀點來看待正義，認為民主社會對於每一個人的福祉，都必須予以同樣的尊重，沒有人可以以更理想的狀態為由來破壞公平的原則；每一個人的福祉既然同等重要，就限制了每一個人對於自

---

[1] 蔡坤鴻譯（1986），阿德勒（M. J. Adler）著，《六大觀念：真善美—我們據以判斷的觀念，自由平等正義—我們據以行動的觀念》。台北：聯經出版公司，頁 147-148。

[2] L. Kohlberg, *The Philosophy of Moral Development.* San Francisco: Harper & Row, 1981, pp.17-20, 351.

己認為好的價值的追求，沒有人能以追求更好的生活，如追求仁愛、真理而枉顧了普遍公平的原則。換言之，羅爾斯強調正當優先於價值，在任何社會秩序中，財貨分配的正義必須遵循正義與公平的原則。一切社會的利益，例如自由與機會，收入與財富，以及自尊的基礎，都必須以公平的方式分配。[3]羅爾斯肯定每一個人的福祉都同等重要，其中包含了對每一個人個體的尊重，以及其所追求的福祉的均平性，也就是追求某種更好的公平狀態。[4]吾人認為，現代民主社會所要達到的公平正義，就是對每一個人的尊重，正義必須利基於尊重個人及其權利，每一個人都是權利與價值的主體。

對比於西方國家與社會追求公平正義之理念，我國自民主化之後，政府也以營造公平正義之多元社會價值為目標。傳統儒家倫理道德思想亦不乏與公平正義有關之理念，孔子早有「不患寡而患不均」的講法，又說：「君子喻於義，小人喻於利」；孟子更有「義利之辨」，主張君子應該「去利而懷仁義」。漢代的董仲舒主張「正其宜不謀其利，明其道不計其功」，使得後人以為儒家的義利觀僅放在人格修養層次，排斥個人追求利益之事。事實上，儒家義利思想之精義，可以經由創造性的詮釋，針對現代社會追求公平正義的實現，探尋一個合乎儒家義利價值層級體系的可能建構，使之結合成為現代社會公平正義之理據，發揮傳統思想之潛能。

二、儒家仁、義、禮之概念

中國自周代即建構了宗法體系，以宗法制度支持封建制度的穩

---

[3] J. Rawl, *A Theory of Justice*. Oxford: Univesity Press, 1973, pp.302-303.

[4] 沈清松（1990），《人我交融——自我成熟與人際關係》。台北：洪建全基金會文經學苑，頁 114-119。

定，並依靠禮樂規範的制定，使得禮樂成為中國人的價值系統與行為規範，簡稱「周文」。周文最大的特點，就是由天命觀產生「德」的觀念，再將此一「德」的觀念結合祭祀的儀節，而制定禮樂。因之，「天」、「君」、「民」與「人之德性」，四觀念互相融攝；宗教意識、政治意識與道德意識也相互融攝分。後來由周代之德行觀而衍生出中國獨特的重「德」文化，成為儒家義利觀與德行觀的肇端。

春秋時代，由於「禮壞樂崩」、「周文疲弊」，於是諸子百家紛紛針對周文疲弊提出對治與解決之道，古代中國哲學的突破，無不直接或間接的相應了「周文疲弊」這一時代現實。[5]儒家在諸子百家中興起最早，而孔子（B.C. 551-479）則是儒家的鼻祖。在中國文化的發展中，孔子實居於一個關鍵地位，孔子一生的志業，主要是在周代文制的重整，希望把業已疲弊的周文，經由重整而挽救日趨解扭的社會，重建宗法封建社會禮制與文化秩序及價值系統，避免社會崩解。[6]這種情形類似於全球化之後的我國社會，雖有社會規範，但脫序之事不斷發生；雖有法律制度，但違法之舉層出不窮，造成社會缺乏公平正義之現象。

孔子「攝禮歸義、攝義歸仁」，順著該時代自我意識覺醒的契機，指點出「仁」作為禮樂文化「內在而超越」的依據，「由仁生義」、由義生禮」，使仁、義、禮成為人所應遵行的德行。孔子重建了三代聖王之「道」的本統，使三代聖王修德愛民、為民謀福利之政教傳統，進一步轉化為人人都應有成仁的道德意識。這是孔子繼往開來——開啟了中國文化的生命精神方向。[7]

孔子及其弟子在春秋、戰國時期，形成了中國學術史上重要的儒家學派，對後世影響最大的是孟子與荀子。孟子（B.C. 372-289）和荀子（B.C. 313-238）都以繼承與發揚孔子之學自任，是繼孔子之後成為古典儒家的

---

[5] 牟宗三（1983），《中國哲學十九講》。台北：學生書局，頁45-68。
[6] 余英時（1983），《史學與傳統》。台北：時報出版公司，頁43。
[7] 蔡仁厚（1990），《孔孟荀哲學》。台北：學生書局，頁35。

三位主要人物。孟子與荀子的關係，被學者拿來與希臘哲人亞里斯多德與柏拉圖的關係對比。[8]

(一)仁的意涵

孔子「承禮啓仁」，建立了內聖成德的德行觀，「仁」字的顯豁，使源自堯舜禹三代君王內聖修德的天命觀，得以進一步普遍化，而成為人人皆有的「仁心」、「仁性」；人人皆要修德，成就德行。「仁」字，在孔子以前即已出現，不過甲骨文中並未有「仁」字，當時的仁字，大體是指「仁愛、仁厚」之德。[9]到了孔子，才進一步賦予「仁」更為深刻的意義。《論語》一書，提及「仁」字的，凡五十有八章，計一百零五次。[10]孔子並沒有將「仁」視為固定的「德目」，也沒有從字義、訓詁上解釋「仁」，而是從如何是「仁」，如何是「不仁」，以及仁者應如何，不仁者又如何，來指點「仁」。[11]

所謂「仁」，是人內心的善德，是慈愛之德；「仁」，也是指天地生生之德，乃存有生生不息之開顯。因此，「仁主要是屬於倫理學之意義。」[12]仁也是內在於人的道德之體，是先天所有的，只要人一念自覺，就能呈現出來。所以，孔子說：「仁遠乎哉？我欲仁，斯仁至矣！」（〈述而〉）孟子也說：「求則得之」（〈盡心〉上）。就超越客觀而言，仁

---

[8] Wing-Tsit Chan, *A Source Book in Chinese Philosophy.* Princeton: Princeton Univ., Press, 1963, p.115.
[9] 徐復觀（1979），《中國人性論史——先秦篇》。台北：台灣商務出版社，頁90。
[10] 吳鼎（1981），《民族主義與中國倫理》。台北：中央文物供應社，頁137。
[11] 蔡仁厚（1990），《孔孟荀哲學》。台北：學生書局，頁66-68。
[12] 楊慧傑（1975），《仁的涵義與仁的哲學》。台北：牧童出版社，頁15。

是天命，也是天道，必須藉由人的心性實踐，而後乃能獲得具體而真實的證現。而內在主觀的說，仁是本心善性，眾德之源，必須透過人的自覺呈現，而後乃能透顯它超越而客觀的意義。孔子點出「仁」，意指人人都可以反求諸己，自我做主地從事道德實踐，以完成自己的道德人格。

因此，「仁」不僅是指道德或倫理領域中的各項品德或諸德之全，且是可以指向一切存有領域。徐復觀指出：要瞭解儒家的「仁」的全幅精神，須從中國文化發展的觀點來掌握。[13]中國文化的規範系統在周公制禮作樂之後，禮樂成為人文主義的表徵，在生活規範上，有節制與調和的作用；但這只是外在底人文主義。透過人生的自覺反省，將周公外在底的人文主義轉化而為內發底、道德底人文主義，為人類開闢出無限的生機、無限的境界，這就是孔子「承禮啟仁」在文化上繼承周公之後而超過了周公制禮作樂的最大勳業。

牟宗三指出，儒家的仁有兩大特性：一曰覺、二曰健，[14]從覺、健二字，最能看出仁的動力與發展。儒家的「仁」，可以說成「仁德」，先秦諸儒以「仁德」為基礎，發展出一套以「仁、義、禮」為核心的德行觀，用以規範人與人之間的社會行為。[15]換言之：由仁生義，由義生禮；攝禮歸義，攝義歸仁，仁賦予一切倫理道德的基礎。[16]

(二)義的概念

儒家之仁並不囿限於家庭、社群，而應在社會發揮「四海之內皆兄

---

[13]徐復觀（1976），《學術與政治之間》甲乙集合訂本。香港：南山書局，頁 252-253。

[14]牟宗三（1980），《中國哲學的特質》。台北：學生書局，頁 35-36。

[15]黃光國（1988），《儒家思想與東亞現代化》。台北：東大圖書公司，頁 72。

[16]沈清松（1992），《傳統的再生》，前揭書，頁 27。

弟」之胸懷，體他人之疾苦，關懷被忽視、被壓迫、被欺壓之人，不是以之為施恩之對象，是以之為人格之主體，並以平等的態度協助他人自立。即是由仁生義，由義生禮，進而產生社會規範。孔子多次提及「義」之德，孔子的「義」，有時候是指倫理規範、道德義務、道德判斷，甚至有時代表人應對道德義務有所省悟；人若能經常按照道德規範而行，就擁有「義」德。孔子所說：「君子義以為質，禮以行之，孫以出之，信以成之，君子哉！」（〈衛靈公〉）。君子能以「義」做為行為規範的準則與價值判斷，這就是「義以為質」的旨意。「義」的價值判斷，乃是指人們在人際關係的互動中，能因時因地去做一道德判斷，從而使得其行為，在人際關係的互動中，能合乎其宜、適得其所，求其完善。如果不合其宜，其心將會有所不安，不安就是「仁」的反面呈現，由不安而求其所安，就是道德實現的動力與正面要求。歸而言之：道德的根源發動在「仁」、道德的判斷抉擇在於「義」、道德的通路實踐在於「禮」。「仁」在內，「禮」在外，「義」是由內通向外所做的調適整合工夫。因此，我們可以說：「禮出於義」，而「義生於仁」。道德義的德行，是指本有向善之性獲致發展，以至於卓越化的實現。

(三)禮的概念

儒家「禮」的內涵可以分為三方面來說：首先，禮是一種宗教實踐。許慎《說文解字》說：「禮者，履也；所以事神致福也」。「履」，是實行、實踐的意思，儒家仍保存了商周以來對超越主宰虔敬的信念，「禮」的宗教實踐內涵，從事天祭祖，崇德報功，表達了對生命的終極關懷。

其次，禮也是一種道德實踐。《禮記·祭義》說：「禮者，履此（仁）者也。」這也正是孔子所主張的，以「禮」作為眾多德目的判準，「禮」也是一種美德。道德的實踐，在內是人格的涵養，在外是做人的尊重與言語儀行的整飭。無論是制中、脩外，均發之於「恭敬之心」、「辭讓

之心」。(《孟子‧告子》上),顯發於行為,就是德行實踐的事了。

第三、「禮」也是廣義的文化實踐。先秦諸儒由於文化意識的濃烈,對傳統文化之「禮」無不承襲,並予以創造性的詮釋。在周朝封建宗法之禮制之下,禮是行為規範的意味與宗教禮儀並重,可是「禮壞樂崩」之後,禮的宗教性已式微了。[17]「禮」的宗教性一旦式微,只剩下外在的形式規範,「禮」就會淪為一種統治者用以鞏固統治的工具或手段,喪失了它原始生命涵義。儒家即是深憂文化理念與傳統的「禮」,淪為外在的形式規範或儀則,因此孔子「承禮啟仁」,以德行義的仁來配合禮或以仁代禮,文化理念由「禮」轉換到「仁」,也使得做為行為規範的「禮」,經由「仁」的顯豁,突顯了人之主體性與責任性。換言之,仁、義、禮成為連結的三概念。因之,「禮」成為文化哲學的範圍,也具有了民族文化實踐的意義了。[18]

先秦諸儒中,對禮的社會效用說得最詳盡的,莫過於荀子。荀子心目中的「禮」,主要是以個人、家庭、社會、國家作為規範的對象,是群體社會秩序所憑藉的判準。就禮做為判準而言,禮義可等同互換,荀子多次說明「義」的內容,如「義」是「所以限禁人之為惡與姦者」及「內節於人,而外節於萬物者」(〈彊國〉)。這樣的「義」是有「強制性」與「訓令性」的。[19]以「禮」做判準;以「義」啟示人之當行、不當行,正可見禮義的社會功效。荀子注重禮義的社會效用,其目的在於經國定分,化成天下,完成外王之治。所以,禮義必落實在現實的社會政治上,才能收其實效。荀子所說的「禮義」或「禮」,乃是社會一切

[17]徐復觀(1977),《中國人性論史》。台北:商務出版社,頁43。
[18]張永儁(1993),〈禮的人文理想與人道關懷〉,載錄於《傳統中國文化與未來文化發展學術研討會》。台北:聯合報系文化基金會印製,頁8-9。
[19]傳佩榮(1994),《儒道天論發微》,前揭書,頁162-163。

規範的總稱。[20]他的「禮」不僅是作為人類行為的準繩，同時亦是思想言論的判準。換句話說：「禮」不但是處理社會群體生活的判準；而且更是應付自然現象的依據。[21]所不同的是，荀子的「禮義」，並不是本於德性，而是外王治道的規範依據。[22]此一禮義思想，已經含有社會正義的意義在內了。

三、儒家之義利之辨

孔子曾說：「君子喻於義，小人喻於利。」（〈里仁〉），主要是以君子與小人在德行上的對比，指出君子之行為取向，在於以義為價值德行的陶成，使個人道德人格趨於完美，也使整體社會趨於圓滿和諧。而小人則只顧及一己的私利，不知道滿全向善之性，追求人格之高尚。孟子面對戰國時代上下交爭利的現象，除了對「義」德提出道德義的解釋，還特別說明「義利之辨」，其義利之辨分別見於〈梁惠王〉上篇、及〈告子〉下篇，茲節錄於下：

孟子見梁惠王，王曰：「叟不遠千里而來，亦將有與利吾國乎？」孟子對曰：「王何必曰利？亦有仁義而已矣！……苟為後義而先利，不奪不饜。未有仁義而遺其親者也！未有義而後其君者也！王亦曰仁義而已矣，何必說利！〈梁惠王・下〉

孟輕將之楚，孟子遇於石丘，曰：「先生將何之？」曰：「吾聞秦楚搆兵，我將見楚王，說而罷之。楚王不悅，我將見秦王，說而罷之。二王，我將有所遇焉。」曰：「軻也請無問其詳，願聞其指：

---

[20]蔡仁厚（1984），《孔孟荀哲學》。台北：學生書局，頁 456。
[21]陳大齊（1953），《荀子學說》。台北：中華文物出版社，頁 140。
[22]韋政通（1985），《荀子與古代哲學》。台北：商務出版社，頁 81。

說之將何如？」曰：「先生之志則大矣，先生之號則不可。先生以利說秦楚之王，秦楚之王悅於利以罷三軍之師，是三軍之士樂罷而悅於利也。為人臣者，懷利以事其君；為人子者，懷利以事其父；為人弟者，懷利以事其兄，是君臣、父子、兄弟，終去仁義懷利以相接，然而不亡者，未之有也。先生以仁義說秦楚之王，秦楚之王，悅於仁義而罷三軍之師，是三軍之士樂罷而悅於仁義也。為人臣者，懷仁義以事其軍；為人子者，懷仁義以事其父；為人弟者，懷仁義以事其兄，是君臣、父子、兄弟，去利懷仁義以相接也，然而不王者，未之有也。何必說利！〈告子・下〉

在上面兩段話中，都出現了「何必曰利」以及「亦有仁義而已矣」和「去利懷仁義」等文字，此後儒家學者往往認為孔子、孟子以言利為恥，認為儒家的道德仁義之說，或攝禮歸義、攝義歸仁之說，是必須行仁義而去私利的。使得後人以為儒家的「義」、「利」是對立性的概念，以「義」為德行之貴，以「利」為德行之恥，而將儒家的「義利觀」，轉化而為一種對立式和化約主義的詮釋方式，認為儒家必須行仁義而去私利。

這種詮釋方式，經過漢朝董仲舒「正其義不謀其利，明其道不計其功」的主張，謂仁人者，是「正其道不計其利，修其理不計其功」，因此只有三代聖王如堯、舜、禹、湯、文王才夠資格稱為「仁人」。[23]董仲舒此一詮釋，影響後人對於儒家的倫理哲學與政治社會哲學的理解，以儒家為某種化約主義，將義、利予以對立，再將所有價值，化約至「義」，排除「利」的成分。[24]事實上，若僅從個人德行或倫理道德之角度，孟子的確發揮孔子所主張義利之辨之意涵。然而義與利之間隱含價值的層級關係，值得探究。

---

[23]韋政通（1986），《董仲舒》。台北：東大圖書公司，頁 135。
[24]沈清松（1992），《傳統的再生》。台北：業強出版社，頁 180。

(一)義利之辨

在先秦諸學派中,儒墨並稱「顯學」。墨家是功利主義者,主張交相愛、兼相利,但也倡言「義」,就兼相利而言,義、利在墨家思想中可以劃上等號。[25]「尚功利」者,自然也是「棄仁義」者。「棄仁義」是敗壞德行的。從此以後,「功利」思想成為儒家擯斥的對象。[26]事實上,儒家的「義利觀」有多種涵義:

1. 孔子把「道」與「義」視為同類,「功」與「利」也視為同類。孔子的本意是指出:君子所思考的是由群體來看各事物之適當分際,而不是僅就單獨或個體之某一面決定合不合宜。譬如,君子見利思義,小人卻見利思利;利是人人所想要的,而君子能從群體觀點出發,決定利是否個體小我所應得,應得的就取,不應得的就不取,而不是一味地去取,這就是「義」;群體觀下的「義」並沒有排斥「利」的追求,而是要注意到獲利手段的正當性。小人順著求利的本能,見利思利,不會考慮手段的正當性。

2. 儒家的「義利對舉」,其實也是一種群體與個體、公與私的對舉。儒家主張個人不能「以私害公」,凡是對群體有利的事,儒家是不反對去追求的;個人也不能凡事以一己的私利為著眼點,而忽略了人在群體中所具有的社會責任。所以,「義利之辨」亦即是「公私之辨」。[27]

3. 儒家的「義利之辨」認為,義、利之中有某種價值層級,這種層級並不是一種直線式、階梯性、靜態性的層級,而是一種發展性、

---

[25] 陳問梅(1988),《墨學之省察》。台北:學生書局,頁 282-283。
[26] 沈清松(1992),《傳統的再生》前揭書。頁 180。
[27] 勞思光(1980),《中國哲學史》第一卷。香港:中文大學,頁 103。

動態性的層級。[28]後人把義利視為對立的概念，主要是因為孔孟論說其思想觀念時，並不像西方傳統一樣，對某一概念有直接定義的習慣，因而後人也就無法全盤掌握其內涵。同時，由於只把「義利之辨」放在個人德行實踐和人格修養的層次去瞭解，難免忽略了其中蘊含的公與私，群體與個人之間的關係內涵。

我們從儒家整體思想脈絡當中，不難發現孔孟並不反對個人的追求私利，他們所強調的是追求私人利益之時，其手段之正當性。例如孔子說：

> 富與貴，是人之所欲也；不以其道得之，不處也。貧與賤，是人之
> 所惡也，不以其道得之，不去也。（《論語·里仁》）

這段話明言富與貴是人人所欲求的；貧與賤，是人所不要的（不利），君子於求利的過程中，應考慮手段之合不合乎道義。孔子、孟子並不反對個人追求自己的利益，只要手段或方法合乎道即可。換言之，君子以「道」作為追求利益的行動根據，主張追求利益的手段或工具，不能違反道義的目的本性。這點如果借韋伯的觀念來說：韋伯曾經區分「信念倫理」（gesinnungsethik, ethic of convinction）以及「責任倫理」（verantworungsethik, ethic of responsibility）。所謂「責任倫理」是以工具理性為本，視達成行動之有效性為其要務；而「信念倫理」則以價值理性為本，視實現仁愛、正義……等根本價值為其要務。韋伯認為，雖然「信念倫理」並不是完全不顧及責任，而「責任倫理」也並不完全不顧及信念，但是由於「價值理性」與「目的理性」之間存在著潛在的緊張關係，於是「信念倫理」與「責任倫理」之間，便不可避免地產生了脫節現象，形成了人類社會道德的困境。[29]

---

[28]沈清松（1992），《傳統的再生》前揭書。頁 180。
[29]林毓生（1983），《思想與人物》。台北：聯經出版事業公司，頁 85-85。

在儒家德行觀中，符合韋伯所謂「價值理性」的，無疑是作為「全德」的「仁」。因為「仁」是儒家價值的泉源與歸宿，是儒家德行實踐中，個人自我實踐與自我成德的終極理想與絕對價值，在意念上以「仁」作為絕對價值，而在行為上力求實踐「仁」的內涵，可視為儒家的「信念倫理」。

而儒家所說的「義」，若就行為之分寸而言，則「義」有掌握適當手段之意義，可視為韋伯所說的「工具理性」，是行「仁」、實踐「仁」時，必須講求的手段正當性。儒家以仁為主體的「信念倫理」和以「義」為主體的「責任倫理」是一貫的實踐要求。如果理性上肯定「仁」的價值，而行為上不能合乎「義」，則在儒家看來，仍是沒有掌握到「仁」的本義。仁義是一貫的，儒家絕不會因為信念倫理的企求，而不擇手段、違背了義的「責任倫理」。當然不會因為「信念倫理」之難以企及，而逃避「責任倫理」的實踐義務。

也正由於儒家倫理系統中，「信念倫理」與「責任倫理」密切聯結，所以儒家並不會發生所謂理論上的道德困境。孔子的「君子喻於義，小人喻於利。」其間的義利抉擇，只是在具有全體普遍性的「義」與只具有個人特殊性的「利」之間而已。孟子進一步發揮「義利之辨」，當他跟告子論辯時，他確認「仁內」「義亦內」之說，便是強調「義」的普遍性。其中的關鍵，即是在於公與私、全體與個人的考量。

儒家的「義利之辨」，目的不在於「廢利而取義」，而是在避免「後義而先利」的情形。其中又包括兩種可能：一是「價值層級」的顛倒，即把私利視為比公義更高的價值；二是「選擇次序」的顛倒，即是在選擇價值的時候，以利益的偏好為優先，而以義的選擇為次要。[30] 理解了儒家義利的價值層級關係，及行為取向中義利的本末先後關係，讓人明了義利在價值層級上有高、下之分，在選擇上有先後之別，使得儒家的義

---

[30] 沈清松（1992），《傳統的再生》前揭書。頁186。

利之辨，能展現其現代意義。換言之，對於價值的差異和衝突，如人們在面對金錢、權力與仁愛、正義這些價值的差異甚或衝突之時，顯然的我們不能採取「對立」的態度，認為「義」和「利」是屬於同一層面對立性的選擇，兩者無法相互配合、相互互補；也不能採取「化約」的態度，只要利而不要義，或只要義而不要利。較恰當的想法，是其中有某種層級，這種層級並不是一種直線式的、階梯性的、靜態的層級，而是一種發展性的、動態性的層級。

四、社會公平正義的德行實踐

儒家的義利之辨，在行為的抉擇中，有強調「先義而後利」的意義。也就是說：儒家主張任何人在現實的行為當中，應該先考慮到行為對整體社會所可能帶來的結果，個人的價值取向，或個別利益的追求不能優先於群體社會的公義，如果個別利益有礙於群體社會的利益時，反而會陷於不義。

孟子說：「道二，仁與不仁而已。」（〈離婁〉下）唯有仁者，在現實的行動當中，才會先考慮到群體社會的公利（即公義）。尤其是為政者的施政措施，更應以群體的公利（普通與絕對價值）為優位。孔子的「為政以德」，孟子的「三代之得天下以仁，其失天下也以不仁，國之所以廢興存亡者亦然。」（〈離婁〉下）都顯示了德行實踐上應追求普遍價值的理念。儒家思想推崇「公」的理念，「天下為公」是政治的理想境界，只是這種推崇「公」的道德理想沒有能夠落實到社會與日常人倫的行為中。[31]雖然儒家強調崇公去私，甚至立公去私，但並不否認「私」

---

[31]金耀基（1994），〈中國人的「公」、「私」觀念〉，《中國社會科學季刊》第四卷。香港，頁173-175。

是一合理的存在範疇。由此可知：儒家並不反對個人的求利，因為個別的利益會推動個人和群體不斷的活動，這是自然的。但是諸多的個別利益，如果不把它放在群體社會的脈絡中加以整合，則容易陷入衝突、紛爭，普遍的社會正義就不易實現。

我們可以這樣理解董仲舒的「正其誼不謀其利，明其道不計其功」這段話：只要施政能正其誼（合於義），自然「義正而利到，不謀其利而利自至」；也只要明其道（講明方法、效率），自然道明而有功，不計其功而功自成。[32]也就是說，儒家認為施政者在考量國家目標和政府功能之時，應促進社會正義的實現，把諸多個別利益加以整合，從而邁向普遍化的社會正義。

這也即是儒家「仁政」與「德治」的意義。在個人的德行實踐進程中，由於個人的地位不同，每個人「行仁」的能力也不相同。儒家要求社會地位較高的人必須竭盡所能，在能力所及的範圍內行「仁」——即促進社會正義的實現。[33]社會上佔有較高地位的人，他們在做各種涉及社會正義的施政措施時，也應該以「仁」為判準，以免失去民心。換言之，儒家主張行仁的社會正義實現，是個人對其隸屬群體的「愛」，而居位的當政者在其權責範圍內作各項決策時，也應該考慮到所隸屬群體的正義，因為，追求與達成社會正義是當政者的責任。

儒家因而賦予「士」這一特殊階層來履行社會正義的道德使命，儒家心目中的君子，其養成是由「士」開始，「士」的成就分為三層：最基層是「言必信，行必果。」第二層是「宗族稱孝焉，鄉黨稱弟焉。」第三層即修己有成，受命為士，服務於卿大夫之家或諸侯之國，這一層

---

[32] 蔡仁厚（1982），《新儒家的精神方向》。台北：學生書局，頁233。
[33] 黃光國認為：「儒家的社會正義觀是建立在「仁、義、禮」倫理體系之上的，儒家的正義標準（義）是建立在以「仁」為核心之概念。」見楊國樞、黃光國主編（1991），〈儒家思想中的正義觀〉，《中國人的心理與行為》。台北：桂冠圖書公司，頁67-90。

的士要負有擔當、質直而好義，以社會正義之實視為己任。[34]孟子也說：
「大人者，言不必信，行不必果，惟義所在。」（〈離婁〉下）這裡所
說的「大人」是指，在高位肩負施政責任的人，在施政決策上，更要以
社會正義的實現作為決策的最終判準。

儒家在評估個人德行實踐的成就高下時，主要是以個人在「行仁」
時，對群體社會正義實現的大小而定，「修己以安人」、「修己以安百
姓」即是仁的擴充，也即是社會正義的實現與擴充。

儒家理想的社會正義觀中，個人必然要把個人人格層次的德行修
養，提昇到群體的社會正義之上，才是德行成就的充量化與卓越化。在
政治和社會制度上，儒家主張制度和政策是體現或落實社會正義的工
具，希望上自國君、下到「士」都應有「素位而行」的體認，共同為實
現社會正義而貢獻心力。儒家的德行實踐和社會的群體正義是不可分
割。社會正義的判準是建立在對群體的「仁」或「愛」的充量化之上，
而不是個人一己的利益。這就是儒家所謂的「大我」與「小我」之分。
「小我」的道德自覺與道德實踐，必然融入在「大我」的正義價值之內。

用現代的話來說，非但個人人格的發展有必要透過個人對價值層級
的覺識和學習的過程，而且整個社會亦須透過政府公共政策的運作，始
能夠在行政技術上、在教育上和在司法上來確立價值的層級，並且促動
社會在此層級上動態的進展。因為在求利的現代社會中，唯一能夠不淪
為利益團體之一，而能夠扮演實現者、教育者和仲裁者的角色的，只有
公部門的政府。如果政府施政不能展現某種價值的理想性，則無法公正
的對各利益團體進行調節、教育和仲裁。因此，儒家義利之辨的價值層
級觀，可以提升到政府以公共政策落實社會正義的意涵，把社會正義的
充量實現與個人德行實踐的目標相結合。

我們把近代西方哲學中的「正義理論」（justice theory）觀點與儒家

---

[34]林義正（1987），《孔子學說探微》。台北：東大圖書公司，頁111-114。

的正義觀點作一種對比，便可發現到：儒家所謂的「義」，就其「行仁」時所掌握的手段性而言：正相當於西方「正義理論」中所說的 justice（即正義）。雖然古今中外的思想家各有不同的正義觀點，[35]即便是同一時空中生活的人們，也可能各有不同的正義觀點，[36]但是正義是引人關心的價值理念。例如，亞里斯多德給正義所下的定義是禁止為了私利而攫取屬於他人的財產、所得、地位和一切應該屬於他人的東西。因此，不履行對他人所許下的承諾、不付還欠他人的債務、或不對他人表示應有的尊重，都是屬於不正義的行為。[37]從以上的定義中，可知亞氏把正義看成是個人的德行。自亞氏以後，西方把「義德」看成是「給每一個人應有的權利」或「不侵犯他人所應得的權利」。由於人有權利，而此權利必須被尊重，故才講「正義」或「公道」。[38]其後西方倫理學家有把「正義」看成「經常堅持給每一個人其所應得之物」，並分為分配正義與交換正義。

當代政治哲學家羅斯（J. B. Rawls）則突出了正義觀念的社會屬性，把社會正義的原則等同為社會利益的分配原則，因而提出了分配的正義，主張在社會資源、財富的分配或權利的分配方面，每個人都應分到自己應得的一部分。[39]儒家的正義觀，是奠基在「仁、義、禮」的概念之

---

[35]S. B. Young, *The Concept of justice in pre-imperial China*. In Richard, W. Wilson, Sidney L. Greenblatt, and Amy A. Wilson, (eds), *Moral Benavior in Chinese Society*. New York: Prager, 1981. pp.38-72.

[36]J .Greenberg, *Approaching eguity and avoiding ineguity in groups and organizations*. In J. Greenberg and R. L. Cohen (eds), *Equity and Jusice in Social Behavior*. New York: Academic Press, 1982, pp.389-435.

[37]Aristotle, *The Nicomachean Ethics*, trans into Englisn by J. A. K. Thomson, The Whitefairs Press Ltd. London, 1966, 1129b-113Ob5.

[38]曾仰如（1989），《社會倫理學》。台北：國立空中大學，頁158。

[39]Rawls 在《正義論》中，開宗明義即指出：正義是社會組織中最重要的德行，就如同真理對一個思想體系的重要一樣。見 J. B. Rawls, *A

上，當然包括亞里斯多德所說的正義觀念，像不取不義之財、見利思義、素位而行、履行承諾、尊重他人等，同時儒家並不主張報復的正義。孔子提出「以直報怨，以德報德」（《論語‧憲問》），分析其中正義的價值，包含了相互性。相互性是人與人之相處的基本法則，「你對我好，我就對你好」，所以要「以德報德」。但是如果「你對我不好」呢？儒家並不主張報復，因為正義建立在相互性上，其中可能含有「以怨報怨」的報復性，這是導致人際關係不善的因素。因之，孔子要人面對「怨」時，仍須「直道而行」，而「以直報怨」。[40]孔子明白：正義的德行是建立在相互性上，但是必須去除其中可能含有的報復性。

再者，儒家明白：每個人都是價值生命與自然生命並重的存有者，價值生命是人性存有者所應追求的目標，人之所以要陶成德行，踐仁知天，踐仁以成聖，是因內在有成德意識的動力與要求。而人又是一自然的生命的存有者，自然生命當然有其維繫生命的方法與欲求。儒家非常明白人性的這種心、物並重與理、欲兼顧的事實。因此，在社會正義中也注重分配的重要，以滿足生存的基本欲求。

儒家深知對自然生命的維繫與利益滿足之尊重，是政治的目標，能達到此種目標的政治，是「王道」之政治。孔子明言政治的目標次第是庶、富、教（〈子路〉），要養活人民，必然是生產第一。孔子較少談及生產的事，只指出社會正義與公平之重要，他說：

> 有國有家者，不患寡而患不均，不患貧而患不安。蓋均無貧，和無寡，安無傾。（〈季氏〉）

孟子則直言生產之重要，為政者要重視財貨之利。他說：

Theory of Justice, The BelknapPress of Harvard University Press. Cambridge Massachusetts, 1971, p.3。
[40]參見沈清松（1990），《人我交融——自我成熟與人際關係》。台北：洪建全基金會文經學苑，頁 114-115。

不違農食，穀不可勝食也。數罟不及入洿池，魚鱉不可勝食也。斧斤以時入山林，材木不可勝用也。穀與魚鱉不可勝食，材木不可勝用，是使民養生喪死而無憾也。養生喪死無憾，王道之始也。（〈梁惠王〉下）

其中，就「養生送死無憾」而言，可見自然生命的維繫是王道的開始。孟子重視生產的方法及滿足人民物質需求的政治目標，已有生態保育的觀念。[41]孟子深知生產與分配應並重，才能滿足人民的欲求。再進一步教育人民，使他們除了豐足的物質生活之外，還要生活在和諧的社會倫理秩序之中。就生產而言，孟子主張分工合作，或勞心、或勞力，都是有利於生產的行為表現。孟子並不反對「利」的追求，因為財貨之利，是國家養民施政的要務，當政者為求生民之和樂，應當重視財貨之利的追求。孟子說：

周於利者，凶年不能殺。周於德者，邪世不能亂。（〈盡心〉下）

這一段話，正說明了政府或治國者謀利周道，積聚豐厚，能未雨綢繆，則遇到凶年時，仍可滿足人民之生存欲求，人民可免於飢寒而亡。此外，在〈梁惠王〉上篇中，孟子告訴梁惠王要達成統一中國之大欲求，必先「發施仁政」，滿足人民的欲求。孟子說：

若民，則無恆產，因無恆心；苟無恆心，放辟邪侈，無不為已；及陷於罪，然後從而刑之，是罔民也。焉有仁人在位，罔民而可為也？是故明君制民之產，必使仰足以事父母，俯足以畜妻子；樂歲終身飽，凶年免於死亡，然後驅而之善。

恆產是物質上貨財之利，必先使百姓能夠滿足貨財之利，然後才能

---

[41]有關儒家的環境倫理思想，請參見馮滬祥（1991），《環境倫理學》第三章。台北：學生書局。

夠在精神價值上責之以禮義。至於如何「制民之產」達成社會正義,孟子認為三代已有良好的賦稅與井田制度,戰國時代雖然都被破壞了,但可以從「正經界」開始,重新分配土地,制定新的土地及賦稅制度,謀求分配的正義。

孟子當然知道人的欲望是無止境的,而世上的財貨相對上卻有所限制,因此他提倡「養心莫善於寡欲」(〈盡心〉下),個人食、色感官的欲望和偏好是人可以主動節制而使之寡的,而屬於心的仁義禮智等德性則應該加以發展。[42]荀子則明白指出:「欲多」而「物寡」之事實,可能導致爭奪相殘的社會犯罪等不正義行為,因此他提出一套正義觀。荀子的正義目的就在於:減少資源的浪費,而提升人群的財富。他的主要正義原則包括以下四點:

1.人不可以竊盜方式求富。
2.刑罰不是報復的正義,而在於嚇阻與禁絕非自願交易之行為,以保障禮義不受侵害。
3.禮義的定分在使人與人之間達到分配的正義,維持人的生存尊嚴。
4.對於能力低弱的人,應基於社會救濟與社會保險的理由「收孤寡」而達到養欲的目的。[43]

荀子的正義論也是強調德行實踐與社會正義的功效,可從以下的幾段話中看出,例如:

人生而有欲,欲而不得,則不能無求。求而無度量分界,則不能無爭。爭則亂,亂則窮。先王惡其亂也,故制禮義以分之。(〈禮論〉)

---

[42]成中英(1974),《中國哲學與中國文化》。台北:三民書局,頁102-103。
[43]干學平、黃春興(1991),載華、鄭曉時主編,<荀子的正義理論>,《正義及其相關問題》。台北:中央研究院中山人文社會科學研究所,頁93-122。

君子，小人之反也。君子大心則天而道，小心則畏義而節……小人
則不然，大心則慢而暴，小心則淫而傾。（〈不苟〉）

君子養心，莫善於誠。……言無常信，行無常負，唯利所在，無所
不傾。若是者，則可謂小人矣。（〈不苟〉）

君子欲利不為非。（〈不苟〉）

君子能以公義勝私欲也。（〈脩身〉）

彼仁者愛人，愛人故惡人之害也。義者循理，循理故惡人之亂也。
（〈議兵〉）

群道當則萬物皆則其宜，六畜皆得其長，群生皆得其命。（〈王制
篇〉）

這裡所謂「群道當」，就是指社會群體的步上軌道。荀子認為：社
會群體的生存是國君施政的要務，因此他強調君王應效法先王生禮義而
起法度，「禮義」可以「養人之欲，給人之求」，而「法度」是一種客
觀的治道，藉以規範分配之義。由此可見，荀子非常重視社會之正義。

以現代社會而言，在社會當中人人均可求利，因為個別的利益會推
動個人和團體進行不斷的活動，此乃天經地義之事。但一個社會若只停
留在此層面，則無法實現其普遍性和整合性，而會陷落於個別利益的紛
爭當中。因而有國家之設置，代表普遍性之實現，政府則應是為了普遍
利益而運作。

因此，為保障社會之公平正義，政府不能與社會中任何個別利益的
任何一方相結合，而應該把利益提升到普遍的層次，成為普遍化的價值。
換言之，政府扮演的功能在於提升個別性於普遍性，然而並不能因此而
否定個別性。一個政府若為了堅持任何的道德價值，而不顧及個人與團
體的利益，反而會陷於不義，因為利益的滿足與互補正是社會的動力。
此外，一個政府若只想有效率地滿足利益的需求，而不顧及到其他更高
的理想價值，則會逐漸喪失其存在的合義性，因而不能持久。

在現代社會當中，所謂的「正義」，就是由個別利益邁向普遍化價值的正義。而所謂的「公平」，就是對於利益的理性安排與滿足。此一「義利之辨」，適合於任何現代化國家。因為現代社會的勞動分工，皆是按利益而行動，其中的問題在於：如何由個別利益提升到普遍價值。面對此種義利的辯證，政治或公共政策歷程就是使兩者結合的歷程。因為人民既屬於社會，也屬於國家。現代的公民一方面是社會分工的一員，各有其利益的需要待滿足；另一方面他又隸屬於團體，分享了道德價值和文化價值。往往此種義、利結合的糾結是處於潛意識的狀態，因而產生不同的利益團體和派系，甚至相互衝突。

由於現代政治的特性，就在於透過溝通和討論，來達成對不同的個人和團體的權利與價值之肯定。所以政府的角色在於使義、利的糾結能由潛意識的狀態，走向有意識的狀態；由個別的狀態走向普遍的狀態，由被動分享公共利益的狀態，走向主動形塑公共利益的狀態。

五、結語

傳統規範是長期群體生活所形式，而現代規範體系乃順應社會理性化之要求而產生，由於我國社會理性化的歷程並不久，因此傳統規範與現代理性化的體系規範產生背離之現象。遵守法律與制度規範的行為，尚不能成為人們信念和生活的一部分。尤其是「正義的規範」觀念，猶有待點醒。

在過去，儒家的倫理道德規範，曾在中國社會上發揮作用，使得社會秩序明確而人人信守規範，以致社會安定。今天，儒家的倫理規範，似乎失去了其原有的規範性。然而，我們不應該責難儒家的倫理觀，更不應該拋棄傳統的儒家倫理。相反的，我們除了要建立並信守現代社會的法律與制度規範外，尚須對傳統的義利之辨與倫理規範重新加以詮

釋，並賦予新的現代意義，把傳統與現代妥當的銜接起來，建立符合現代社會需要的公平正義價值規範。

全球化時代，民主政治追求價值多元化的社會，也是型塑一個公平正義的社會。

民主社會的進步，一定要在倫理的範疇之中，才能得到真實的發揮。並且從這裡才真正顯示出個人人格的尊嚴，個人個性的發展；同時也才能在民主的基礎上，導引人民講信修睦和國家長治久安的目標之實現。[44]西方的正義觀念值得我們參考，如柏拉圖所說正義概念貫穿了制度的建立與道德的培養，與儒家「選賢與能」的理想相同。[45]孔子所說：「導之以政，齊之以刑，民免而無恥；導之以德，齊之以禮，有恥且格。」他所說「政刑」與「德禮」，就是兼顧法治約束與德行規範，是一種實踐社會正義的做法。

儒學的精神，強調的是一種開放的人文精神，認為個人可以透過修道踐德，而使人趨於完美。儒家的內聖外王思想，在政治上強調的是「為政以德」的道德理想主義，在德治主義之下，希望為政者有高超的道德意識，有能力謀求眾人的幸福，應該營造一個公平正義的社會。麥金泰在《誰的正義觀？何種理性？》一書中指出：正義觀會受到文化傳統的影響，如宗教、實踐理性、自由主義、傳統規範、哲學思想等，要正確掌握正義的內涵，必須瞭解自身文化發展之理趣、及傳統道德思想之發展。[46]就我國而言，傳統儒家文化所孕育出的義利觀，如何轉化為現代社

---

[44]蔣中正（1971），〈對行憲紀念致詞〉，《蔣總統最近言論選集》。台北：國防研究院，頁 271。

[45]鄔昆如（1991），戴華、鄭曉時主編，〈柏拉圖《理想國》的「正義」及其現代意義〉，《正義及其相關問題》。台北：中央研究院中山人文社會科學研究所，頁 24。

[46] Alasdair MacIntyre, *Whose Justice? Which rationality?* (Indiana: University of Notre Dame Press), 1988, pp.389-392.

會所需的正義理念，尚待思想家繼續詮釋。

台灣當前政治民主化過程中所產生的不公正現象，一方面是由於制度不夠周全，有待修正。不論個人如何自私自利，若在制度的制衡上加以安排設計，自然可以達成民主憲政的公共目的。另一方面，要使民主社會中每一個人的權利和自由都能受到保障，並不能只依賴制度的設計，還要強調公民應有的德行（Civil Virtues）。[47]也就是說：一個持續、健全成長而有良好秩序的民主社會，必須要培養公民應有的德行，若只是依賴制度的規範或制度內的制衡，而任由個人追逐私利，並不能保證民主社會的公平正義。

儒家義利之辨與現代民主理論是可以互相融貫的，儒家強調人的道德主體性，可以轉化為政治的主體性，開出現代公民德行，在觀念上與實踐上體現民主道德的真諦。同時重視社會公平正義的實踐，以創新精神，建立一個有中國特色而又有正義的民主社會。

總之，儒家的義利之辨可以放在個人的修養層次，也可以提升到政治、社會層次。在個人的修養層次方面，追求一己利益當然要合乎義的要求；但在追求政治、社會群體的公義時，儒家希望一個以法治為本位的現代政府，一面對於個別利益的滿足要尊重，同時要有整合個別私利達到整體利益圓滿實現的能力，追求社會公平正義的實踐。由是觀之，儒家的德行觀仍能在現代社會發揮一定的指導功能。

所以，現代政府若要調節公利和私利，確保社會正義，必須透過溝通和討論，以達成對不同的個人和團體的權利與價值之整合，必要做到下列數點：[48]

1.透過行政上的技術來滿足不同個人和團體的利益追求，並形成良好

---

[47]S. Macedo, *Liberal Virtue, Citzenship Virtue and Community in Liberal Constitutionalism*, Clarendon Press Oxford, 1990, pp.138-39.

[48]沈清松，《傳統的再生》前揭書。頁183。

的討論氣氛，甚至規範和引導討論，藉以整合利益衝突，提升價值的普遍性。

2.透過教育與政治社會化的歷程，來傳達與疏通多元價值觀念，養成相互尊重的德行，並用決策來達成普遍價值。同時運用教育管道與歷程來培育多元價值與利益的認知系統與觀念系統。

3.透過立法和司法的制度運作，使法律成為不同利益和價值的仲裁標準，並應使仲裁得以制度化和客觀化。

4.政府應保障各種法律、制度或其他規範的程序正義，進而達成實質的社會正義。因為社會正義，是以理性的反省、是非的認識及人類之道德良知為基礎，保障民生福利，實現至善於全體社會。

上述四點，是現代政府施政的目標。現代民主社會，人民對政府的期望甚高，政府除了應做到以上四點之外，還必須主動發掘人民的需要，並順應民意，型塑各種公私利益，使得國家整體利益在動態的均衡中謀求發展。

總之，儒家一方面分辨義、利的價值層級，在此價值層級當中，使人性能夠動態地發展和實現，而個人和群體的幸福，又可以獲致協調和充分發展。就正義而言，最重要的莫過於對個人的尊重，尊重每一個人自我實現的權利、自由與平等，這是道德上的正義；還應該表現分配的正義，適當分配社會資源和權利。分配的正義就是一般所說的公平（fairness）或所謂的「公道」。在現代社會中，個人追求利益並不是不好，但要分清權利和義務均在法律規範之下，享應享的權利、盡應盡的義務，這樣才能公私兼顧。一個現代企業中的組織人，也應該把工作當成是自我實現之過程，工作也是德行的實踐方式。而企業之經營也應創造公私兼顧的原則，「私」可以是企業的利潤，「公」可以是「國家」、

「國富」或全人類的利益，因而公私都應兼顧。[49]就國家政策而言：決策者或政府，應該透過施政，把個別的利益提升為普遍的利益，並主動型塑公共利益，促進社會福利與社會正義的實現。這些都需要全國上下，無論是個人或群體，或是政府與民間通力合作，以理性的溝通態度，透過公共政策來加以解決。在生命共同體的認識之下，追求社會正義的實現，達成個人和群體社會的和諧發展。當前，海峽兩岸中國人都應該正確的理解儒家仁、義、禮的概念，正確詮釋儒家義、利之辨的價值層級內涵，發揮其優良傳統，並與西方正義觀念融匯貫通，將「義」與「利」結合起來，實踐社會之公平正義。兩岸的政府都有責任維繫與保障社會之公平正義，人民亦必須意識到社會之公平正義，是社會穩定、國家長治久安之要件。政府與人民應共同努力，在全球化之下營造中國社會的公平正義，朝天下為公、世界大同之理想邁進。

---

[49] 郭慶光譯（1994），宮田矢八郎著，《回到原點——發掘經營的本質》。台北：錦繡出版公司，頁 137-142。

參考書目

一、中文書目

成中英（1974），《中國哲學與中國文化》。台北：三民書局。

牟宗三（1983），《中國哲學十九講》。台北：學生書局。

余英時（1983），《史學與傳統》。台北：時報出版公司。

吳鼎（1981），《民族主義與中國倫理》。台北：中央文物供應社。

杜維明（1989），《儒學第三期發展的前景問題》。台北：聯經出版事業公司。

沈清松（1990），《人我交融——自我成熟與人際關係》。台北：洪建全基金會文經學苑。

沈清松（1992），《傳統的再生》。台北：業強出版社。

林毓生（1983），《思想與人物》。台北：聯經出版事業公司。

林義正（1987），《孔子學說探微》。台北：東大圖書公司。

金耀基（1984），《中國民主之困局與發展》。台北：時報出版公司。

徐復觀（1976），《學術與政治之間》甲乙集合訂本。香港：南山書局。

徐復觀（1979），《中國人性論史——先秦篇》。台北：台灣商務出版社。

張永儁（1993），〈禮的人文理想與人道關懷〉，載錄於傳統中國文化與未來文化發展學術研討會。台北：聯合報系文化基金會印製。

曾仰如（1989），《社會倫理學》。台北：國立空中大學。

黃光國（1988），《儒家思想與東亞現代化》。台北：東大圖書公司。

楊國樞、黃光國主編（1991），《中國人的心理與行為》。台北：桂冠圖書公司。

楊慧傑（1975）《仁的涵義與仁的哲學》。台北：牧童出版社。

載華、鄭曉時主編（1991），《正義及其相關問題》。台北：中央研究
　　院中山人文社會科學研究所。

蔡仁厚（1982），《新儒家的精神方向》。台北：學生書局。

蔡仁厚（1990），《孔孟荀哲學》。台北：學生書局。

二、英文書目

Aristotle, *The Nicomachean Ethics*, trans into Englisn by J. A. K. Thomson,
　　The Whitefairs Press Ltd. London, 1966.

Chan Wing-Tsit, *A Source Book in Chinese Philosophy*, Princeton: Princeton
　　Univ., ress, 1963.

Greenberg J. and Cohen. R. L.(eds), *Equity and Jusice in Social Behavior*.
　　New York: Academic Press 1982.

Greenberg, and Cohen R. L.(eds), *Equity and Jusice in Social Behavior*. New
　　York: Academic Press 1982.

Kohlberg L., *The Philosophy of Moral Development* (San Francisco: Harper
　　& Row), 1981.

MacIntyre Alasdair, *Whose Justice? Which rationality?* (Indiana: University
　　of Notre Dame Press), 1988.

MacIntyre Alasdair, *After Vietuee-A Study in Moral Theory*, University of
　　Notre Dame Press, 1981.

Levenson. Joseph. R., *Confucian China and Its Modern fate一A Trilogy*.
　　Berkeley, University of California Press.

Macedo S., *Liberal Virtue, Citzenship Virtue and Community in Liberal
　　Constitutionalism*, Clarendon Press Oxford, 1990.

Rawl J., *A Theory of Justice*. (Oxford: University Press) 1973.

Sidney W. Wilson, Greenblatt L., and Wilson Amy .,(eds), *Moral Benavior in Chinese Society*. New York: Prager, 1981.

王淑芹

柏拉圖與亞里士多德正義觀之比較

6

王淑芹　首都師範大學教授、博士生導師

一、前言

　　正義之德在社會中的凸顯，並非始於現代，在古希臘時期人們對其就曾給予高度的重視，且其思想奠定了西方正義倫理思想的豐厚基礎。著名的思想家柏拉圖和亞里士多德都創立了各具特色的正義理論。本文旨在條陳二者理論共同性的基礎上，重點梳理二者的迥異，突出柏拉圖的「秩序正義」與「賢政正義」，彰顯亞里士多德的「公益正義」和「法治正義。」

二、柏拉圖和亞里士多德正義思想產生的社會條件

　　探究柏拉圖和亞里士多德的正義論，在嘆服先哲們睿智的思想之餘，不能不述及古希臘奴隸制的社會特徵。相對於中國奴隸制社會帶有較多的原始社會的胎盤痕跡和牢固的血緣關係，古希臘城邦奴隸制則顯得更具某種反等級、反特權的色彩。緣由之一是，它從原始氏族公社向奴隸制轉化實現的方式不同於中國的兼併和聯盟，而是透過戰爭來完成的，這在很大程度上打破了原始社會的血緣關係和宗法關係；另一重要原因是，古希臘城邦奴隸社會的階級構成，除了奴隸主與奴隸之外，還存在著工商奴隸主、自由的手工業者等，而以工商奴隸主為主導力量的平民階級，對貴族奴隸主特權的強烈反對所產生的提秀斯改革、梭倫改革、克里斯提尼改革，都在不同程度上削弱了社會的等級、特權思想，以致在古希臘城邦奴隸制社會，就產生了與中國奴隸制「臣民」概念相

對的具有民主精神的「公民」概念。為此，英國哲學家羅素曾感歎：「亞里士多德所引據的經驗，在許多方面更適用於較為近代的世界。」[1]正是社會有了大量的具有人身自由的公民以及對優良政體的追求，正義的理念才得以在等級制的奴隸社會破土而出。

三、個體的理性主導和諧正義論與城邦的關係和諧正義論

儘管柏拉圖和亞里士多德對正義在德性中的地位有不同的看法，前者視正義為一種基本的德性；後者把它上升為德性整體，提出了「公正是一切德性的總匯」[2]的思想，但他們都強調「和諧正義論」，即「個體的理性主導的和諧正義論」和「城邦的關係和諧正義論」。

對於正義，柏拉圖不贊同以正義的具體表現來理解正義的做法，因為具體情境的不確定性會影響正義的性質，[3]為此，無論是對於個人正義還是城邦正義，他都站在普遍性的角度來論證。在個人正義問題上，他以人的靈魂存在的三種性能為基礎，提出了「理性主導的和諧正義論」。柏拉圖認為，人作為生命有機體，具有慾望、激情、理智，三者各有自己的功能。慾望是「人們用以感覺愛、餓、渴等等物慾之騷動，可以稱

---

[1]馬元德譯（2003），（英）羅素，《西方哲學史》上卷，北京：商務印書館，頁240。

[2]苗力田譯（1990），（古希臘）亞里士多德，《尼各馬科倫理學》。北京：中國社會科學出版社，頁90。

[3]柏拉圖在《理想國》中，批駁了三種不同的正義觀：第一種是「欠債還債」的正義觀；第二種是強者利益的正義觀；第三種是最好與最壞折衷的正義觀。

之為心靈的無理性或慾望部分，亦即種種滿足和快樂的夥伴」。[4]激情是「我們藉以發怒的那個東西」。[5]理智是「人們用以思考推理的，可以稱之為靈魂的理性部分」。[6]具言之，人的慾望鍾情的是感官快樂；激情追求的是名譽和權力，它既可是慾望的同種也可是理智的盟友[7]；理智使人思考，熱愛智慧。在柏拉圖看來，個人的正義則是人靈魂的三種性能，在自身內各司其職、各為其事所達成的身心的平衡與和諧，表現為人的理智對慾望和激情能夠進行有效的指導和控制，並能主動安排好自己的事情，使人的心靈有所歸屬和寧靜、行為恰當合理。「正義的人不允許自己靈魂裏的各個部分相互干涉，起別的部分的作用。他應當安排好真正自己的事情，首先能做到主宰自己，自身內秩序井然，對自己友善。當他將自己心靈的這三個部分加以協調，彷彿將高音、低音、中音以及其間的各音階合在一起加以協調那樣，使所有各自分立的部分變成一個有節制和諧的整體時，……保持和符合這種和諧狀態的行為是正義的好的行為。」[8]一言以蔽之，正義就是靈魂裡的慾望、激情和理智的相互協調所形成的各個部分各守其職的內在和諧狀態。「我們每一個人如果自身內的各種品質在自身內各起各的作用，那他就也是正義的，即也是做他本份的事。」[9]柏拉圖既看到了人的慾望、激情的衝動對人心的騷動可能產生的身心分裂的不和諧，也看到了人的理性對衝動控制的平和作用，抓住了心悅神安的身心和諧的本質。

亞里士多德承繼了柏拉圖的個人正義思想的主旨，認為人不是一般.

---

[4]郭斌和、張竹明譯（1986），（古希臘）柏拉圖，《理想國》。北京：商務印書館，頁 165。

[5]同註 4。

[6]同註 4。

[7]參見《理想國》，頁 165 的「激情」的注釋。

[8]《理想國》，頁 172。

[9]《理想國》，頁 169。

的生物體，而是具有靈魂的最高生物體。人的優良狀態是人的靈魂統治身體，人的理性節制情慾，惟有如此，才是「合乎自然而有益的；要是兩者平行，或者倒轉了相互的關係，就常常是有害的。」[10]與此同時，亞里士多德還進行了擴展性的論證。他認為，善有兩種形式：一是事物自身的善，即目的善，它的重要特徵是具有自足性，「自足就是無待而有，」[11]「幸福是終極和自足的，它就是一切行為的目的。」[12]二是事物作為達到自身善的手段的善，即功能善，「善或功效就存在於他們所具有的功能中。」[13]從這種功能善的理論出發，亞里士多德推導出發揮人的理性功能就是德性的思想。他分析道：人有三大功能，一是為一切生命體乃至植物，都具有的生命的生長功能和營養功能；二是為一切動物所具有的感覺功能；第三個才是人所獨有的理性功能，「人的功能就是理性的現實活動，至少不能離開理性。」[14]在亞里士多德看來，人按照理性原則行動而具有的理性生活，不僅是功能善的表現，而且也是目的善的表現，因為人的幸福生活離不開理性的指導。所以，一個有正義德行的人，是個人主動地行使自己的理性能力，而對激情和慾望給予的合理節制所達成的靈魂的最佳狀態。

在城邦正義問題上，柏拉圖和亞里士多德推崇「關係和諧正義論」。我國學者易小明把柏拉圖和亞里士多德正義思想的特徵歸類為「差異協同結構」，即「差異人與相應差異職位的對應，以及各差異階層在整個國家內的和諧並存的多樣統一的等級秩序的和諧狀態。」[15]綜觀兩位名家

---

[10]吳壽彭譯（1995 年），（古希臘）亞里士多德，《政治學》。北京：商務印書館，頁 14-15。

[11]《尼可馬克倫理學》，頁 11。

[12]《尼可馬克倫理學》，頁 11。

[13]《政治學》，頁 11。

[14]《尼可馬克倫理學》，頁 12。

[15]易小明（2004），〈從柏拉圖到亞里士多德：西方早期正義思想的差異協同結構特徵〉，《江海學刊》第 6 期。

的正義思想，應該說，確有此特徵。柏拉圖沿襲了古希臘早期的自然哲學家用「秩序、和諧」解釋正義的傳統。畢達哥拉斯提出的「數的和諧關係」，認為一切事物都是按照數的和諧關係有秩序地建立起來的。[16]道德的核心是「和諧」與「秩序」，正義就是對立關係的一種和諧秩序狀態。柏拉圖發展這種和諧秩序的正義思想，認為國家和城邦的正義，就是社會成員因社會分工和個人天賦能力做最適合自己的職業，且每個人要安於自己的職業並做好職業分內的事而不干擾其他人。一方面，柏拉圖主張人們要從事自己天賦最擅長的職業活動，做應分做的事。他說，「全體公民無例外地，每個人天賦適合做什麼，就應派他什麼任務，以便大家各就各業」。[17]「每個人必須在國家裏執行一種最適合他天性的職務。」[18]另方面，柏拉圖強調安分守職所形成的和諧秩序。他說：「正義就是只做自己的事而不兼做別人的事」[19]；「國家的正義在於三種人在國家裏各做各的事。」[20]依柏拉圖之見，城邦的正義就是全體公民，安於自己的本職、本分、互不越位所形成的和諧秩序關係。柏拉圖的這種以城邦公民的天賦和特長為擇業和從業基準、以各自專心本分職責所形成的有序共同體為依歸的正義思想，雖從現實的可能性來看，不免帶有理想的色彩，但它的合乎人性發展所具有的應然邏輯的合理性是不置可否的。

亞里士多德關於社會關係的和諧思想沒有停留在一般的泛論上，而是針對不同的社會關係給予了具體的分析，提出了「關係和諧正義觀」的兩種具體表現形態：「主從關係的和諧論」與「平等關係的和諧論」。亞里士多德與柏拉圖一樣，看到了人的天賦能力方面的殊異，但亞氏表

---

[16] 羅國傑、宋希仁（1985），《西方倫理思想史》。北京：中國人民大學出版社，頁 59。
[17] 《理想國》，頁 138。
[18] 《理想國》，頁 154。
[19] 《理想國》，頁 154。
[20] 《理想國》，頁 169。

面上沒有沿著柏拉圖的思維圖景，強調人的天賦能力與社會職業的天然對應關係，而是直接站在了社會職業的等級性上，從人的天賦能力的差異性立論了主從的和諧社會關係及其合理性。在亞里士多德看來，人從事的職業及其所處的社會地位，源於他們的身體和心智的天然稟賦，即人的心理、理智、身體與能力的殊異，在社會中自然會形成統治的主人與受人支配的被統治者或主人與奴隸的關係，因為主人與奴隸在身體和靈魂方面的區別，使得他們天生適合做奴隸或自由人。「『如果不談心理現象，而專言身體，』自然所賦予自由人和奴隸的體格也是有些差異的，奴隸的體格總是強壯有力，適於勞役，自由人的體格則較為俊美，對勞役便非其所長，而宜於政治生活。……大家應該承認體格比較卑劣的人要從屬於較高的人而做他的奴隸了。」[21]人在靈魂方面的優劣使主奴關係更具合理性。他說，「根據靈魂方面的差異來確定人們主奴的區別就更加合法了。這樣，非常明顯，世上有些人天賦有自由的本性，另一些人則自然地成為奴隸，對於後者，奴役既屬有益，而且也是正當的。」[22]基於人們的身體和靈魂方面的差異，亞里士多德最後得出：「很明顯，人類確實原來存在著自然奴隸和自然自由人的區別，前者為奴，後者為主，各隨其天賦的本分而成為統治和從屬，這就有益而合乎正義。」[23]顯然，亞里士多德是從人的天賦能力的差異，推導出社會等級的天然合理性，並由此認為正義存在於主從社會關係的和諧之中。另方面，亞氏從公民的人格、地位和政治權利的平等出發，提出了平等的關係和諧論。儘管亞氏在主奴關係上主張人們各安其位的主從關係，但在公民之間的關係上，則推崇民主的平等觀，「對實際上屬於平等的人們之間施行平等的待遇，的確是合乎正義的——而且既然合於正義，也就有利於邦國。」

---

[21] 《政治學》，頁 15-16。
[22] 《政治學》，頁 16。
[23] 《政治學》，頁 18。

[24]在亞氏看來，公民是具有獨立人格的主體，其人格和社會地位應該是平等的，因此，維護公民之間的平等關係則是合乎正義的事情。另外，在對國家管理的參與權上，他則提出了讓城邦中的公民充分具有政治權利、輪番參政和執政、限制官職任期等具有民主思想的正義精神。「在一個同樣的人們所組成的社會中，根據平等和一致的原則，實行輪番為治的制度，確實合乎正義而值得稱頌。」「使同等的人們能夠有更番擔任職官的機會，可說是一個公道而有益的措施。」**[25]**也就是說，公民們之間的人格、社會地位、政治權利的平等性，則是關係和諧的正義表現。

四、秩序正義與公益正義、賢政正義與法治正義

秩序正義與公益正義：雖然柏拉圖和亞里士多德都強調城邦的正義，但他們的價值根據不同。柏拉圖從人的天賦才能論和奴隸社會的分工和等級出發，推崇的是一種以「社會結構、社會等級和諧」為特徵的秩序正義，認為城邦的秩序是衡量正義的基本標準，秩序是社會的整體德性。柏拉圖這種以和諧的「秩序」狀態為正義要義的思想，反映的是奴隸制等級秩序的利益要求；而亞里士多德雖然也強調社會的城邦秩序，但這種秩序不是終極目的，而且這種秩序有價值規定，即它必須建立在公共利益基礎上。亞里士多德曾明確指出，城邦的正義，以「公共利益為依歸」，**[26]**「以城邦整個利益以及全體公民的共同善業為依據。」

---

[24] 《政治學》，頁 266。

[25] 《政治學》，頁 350。

[26] 《政治學》，頁 148。

27 上述綜之，亞里士多德的正義論是建立在維護和發展社會的公共利益上，主張的是符合公共利益秩序的正義，而不是為了「秩序」而「秩序」。

賢政正義與法治正義：儘管柏拉圖和亞里士多德在實現和維護正義的終極價值目標問題上是一致的，但在如何進行國家管理以實現城邦正義問題上，亞里士多德和柏拉圖則存在分歧：柏拉圖推崇「賢人政治」的「哲學王」的統治，而亞里士多德力主法治。

柏拉圖認為，「賢人政治」是最理想的或最好的政治。他在《理想國》中說，「除非哲學家成為我們這些國家的國王，或者我們目前稱之為國王和統治者的那些人物，能嚴肅認真地追求智慧，使政治權力與聰明才智合二為一；⋯⋯否則的話⋯⋯對國家甚至我想對全人類都將禍害無窮，永無寧日。」**28**「法律的制定屬於王權的專門技藝，但是最好的狀況不是法律當權，而是一個明智而賦有國王本性的人作為統治者。」**29** 柏拉圖為什麼如此推崇「哲學王」的賢人統治呢？一是哲學家能夠把握事物的本質，不被紛亂的現象所迷惑，能夠把「哲學家的智慧」和「國王的權力」有機地結合起來，對國家實施智慧的統治。在柏拉圖看來，「哲學王」所具有的智慧，不是一般人所擁有的具體事物方面（如農耕、煉鐵、製造工具等）的知識和技能，而是通曉事物的普遍規律和原則，能夠統籌全局的知識和謀略，表現為他們善於思考，通觀豁達，遇事沉著冷靜，遠離不正義的罪惡而愛好和親近真理、正義、勇敢和節制。可以看出，柏拉圖繼承了蘇格拉底的「知識即美德」的道德思維，站在知行合一論上，認為人們擁有了智慧和知識，把握了應然的德行要求，就能持守正義等善德，以致造成對知行背離的只知不行的情形的忽視。二是法律效力的條件性。在柏拉圖看來，法律不止是制定和頒佈，更是社會

27《政治學》，頁 153。

28《理想國》，頁 214-215。

29 黃克劍譯（1994），（古希臘）柏拉圖，《政治家》。北京：北京廣播學院出版社，頁 92。

成員的尊崇和實踐，如若法律不被社會成員遵守，那它就只是寫在紙上的條文。「把這些規矩訂成法律，我認為是愚蠢的。因為，僅僅訂成條款寫在紙上，這種法律是得不到遵守的，也是不會持久的。」[30]所以，「真正的立法家不應當把力氣花在法律和憲法方面做這一類的事情，不論是在政治秩序不好的國家還是在政治秩序良好的國家；因為在政治秩序不良的國家裡法律和憲法是無濟於事的，而在秩序良好的國家裏法律和憲法有的不難設計出來，有的則可以從前人的法律條例中很方便地引申出來。」[31]客觀地說，柏拉圖抓住了法律效力的實質，但他的偏頗在於，只看到了不被遵守的法律的無效性，而沒有看到被遵守法律的有效性。三是社會上的優秀公民，能夠自知如何適度地做事而毋須法律的外在強制。他說：「對於優秀的人，把這麼許多的法律條文強加給他們是不恰當的。需要什麼規則，大多數他們自己會容易發現的。」[32]顯而易見，柏拉圖是站在「類」的理性能力上，看到的是社會中優秀人的道德感悟力和行為的自覺性，卻忽視了「個體」理性能力的有限性及其人自然屬性的為我的放任性所產生的大量的非「優秀的人群」。由於其前提預設存在的一定虛妄性，其結論受到質疑則是情理之中的。

亞里士多德反對柏拉圖的「賢人政治」思想，而鍾情於法律的統治。亞里士多德沒有師承於柏拉圖的「賢人政治」的思想，而是另闢治國路徑，應該說與他的現實主義的研究態度密不可分。首先，亞里士多德看到了人性中感性和情感對公義道德的干擾力。在他看來，人不是神，他具有慾望、感情，在人性中具有獸性的成分，即使是聰慧的賢良之人，也不能完全消除個人感情的傾向性和情緒的變動性，因而，人在處理政務時難免要受感情左右產生偏私、不平等、不公道等，由此政治就會腐

---

[30] 《理想國》，頁 140。

[31] 《理想國》，頁 143。

[32] 《理想國》，頁 141。

化。而「法律恰恰正是免除一切情慾影響的神祇和理智的體現。」[33]其次，亞里士多德看到了法律的社會理性的普遍制約性。法律是「沒有感情的智慧」，它不是個人意志的產物，而是集中了眾人智慧而制定的，因此，它是沒有偏私的理智的權衡。還有，亞里士多德看到了法律的平等性，認為法律不光是制約一般公民的，統治者也不能居於法之上而逾越法律的約束。為此，他說：「法治應包含雙重含義：已成立的法律獲得普遍的服從，而大家所服從的法律又應該本身是制訂得良好的法律。」[34]

亞里士多德不僅立論了法治的價值理由，同時也提出了合法即正義的思想。一方面，他從法律的合道德性出發，即法律本身的公正性，得出合法即正義。「法律是以合乎德性的以及其他類似的方式表現了全體的共同利益，而不只是統治者的利益。」[35]因此，「多數合法行為幾乎都出於德性整體，法律要求人們合乎德性而生活，並禁止各種醜惡之事。為教育人們去過共同的生活所制訂的法規，就構成了德性的整體。」[36]可見，由於法律反映的是社會的公共利益，所以，「合法和均等當然是公正的，違法和不均等是不公正的。」[37]另方面，他從法律實現社會平等的功能出發，得出合法即正義。亞里士多德認為，「所謂公正，它的真實意義，主要在於平等。」[38]而法律的社會功能則是建構和維繫社會合理的利益關係以實現社會的平等。這種平等意義上的公正，有三種具體的形式：一是法律規定的社會利益分配，遵循的是「權利平等」和「效率平等」兼顧的道德原則。他說「在榮譽、財物以及合法公民人人有份的東

---

[33] 《政治學》，頁 169。
[34] 《政治學》，頁 199。
[35] 《尼可馬克倫理學》，頁 89-90。
[36] 《尼可馬克倫理學》，頁 92。
[37] 《尼可馬克倫理學》，頁 89。
[38] 《政治學》，頁 153。

西的分配中，」[39]實行「數量相等」和「比值相等」的原則。「『數量相等』的意義是你所得的相同事物在數量和容量上與他人所得者相等；『比值相等』的意義是根據各人的真價值，按比例分配與之相衡稱的事物。」[40]直言之，前者是一種人人有份的普遍平等，後者是一種按照一定的標準和比例實現付出與得到的各得其所應得的效率平等。二是矯正性或補償性公正。法律除了對社會利益關係給予主動的合理規定外，還必須發揮出法律的必行性，對違法的行為給予應得的處罰，以維護守法者的利益和被損害成員的利益，所以，藉由「懲罰和其他剝奪其利得的辦法，儘量加以矯正，使其均等。均等是利得和損失，即多和少的中道，即公正。」[41]「正如對一條分割不均的線段，他從較長的線段取出超過一半的那一部分，增加到較短的線段上去，於是整條線就分割均勻了。」[42]透過懲治而實現的事後公正，體現的是法律的必行性和威懾性，是一種消極的但必須的道德公正。三是交互性的正義。人們在社會交往活動中，要平等互惠。在道德活動領域，平等的正義是道德行為要獲得應有的道德回報，即以德報德而不能以怨報德。質言之，道德的行為應該得到社會、他人的基本道德肯定和尊重，否則，就背離了道德的正義。在經濟活動中，利益的獲取要合乎等價交換原則，實現等值的互惠互利。總而言之，在亞里士多德看來，城邦惟有按照法律的規則進行管理，才可避免因個人的情感傾向而導致的偏私和不公，社會成員受同一法規約束並遵守共同的法則，才能實現廣泛的社會公正。因為「法律的實際意義卻應該是促成全邦人民都能進入正義和善德的（永久）制度。」[43]「城邦以正義為原

---

[39]《政治學》，頁 92。

[40]《政治學》，頁 234。

[41]《政治學》，頁 95。

[42]苗力田（2000），《亞里士多德選集‧倫理學卷》。北京：中國人民大學出版社，頁 109-110，。

[43]《亞里士多德選集——倫理學卷》，頁 138。

則。由正義衍生的禮法，可憑以判斷（人間的）是非曲直，正義恰正是樹立社會秩序的基礎。」[44]

　　綜觀柏拉圖和亞里士多德的賢政正義與法治正義的兩種不同正義觀，其實二者在各自理論範式的邏輯推理中，都各具合理性和特色，但在實踐的可行性上，應該說亞里士多德的思想確實比柏拉圖的理想設定更具實效性。柏拉圖的賢人政治思想，是以人性的上限為立論的根據，致使其理想成分較多，即便如是，它至今仍是人類孜孜以求的一種良善的社會管理方式，在某種意義上可以說，現代政治學的「精英民主論」和當代市民社會的「公民自治」的思想可謂都是其變體形式。因此，柏拉圖的賢人政治思想，不是他的理論本身存在邏輯悖論，而是他的理論實現的條件即具有智慧和良德的管理者以及具有道德理性能力和道德自覺的優秀社會成員，在現實生活中難於滿足，從而影響它的實效性。此種弊端，柏拉圖到晚年有深刻的反省，以致於他不再彌堅賢人政治的現實優先性，在其《法律篇》中，他對法治的態度發生了變化，承認刑賞、法治的重要作用，認為理想的統治應該是智慧的賢德統治外化為智慧的法律的統治。對於柏拉圖的這種轉向，我們應給予正確的理解，雖然由於他對現實的國家的不理想性的正視，使他不得不作出無奈的妥協，但在其內心的信仰中，他並沒有完全放棄他的「理想國」的「賢人政治」主張，因為他始終堅信，理想的國家無須法律的統治。相比之下，亞里士多德的法治正義思想，是以人性的底線為立論的根據，他所展現的法治的社會治理思想，既貼近了人性的實然樣態，也滿足了現實社會治理的應對要求。有必要指出的是，柏拉圖主倡的賢政和亞里士多德力主的法治，只是在社會治理中孰為更好的比較中具有相對的意義，而不是柏拉圖絕對否定法治或亞里士多德完全排斥賢政。柏拉圖只是認為，智慧的賢德統治優於法律的統治，但若與無智慧的統治來說，法治又是「次

---

[44]《政治學》，頁 199。

好的辦法」；同樣，亞里士多德也強調，人們要成為善良的人，法必須是「良法」，只不過在克服人性弱點和管理國家的效力上，法治要優於人治。

參考書目

王曉朝譯（2003），（古希臘）柏拉圖，《柏拉圖全集》。北京：人民
　　出版社。

吳壽彭譯（1995），（古希臘）亞里士多德，《政治學》。北京：商務
　　印書館。

苗力田（2000），《亞里士多德選集.倫理學卷》。北京：中國人民大學
　　出版社。

苗力田譯（1990），（古希臘）亞里士多德，《尼各馬科倫理學》。北
　　京：中國社會科學出版社。

馬元德譯（2003），（英）羅素，《西方哲學史》上卷。北京：商務印
　　書館。

郭斌和、張竹明譯（1986），（古希臘）柏拉圖，《理想國》。北京：
　　商務印書館。

黃克劍譯（1994），（古希臘）柏拉圖，《政治家》。北京：北京廣播
　　學院出版社，頁92。

黃顯中（2003），〈亞里士多德論公正〉，《玉溪師範學院學報》3期。

廖申白（2002），〈西方正義概念：嬗變中的綜合〉，《哲學研究》11
　　期。

羅國傑、宋希仁（1985），《西方倫理思想史》。北京：中國人民大學
　　出版社頁。

王 偉

公僕意識、行政倫理與社會公平正義

7

■行政倫理的基本內涵
■「公僕意識」：行政倫理觀的核心內涵
■行政倫理法制：社會公平正義的重要保障

王 偉 國家行政學院一級教授、中國倫理學會副會長、
中國倫理學會行政倫理研究會會長

公務員強化「公僕意識」，是維護社會公平正義的重要因素；加強行政倫理建設，則是強化「公僕意識」、維護社會公平正義的基本途徑。

一、行政倫理的基本內涵

(一)倫理：法與道德的統一

探討行政倫理，首先需要研究倫理、道德和法的相互關係。

在一般意義上，倫理與道德通用；倫理學就是道德哲學，或倫理學就是關於道德的科學。我們在肯定倫理與道德有著緊密聯繫的前提下，如果再把握住兩者的區別；在注意倫理、道德與法之間區別的基礎上，如果再把握住三者之間的內在聯繫，將有助於推進法治與行政倫理建設的發展。

通觀中外思想發展史，對法、道德與倫理這三者關係做出最深刻的辯證分析之人，當屬德國近代著名辯證法大師黑格爾（1770-1831）。其代表作是《法哲學原理》。《法哲學原理》由三篇構成，標題分別是：「法」、「道德」、「倫理」。在黑格爾看來，法是客觀外界的法，道德是主觀內心的法，倫理則是客觀法與主觀法（道德）的統一；它調整主觀和客觀、內在和外在、普遍和特殊之間的關係，並在倫理的關係中實現人格。這三個階段是有機聯繫的、由低級向高級不斷豐富和充實的過程。

恩格斯指出：「黑格爾的倫理學或關於倫理的學說就是法哲學，其中包括：(1)抽象的法；(2)道德；(3)倫理；其中又包括家庭、市民社會、國家。在這裡，形式是唯心的，內容是現實的。法律、經濟、政治的全部領域連同道德都包括在這裡。」（《馬克思恩格斯選集》，第 4 卷，頁 232）

簡言之，倫理是一種包含著法與道德，同時又高於法與道德的一類社會現象；其本質特徵是法與道德的統一、他律與自律的統一、客觀與主觀的統一。

(二)行政倫理的界說

所謂「行政倫理」，是倫理在公共行政關係、公共行政活動中的體現；是執政黨、國家機構和國家公務員在公共行政領域，在實踐立黨為公、執政為民，在堅持科學執政、民主執政、依法執政，在履行經濟調節、市場監管、社會管理、公共服務等職能的過程中，所形成的一種應然關係，以及調節這種應然關係的倫理規範，與執政黨、國家機構和國家公務員由於內化倫理規範而形成的倫理品格。行政倫理就是公共行政領域中的倫理，是政府過程中的倫理，是關於治國的倫理；不僅屬於精神文明範疇，也是政治文明的重要組成部分。

行政倫理沒有僅屬於自己的獨特的領域，它滲透在公共管理、公共行政與政府過程的各面向，體現在諸如行政體制、行政領導、行政決策、行政監督、行政效率、行政素質等。行政倫理具有豐富的內涵、鮮明的特色和獨特的價值導向功能。

(三)行政倫理的基本問題

在公共行政活動中，存在著各種矛盾，如個人利益與社會利益的矛盾、權力與責任的矛盾，公正與效率的矛盾等，這些矛盾複雜多樣，但其中最根本的矛盾就是權力與利益的矛盾。與此相應，行政倫理的基本問題就是權力與利益的關係問題，也就是公共行政主體（執政黨、國家機構和國家公務員）如何利用所掌握的權力調節社會中各種利益關係的問題；行政倫理的基本問題包括兩個相互聯繫的方面，其一是權力代表

誰的利益，其二是如何利用手中的權力謀取利益。行政倫理的諸多問題都可以歸結到此一基本問題。此基本問題的解決，決定著對其他問題的回答，行政倫理判斷將以對這個基本問題的回答為依據。維護社會公平正義，要求公務員必須正確解決行政倫理的基本問題。

胡錦濤指出：「要時刻牢記立黨為公、執政為民的執政理念，常修為政之德，常思貪欲之害，常懷律己之心，自覺做到權為民所用，情為民所系，利為民所謀。」這是關於行政倫理基本問題的深刻闡釋，也是公務員維護社會公平正義的關鍵要素。

二、「公僕意識」：行政倫理觀的核心內涵

公僕精神，是行政倫理觀的核心內涵，是社會公平正義在公共行政、公共管理領域最集中的體現。

公僕思想大體上分為三種，即原始社會的公僕思想、資產階級的公僕思想和馬克思主義的公僕思想。

(一)原始社會的公僕思想

在湖南省株洲市炎陵縣翠巒重疊的鹿原破，長眠著中華民族偉大的人文始祖之一炎帝神農氏。炎帝和炎帝陵受到世世代代炎黃子孫的敬仰與祭祖。陳雲在 83 歲時曾為炎帝陵題詞：「炎黃子孫，不忘始祖。」

炎帝神農氏是中華農耕文明的創始者。據《周易》、《呂氏春秋》等先秦文獻的記載和對長江流域發掘古文化遺存的考證表明，炎帝始種五穀以為民食，製作耒耜以利耕耘，遍嘗百草以治民恙，治麻為布以禦

民寒，陶冶器物以儲民用，日中為市以利民生，剡木為矢以安民居，削桐為琴以怡民情；終因在南巡時為民治病，誤嘗斷腸草而「崩葬于長沙茶鄉之尾」。炎帝率領眾部落所開創的原始農耕文明，堪稱我國的第一次「綠色革命」，從根本上改變了先民茹毛飲血、以漁獵為生的原始生活狀態，從純消費的社會進入了創造社會，功昭日月，德澤後世。關於炎帝神農氏的豐功偉績，炎帝陵基金會編輯的《炎帝文化叢書》從史籍中做出如下歸納：始作耒耜，教民耕種；遍嘗百草，發明醫藥；治麻為布，製作衣裳；首辟市場，互通有無；削桐為琴，練絲為弦；弦木為弧，剡木為矢；作陶為器，冶制斤斧；台榭而居，安居樂業。由此而形成的炎帝文化，特別是炎帝所體現的公僕精神，培育和激勵一代又一代中華兒女，為民族的崛起而奮鬥不止。

舜帝也是中華民族的先祖和中華道德文化的創始人之一。湖南省永州市境內的九嶷山是舜帝的陵園，長眠著中華民族偉大的人文始祖之一——舜帝。舜帝作為早期社會公僕的又一個傑出代表，同樣受到世代炎黃子孫的敬仰。

舜是德的化身。他曾耕於曆山，把肥沃的土地讓給他人；漁於雷澤，把經營好了的漁場讓給他人。他帶動河濱制陶的工匠和在壽丘生物學工匠精心製作，不粗製濫造。在經商時亦以誠相待，不使假，不欺行霸市。正因為他謙恭禮讓、與人方便、誠信待人的社會道德，人們都願與之相處，以致「一年而所居成聚，二年成邑，三所成都」。舜執政後，以德感人，德澤眾生。舜「齊七政」，定五年巡狩之制；辟四門，明通四方耳目；命十二牧論帝德，行厚德，遠佞人；廣開言路，傾聽民眾呼聲而立誹謗之木（今演變為華表）。他推行以和為貴的方略，以德感化三苗，使他們棄惡從善。舜自強不息，大力刷新政治。初創國家雛形，開創了政治清明、千邦合和的太平盛世。舜為禹十三年如一日根治水患，三過家門而不入的精神所感動，而「預薦禹於天」，禪位給與之有釘父之怨的鯀子禹，這是「天下為公」之高精神境界的體現。舜不顧高齡，「南

巡狩，崩於蒼梧之野，葬於江南九疑」，做到了鞠躬盡瘁，死而後已。

(二)資產階級的公僕思想

資產階級公僕思想的形成，經歷了從文藝復興，到英國資產階級革命，再到法國啟蒙運動和大革命。其中，但丁是公僕概念的最初表達者，他在《論世界帝國》一書中寫道：「公民不為他們的代表而存在，百姓也不為他們的國王而存在；相反，代表倒是為公民而存在，國王也是為百姓而存在的。正如建立社會秩序不是為了制定法律，而制定法律則是為了建立社會秩序，同樣，人民遵守法令，不是為了立法者，而是立法者為了他們……雖然從施政方面說，公民的代表和國王都是人民的統治者，但從最終目的來說，他們卻是人民的公僕，而世界君主尤其如此，他應該被看作是全人類的公僕。」（《論世界帝國》，商務印書館，1985年，頁18）

從理論淵源看，在英國資產階級革命中產生的人民主權學說，意味著資產階級公僕思想初步形成。從實踐角度來看，華盛頓和羅伯斯庇爾等，則是資產階級公僕思想的傑出實踐者。

喬治‧華盛頓（1732-1799），是北美殖民地獨立戰爭的軍事統帥、美利堅合眾國第一任總統，是美國歷史上一位偉大的政治家。這位傑出人物，在其當選第一任合眾國總統所發表的就職演說中，曾充滿信心地談到行政倫理與公僕思想。他說：「我對祖國的熱愛，激勵我以滿懷愉悅的心情展望未來。這是因為在我國的體制和發展趨勢中，出現了又有道德又有幸福；又盡義務又享利益；又有公正和寬仁的方針政策作為切實準則，又有社會繁榮昌盛作為豐碩成果的不可分割的統一。」華盛頓在主持、制定美國憲法時曾寫道：「憲法所賦予的權力將永遠掌握在民眾手中。這種權力是為了某種特定目的，在特定期限內授給他們自己選出的代表。當這種權力的使用，違背他們的利益或不符合他們的願望時，

他們可以、且無疑地撤銷他們公僕的資格。」華盛頓還說：「在我任職期間，我把自己視為公僕。如果他們在此期間，將我稱為他們的奴隸，我亦無異議。」（參閱《華盛頓選集》，商務印書館，1983 年，頁237.257-258.317）在獨立戰爭末期（1782 年），他斷然拒絕了一些有君主主義思想的軍官要他出任美國國王的請求。第二任總統任期屆滿後，他拒絕再作總統候選人；宣佈退出政治生活，回到芒特弗農莊園，開創了不連任三屆總統的先例。在《告別演說》中，他重申了行政倫理的重要地位：「品行或道德是民主政府的必要的源泉。這條規則的確或多或少地對各種自由政府起支配作用。」（《華盛頓選集》，頁 257-258）

利昂・羅伯斯比爾（1758-1794），是 18 世紀末法國大革命時期「偉大的資產階級革命者」（列寧語）。羅伯斯比爾作為新生資產階級政權的傑出代表人物，賦予資產階級行政倫理觀以非常崇高的地位。認為行政倫理觀能夠在一切私欲的風暴中和圍繞陰謀的急流漩渦中指導人們前進，它是試金石，可用來試驗一切法律以及一切建議；行政倫理原則能避免大集會中通常碰到的絆腳石，避免意外的危險和草率的、不合理的矛盾的措施；能使一切行為具有世界上最優秀人民的代表所應當表現的適當、一致、明智和尊嚴。為了鞏固雅各賓專政，他在議會上發表了《關於人權和公民權利宣言》的講話之後，又向人民代表發出履行行政倫理與公僕思想的號召：「由於共和國的靈魂是美德和平等，由於你們的目標在於建立和鞏固共和國，你們的政治行為的基本規則就應當是把你們的一切行為用來支持平等和發展美德，因為立法者的最主要的關懷應當是鞏固管理原則。」「公職人員必須為人民的利益而犧牲自己的利益，為了平等而犧牲權力的驕傲。必須使法律對執行法律的人特別嚴格。政府需要特別注意自己，要使它的個別部分符合它的整體。如果存在著代表機構，即人民建立的最高政權，這個政權就應當監視所有公職人員並不斷地管束他們。這個政權如果不是由它的美德管束，將由誰來管束呢？這個社會秩序的根源越高，它就應當愈純潔，因而必須使代表機構在自

己內部使一切個人熱情服從有利於社會的共同的熱情。當代表們不僅由於義務，而且由於榮譽、甚至由於利益而熱愛自己事業的時候，他們是很幸福的。我們從這一切當中得出下列的偉大真理：真正人民政府的本性，就是信任人民和嚴格要求自己。」（參閱《革命法制和審判》，商務印書館，1965 年，頁 170 -175）

空想社會主義的公僕思想在公僕思想發展史上有著不應忽視的歷史地位。傑臘德‧溫斯坦萊（1609-1652）作為空想社會主義公僕思想的主要代表，曾猛烈抨擊資產階級共和國剝奪人民的自由，不履行公僕的職責，是不公正的政權和新的奴役制度。他指出：「我們把他們從我們當中選出來擔任一定時間的特殊工作，並不是要他們成為壓迫我們的老爺，而是成為幫助我們的公僕。」又說：「如果你們的眼睛為高傲所蒙蔽，你們就會忘記自己是國家的公僕。」溫斯坦萊描繪出一幅真正的自由共和國的藍圖。他依據民主和法制的原則，設計了公職人員的選舉、任期、罷免、標準等一整套方案。他寫道：「一切真正的公職人員都是人民選舉出來的。當他們的活動旨在使選舉他們的人民感到滿意的時候，他們就是共和國的忠實的、公正的奴僕，那時，城市裏就會出現一片欣欣向榮的景象。」為了防上公職人員變質，溫斯坦萊堅決反對終身制，主張所有公職人員應該每年改選一次。他認為，「國家和軍隊的高位改變了很多好人的良心」；「如果公職人員把自己的意志置於法律之上，管理制度就會染上不治之症」。所以，要層層監督，互相監督，特別是要置於全國人民經常監督之下。合格的公職人員的標準是什麼呢？溫斯坦萊認為：「他們要非常溫和、明智，沒有自私心，能把國家制定的法令當做自己的意志去執行，而不會由於傲慢和虛榮心而把自己的意志置於自由的條例之上，要求自己享有特權。」（參閱《溫斯坦萊文選》，商務印書館，1982 年，頁 34、67.133、120）溫斯坦萊還十分強調健全的法制對於實現理想共和國的重要作用。在《自由法》中，他提出了「公職人員選舉法」草案，主張公職人員犯法永遠不得重新任職。

(三)馬克思主義的公僕思想

馬克思主義公僕思想,是歷史與現實、理論與實踐、革命與科學相結合的產物。其主要內容如下:

1. **社會公僕起源於原始社會的氏族公社時期**:在原始共產制和原始民主制的條件下,氏族的首領由選舉產生,也可以被罷免,他們的權力是父親般的,純粹道德性質的,沒有任何特權,他們只是「人民的顧問」。後來,隨著私有和階級的產生,逐步出現了一些特殊的機關來保護統治階級的利益,「政治權力對社會獨立起來並且從公僕變為主人」。(《馬克思恩格斯選集》第 3 卷,第 222 頁)這種情形不但在世襲的君主國內可以看到,而且在資產階級的民主共和國內也可以看到。馬克思指出:「舊政府權力的純粹壓迫機關應該剷除,而舊政府權力的合理職能應該從妄圖駕於社會之上的權力那裏奪取過來,交給社會的負責的公僕。」(《馬克思恩格斯選集》,第 2 卷,頁 376)

2. **社會公僕「應當為組織在公社裡的人民服務」**:馬克思和恩格斯在《共產黨宣言》指出:「過去的一切運動都是少數人的或者為少數人謀利益的運動。無產階級的運動是絕大多數人的、為絕大多數人謀利益的獨立的運動。」馬克思在總結巴黎公社的革命經驗時分析說:「公社是由巴黎各區普選選出的城市代表組成的。這些代表對選民負責,隨時可以撤換。」「以隨時可以罷免的勤務員來代替騎在人民頭上作威作福的老爺們,以真正的負責制來代替虛偽的負責制」。(《馬克思恩格斯選集》,第 2 卷,頁 376.414)

3. **建立廉價政府是對社會公僕的本質要求**:馬克思指出:「公社實現了所有資產階級革命都提出的廉價政府的口號,因為它取消了兩項最大的開支,即常備軍和官吏。」(《馬克思恩格斯選集》,

第 2 卷，頁 377）履行社會公僕的職責，必須實行人民管理制。馬克思說：「公社的偉大社會措施就是它本身的存在，就是它的工作。它所採取的某些措施，只能表明通過人民自己實現的人民管理制的發展方向」。（《馬克思恩格斯選集》，第 2 卷，頁 382-383）馬克思非常重視人民直接參與國家和社會管理，他說：「如果問題提得正確，那它就只能是這樣：人民是否有權來為自己建立新的國家制度呢？對這個問題的回答應該是絕對肯定的，因為國家制度如果不可真正表現人民的意志，那它就變成有名無實的東西了。」（《馬克思恩格斯選集》，第 1 卷，頁 272.316）（參閱王新民：《公僕論》，中共中央黨校出版社 1995 年版，第 16-19 頁）此外，馬克思和恩格斯還強調，要通過「人民自治」和「人民監督」，有效實現減少行政機構和行政官員，促使「公僕」不敢懈怠。

馬克思主義公僕思想有著豐富的內容，對於公務員確立行政倫理觀，維護社會公平正義有著重要的指導作用。

(四)防止社會公僕變爲社會主人

1957 年 4 月 27 日，劉少奇在中共上海市委召開的黨員幹部大會上告誡各級工作人員：「恩格斯講過，要防止國家和國家機關由社會公僕變爲社會主人。我們黨、政府、國家、經濟機關的領導人，本來是人民群眾的公僕，社會的公僕。現在我們有的已經變爲老爺，把人民群眾當作僕人，自己還不自覺。這是錯誤的。」同年 5 月 7 日，劉少奇在論述社會主義經濟問題時再次指出：「管理國家財產的國家幹部，本來是社會的公僕，可是不知不覺就變成了社會的主人。」（參閱《劉少奇年譜》下卷，中央文獻出版社，1996 年，頁 307.401）「防止國家和國家機關由

社會公僕變為社會主人」，是實踐以公僕精神為核心內涵的行政倫理觀的關鍵環節，是維護社會公平正義的價值目標。

確立公僕精神，「防止國家和國家機關由社會公僕變為社會主人」，必須牢固樹立人民群眾是主人的基本觀點。張聞天在文化大革命期間所撰寫的《人民群眾是主人》中深刻地指出：「在黨和人民群眾的關係上，人民群眾是主人，黨是勤務員。」人民群眾之所以需要共產黨，就因為它能為人民群眾服務，它是人民群眾手中進行解放鬥爭的工具。只有我們時刻記住黨和人民群眾的這種關係，我們才能自覺地全心全意地為人民服務，把我們一切工作的重心自始至終放在人民群眾身上。共產黨的一切方針、政策必須來自人民群眾，並由人民群眾來檢驗。贊成與否，擁即與否，執行與否，只能由人民群眾自己下決心。黨不能對人民群眾實行包辦代替、強迫命令的辦法，而只能用說服教育的力、法，把真理告訴群眾；但群眾是否照此行動，只能由群眾自己決定。如果群眾不擁護和執行我們的方針政策，即使我們自己覺得我們的方針政策再好也沒有，也不能把事情辦好。世界決不只是因為我們有了很好的方針政策而有絲毫的改觀。世界是客觀的存在，是物質的東西。這種物質的東西，只能用物質的力量，即人民群眾的力量，才能加以改造。單有思想，既是最好的思想，它對物質世界也不起一點作用。只有這種思想掌握了群眾，為群眾所擁護和執行，思想的精神力量才能轉化為物質的力量。而要使黨的方針政策為群眾所擁護和執行，根本的條件是這種方針政策必須真正代表群眾的利益和要求。否則群眾是不會擁護和執行的。思想政治工作，可以是有效的，也可以是無效的，其最終的界限就在這裡。（參閱《張聞天選集》，人民出版社，1985 年，頁 569-572）

確立公僕精神，「防止國家和國家機關由社會公僕變為社會主人」，必須堅決從思想上和制度上克服「官本位」。官僚主義作風，要害是脫離群眾、做官當老爺。官僚主義，在很大程度上源於我國封建社會形成的「官本位」意識。所謂「官本位」意識，就是「以官為本」，一切為

了做官，有了官位，就什麼都有了，「一人得道，雞犬升天」。這種「官本位」意識，流傳了幾千年，至今在我國社會生活中仍然有很深的影響。一些共產黨員和黨的領導幹部，也自覺不自覺地做了這種「官本位」意識的俘虜，於是跑官、買官、賣官的現象出來了；弄虛作假，虛報浮誇，騙取榮譽和職位的現象出來了；明哲保身，不思進取，但求無過，一切為了保官的現象出來了；以權謀私現象出來了。當前，「官本位」意識的要害，就是對黨和國家的事業不負責，對民族和人民的利益不負責任，只對自己或親屬或小集團負責。其危害極大。因此，對於歷史上遺留下來的「官本位」意識，必須狠狠批判和堅決克服。

作為行政倫理觀核心內涵的公僕精神，其基礎要求就是堅持以人為本的公共管理思想。馬克思說過，未來的新社會是「以每個人的全面而自由的發展為基本原則的社會形式」。以人為本，就是要把人民的利益作為一切工作的出發點和落腳點，不斷滿足人們的多方面需求和促進人的全面發展。我們從事的是建設中國特色社會主義的偉大事業，理所當然地必須堅持以人為本，一切為了人民，一切依靠人民。以人為本是我們的執政理念和要求，應當從現在的具體事情做起，貫穿到經濟社會發展的各個方面，貫穿到我們的各項工作中去。所謂以人為本，就是要把人民的利益作為一切工作的出發點和落腳點，不斷滿足人們的多方面需求和促進人的全面發展。具體地說，就是在經濟發展的基礎上，不斷提高人民群眾物質文化生活水準和健康水準；就是要尊重和保障人權，包括公民的政治、經濟、文化權利；就是要不斷提高人們的思想道德素質、科學文化素質和健康素質；就是要創造人們平等發展、充分發揮聰明才智的社會環境。以人為本，體現了馬克思主義的基本觀點。馬克思說過，未來的新社會是「以每個人的全面而自由的發展為基本原則的社會形式」。我們從事的是建設中國特色社會主義的偉大事業，理所當然地必須堅持以人為本，一切為了人民，一切依靠人民。堅持以人為本是堅持立黨為公、執政為民的本質要求，也是維護社會公平正義的具體體現。

三、行政倫理法制：社會公平正義的重要保障

　　行政倫理法制建設已經成為國際性的大趨勢，對於維護社會公平正義有著特殊重要的價值。

(一)美國行政倫理法制建設

　　應美國駐華大使芮效儉先生的邀請，我於 1995 年赴美國考察了「美國行政倫理建設的理論、立法和實踐」。十年來，一直進行跟蹤研究。

　　早在 1958 年 7 月，美國國會就通過了《政府工作人員倫理準則》，為「所有政府雇員，包括官員」制定了內容廣泛的道德規範。《準則》是以國會兩院的共同決議的形式通過的，不具有法律約束力。然而，這個《準則》所表達的倫理要求則一直保留下來。

　　嚴格意義上的美國行政倫理法制建設是在 20 世紀 70 年代。關鍵的推動力是「水門事件」。美國國會於 1974 年啟動對尼克森總統彈劾案之際，同時邀請了美國公共行政學會成立專門小組對水門事件進行獨立研究。該小組的研究報告於當年由紐約基礎書籍公司出版，題為《水門：對負責政府的含意》。報告指出：造成水門事件的隱患無疑是多年前多屆政府中就已埋下了的，但是，這些最終發展成對美國政府民主形象有嚴重損害的隱患，要求對政治和行政體制作出認真的重新評價，並採取適當的補救措施。這篇關於水門事件的權威研究報告在題為「倫理和公職」的「結束語」中明確指出：本報告的大部分內容已經直接或間接地涉及到公共服務中的倫理主題。蘊含在水門事件中的特徵之一，就是對於政府的作用和責任的認識進入誤區。這種認識，說得輕點是過於簡單粗暴；說得重點則是政治與行政腐敗。研究報告建議，美國國會和美國

政府採取有效措施，切實加強行政倫理建設。美國公共行政學會專門小組的報告，直接推動卡特政府於 1978 年提交並由國會通過了《美國政府倫理法》。卡特總統在簽署該法時指出：「制定本法令的目的在於建立某種聯邦政府機構，適當改組聯邦政府，對聯邦政府的工作進行某種改革，保持並提高官員和國家機關的廉潔性等。」

《美國政府倫理法》共分 7 章，約 70,000 字。第 1 章至第 3 章分別為立法機關人員、行政人員、司法人員的財務申報規定。第 4 章是關於政府倫理辦公室的設立及其權力、職能與行政規定。依照《美國政府行為倫理法》，政府倫理辦公室主任的職責包括：「與司法部長協商，制定並向人事管理局建議，由總統或人事管理局頒佈有關執行部門不得違背公眾利益的道德行為方面的規章制度」；「對財務申報進行審查，以確定其是否可能觸犯了不得違背公眾利益的法律和規定，並建議採取適當的措施糾正審查中暴露出來的違背公眾利益的不道德行為方面的問題」以及關於利益衝突中政府工作人員的行政行為選擇規定等。第 5 章為關於「前受聘導致的利益衝突」，即關於職務雇傭中不得違背公眾利益的行為規定。《美國政府倫理法》於 1979 年 7 月 1 日生效。

1989 年 1 月 25 日，剛剛宣誓就職的美國總統布希向聯邦政府 3700 名高級行政人員發表了「本屆政府決心維護行政倫理」為主題的演說，並任命了一個由 8 位專家組成的總統倫理委員會。該委員會主席向我介紹說，布希要求總統倫理委員會在 45 天之內提出一套新的倫理準則，以保證政府的工作「更嚴格、更令人滿意、更有成效」。1989 年 4 月 2 日，國會通過了布希總統提交的《美國政府行為倫理改革法》，從而為美國行政、立法、司法三大機構政府工作人員規定了一系列更為嚴格的倫理標準。

1989 年 4 月 12 日和 1990 年 10 月 17 日，布希總統分別簽署 12674號和 12731 號行政命令，頒佈《美國政府官員及雇員的行政倫理行為準則》。其中第一部分「倫理行為準則」的主要內容如下：

1.公共服務體現著公共信任，要求政府雇員必須把忠於議會、法律和倫理準則置於個人利益之上。

2.政府雇員不得獲取與認真履行職責相抵觸的經濟利益。

3.政府雇員不得參與從事利用非公開的政府資訊所從事的經濟交易活動，並已禁止不正當地使用這種資訊謀取個人利益。

4.除非在依照規定合理例外的情況下，每位政府雇員不准向以下個人或團體索取或接受任何饋贈以及任何其他有價值的東西，他們包括：希望從政府的業務往來中尋求政府影響力，其業務活動本身受政府部門管理，以及那些可能由於政府官員履行或不履行其職責而對其利益發生實質性影響的人和團體。

5.政府雇員應恪盡職守。

6.政府雇員不得作出任何未經授權的行動或者作出有礙於政府承諾的行為。

7.政府雇員不得假公濟私。

8.政府雇員應秉公辦事，不得偏袒任何個人或私人團體使他們獲得優先的待遇。

9.政府雇員應保護和保管政府的財產，不得將它們用於未經授權的活動。

10.政府雇員不得在外從事與政府官方的職責和義務相抵觸的職業或活動，包括尋求或商討職業的有關活動。

11.政府雇員應當向有關職權部門揭發浪費、欺詐、濫用職權和腐敗等現象。

12.政府雇員應忠誠地履行其作為公民的義務，包括所有經濟方面的義務，特別是那些由法律規定的聯邦、州及地方的納稅義務。

13.政府雇員必須遵循向所有的美國人，不分種族、膚色、宗教信仰、性別、出生地、年齡以及殘疾障礙等，提供同等機會的法律和其他法規的規定。

14.政府雇員應當盡力避免任何可能造成違法或違背依據本命令所頒佈的倫理標準的行為。

1992 年，美國政府頒佈了由政府倫理辦公室制定的內容更為詳細、操作性更強的普遍適用於聯邦政府的倫理行為標準，即《美國行政部門工作人員倫理行為準則》。在這過程中，統一了聯邦機構過去幾年公佈的倫理法案。長達 80 頁的《聯邦公報》列舉了諸多標準，其所涵蓋的行為包括餽贈、財務利益衝突、公正執行公務、尋求外部職業以及對外部活動等等。其中，「總綱」部分重申了布希總統簽署的《美國行政部門工作人員倫理行為準則》行政命令中的 14 條要求，並確定為「公務員的基本義務」。

美國政府倫理辦公室是一個非常重要的行政倫理方面的管理部門，也是我訪問美國期間最感興趣的機構之一。根據《美國政府倫理法》，美國政府倫理辦公室於 1979 年 7 月正式成立，最初隸屬於人事管理局。1989 年進行了機構改革，成為一個具有很大獨立性的政府機構，直接向總統、國會和國務院負責。倫理辦公室主任的任命需由總統提名並經國會批准。其任期與總統任期不同步，以保持獨立性。政府倫理辦公室被賦予很大權利，包括就高級公務員的行政倫理和廉政等方面的問題召開聽證會。1992 年頒佈的《美國行政部門雇員倫理行為標準》即是由政府倫理辦公室制定的。

美國政府的一些部門還根據自己的工作性質與職業特點，制定了適合本部門的具體的倫理規範及其實施辦法。例如，美國國防部於 1987 年 5 月頒佈了長達 1 萬多字的《美國國防部人員行為準則》。

美國國會與政府不僅制定了一系列關於公務人員的倫理規範並將倫理要求法律化，而且設立了相應的管理與監督機構。

美國眾議院內設置有「眾議院倫理委員會」。根據《眾議院條例》，眾議院倫理委員會可以建議眾議院對其議員和雇員採取它認為合適的

「行政措施」以執行行政倫理準則；可以調查任何違反有關雇員或議員行為方面的法律、條例或規則，並向眾議院建議該委員會認為應採取的合適的措施；而且經過眾議院同意後，可以向相關的執法當局報告其在調查中發現的明顯違法行為。美國歷屆眾議院都在憲法規定的範圍內被授予專門權利以「懲辦議員的不軌行為，而且經過眾議院三分之二以上議員表決通過，可以開除一名議員」。眾議院還可以通過批評、懲戒、罰款、譴責、停職或要求有不法行為的議員道歉的方式懲辦有關議員。美國眾議院的常設機構「倫理委員會」在廉政和反腐敗方面發揮著重要作用。我在美國訪問期間，眾議院倫理委員會正在調查剛剛當選的眾議院議長紐特·金裏奇問題。

根據《美國政府行為倫理法》，大法官會議設立了司法倫理委員會，負責研製司法部門官員財產申報方面的表格；司法人員遵照司法倫理委員會的具體要求，提出個人財產報告，並提出副本交與其服務的司法機關中的秘書成為正式公文。司法倫理委員會在收到司法人員財產申報資料的 15 天內，即須將資料公開，供大眾查閱。

在美國，除聯邦政府外，政府的其他許多部門也都設有倫理方面的辦事處，但總負責的，用美國政府倫理辦公室主任助理告訴我的話說，即「軸心」仍是政府倫理辦公室。美國聯邦政府有責任派高層人士到各部門負責倫理工作，這些人士要對政府倫理辦公室負責。據美國政府倫理辦公室的官員介紹，全美國負責倫理事務的專職和兼職工作人員多達一萬多人。

除在國會和聯邦政府設有倫理委員會和倫理辦公室等機構外，在美國的許多州和市的議會和政府，也設有倫理辦公室或倫理委員會。

(二)韓國行政倫理法制建設

根據國家行政學院與韓國行政研究院的合作備忘錄邀請，我和韓國

學者於 1997 年至 1998 年進行了「中國韓國行政倫理與廉政建設研究」。其後，一直保持密切聯繫。

韓國行政倫理建設的基本特色，是重視行政倫理法制，注重社會公平正義，具有可操作性。其基本內容如下：

■韓國憲法確立了行政倫理精神

《大韓民國憲法》規定，公職人員應該為全體國民服務；公職人員的倫理標準，是把國民利益作為價值基礎，而不是為特定集團的局部利益服務。韓國憲法確立的行政倫理精神，在韓國《國家公務員法》、《地方公務員法》、《公職人員倫理法》、《〈公職人員倫理法〉實施令》、《公職人員倫理法實施規則》、《公職人員倫理憲章》、《公共事務條例》、《公務員服務規定》以及《防止腐敗法》中都得到具體體現。

■韓國《國家公務員法》規定了公務員應該遵守的基本倫理準則

適用於行政機關、立法機關和司法機關全體公職人員的《國家公務員法》，規定了公務員應該遵守的倫理準則。其基本內容如下：

1.宣誓就職：根據總統令，所有公務員都必須宣誓就職。

2.倫理原則——誠信：公務員不應做出任何有損於政府地位或違背《公務員法》所規定的事情。

3.與工作有關的具體倫理規範：

　(1)遵守法律和規章制度的職責。公務員在執行公務和日常生活中都應該忠實地遵守規章制度，遵守法律和法規。

　(2)服從上級命令的職責。公務員在執行公務時應該服從上級下達與工作有關的命令；除非這些命令不合法、非法或明顯不恰當，公務員可以不予執行。

(3)全力以赴作好公務的職責。

■韓國《公職人員倫理法》對行政倫理做了詳細規定

該法 1981 年 12 月 31 日以總統令的形式頒佈。進行了 6 次修訂。內容包括 6 章 30 條，約合 15,000 個漢字。各章的標題分別為：「總則」、「財產申報與公開」、「禮品的申報」、「限制退職公職人員的就業」、「補則」、「懲戒和罰則」。

「總則」第一條指出：「本法目的是把公職人員、公職候選人的財產登記和財產登記公開予以制度化；是對利用公職取得財產、公職人員申報禮品、退職公職人員的就業制定限制性規章，防止公職人員不正當的財產增值，確保公務的公正性，確立為國民的服務者即公職人員的倫理準則。」第二條強調：「國家必須使公職人員獻身於公職，保障公職人員的生活，努力確立公職倫理準則。」根據《公職人員倫理法》第九條的規定，韓國設立了多領域、多層次、具有實權的公職人員倫理委員會。

1993 年 7 月，韓國以總統令形式頒佈的《〈公職人員倫理法〉實施令》，又進一步做出更具體的規定。

■韓國《公務員服務規定》是行政倫理的基本要求的系統化和規範化

1970 年 6 月，韓國以總統令形式頒佈了《公務員服務規定》，其後，又進行了 12 次修訂。韓國《公務員服務規定》的突出特色，是將行政倫理的基本要求加以系統化，並具有可操作性。以下是該規定的部分內容：

1.第一章「總則」第一條：「本令以規範有關公務員的服務事項為目的。」
2.第二條「宣誓」規定：「1.根據《國家公務員法》第五十五條的規

定,公務員就任之時,應在所屬機關的首長面前宣誓。2.宣誓內容依照附件一的《誓詞》統一進行。」

3.《誓詞》全文如下:

> 本人保證以一名公職人員應有的榮譽和良心,為國家和國民奉獻自己的一切。現宣誓如下:本人決心遵守法令,服從上級的指揮和命令。本人決心站在國民一邊,以正直和誠實的品質投身於公務。本人決心以創新的工作和主動的精神去履行應盡的職責。本人無論是在擔任公職人員之時,還是在不擔任公職人員之後,絕不洩露在履行公務的過程中所掌握的機密。本人作為一名正義事業的實踐者,決心在根除腐敗的鬥爭中起表率作用。

4.第二章「工作時間」和第三章「休假」:將公務員的工作與休息的有關要求以法規的形式加以規定。其中包括「午休時間為 12 時至 13 時」、「遲到或早退 3 次按缺勤 1 天計算」等非常具體的內容。

5.第四章「營利業務與兼職」規定:鑑於公務員從事下列各款之一的業務可能會導致降低工作效率、給公務帶來負面影響、獲得與國家利益相違背的個人私利或損害政府形象,故予以禁止:(1)公務員從事商業、工業、金融業以及其他有明顯以營利為目的的業務;(2)公務員在商業、工業、金融業以及其他營利性私人企業擔任執行理事,或審計師業務的無限責任社員,或總經理、發起人等;(3)向與其職責有關的企業投資之行為;(4)其他各類以獲取財產方面的私利而做出的行為。

5.第五章「政治運動和勞動運動」:明確規定公務員不得參與或支持任何反對政府的政治活動。同時指出:「為實施本令所必要事項由總理令頒佈。」

■《韓國防止腐敗法》將行政倫理提升到新的高度

　　1996 年 12 月 5 日，金大中所在的在野黨向國會提交了《韓國防止腐敗法》草案，並指出反腐敗的單方面措施已無法解決社會上的結構性腐敗問題，因此必須要有一個綜合性的法律，以便全面、深入地推動韓國社會的反腐敗運動。1998 年，金大中執政以後，《韓國防止腐敗法》的制定有了突破性的進展。韓國國會於 2001 年 6 月 28 日正式通過了《韓國防止腐敗法》，並於 2001 年 11 月 29 日公佈了《韓國防止腐敗法實施令》。該法第 1 條明確規定了立法宗旨，即旨在通過預防和遏制腐敗行為，確立廉潔的公職及社會風氣。

　　依據《韓國防止腐敗法》，韓國於 2002 年 1 月 25 日成立了防止腐敗委員會，來自民間的市民活動家、漢城市立大學經濟學教授姜哲圭任首任委員長。

　　這裡，我們想特別說明，《韓國防止腐敗法》的第一提案人、金大中總統當年的副手、執政黨國會議員團負責人柳在乾曾明確告訴我：《韓國防止腐敗法》是行政倫理性質的立法。

(三)經合組織行政倫理法制建設

　　1996 年，經濟合作與發展組織為應對世界經濟社會發展的新情況，決定實施新的行政改革，並明確將加強行政倫理建設提到重要日程。1997 年 11 月，經濟合作與發展組織召開了研究行政倫理建設的工作會議，來自 29 個正式成員國和 5 個非正式成員國以及聯合國有關機構、世界銀行等機構代表共 120 人與會。作為會議兩主席之一的韓國行政研究院院長盧貞鉉教授向我詳細介紹了會議情況，並提供了獲得有關資訊的聯繫途徑。

　　1998 年 4 月 23 日，經濟合作與發展組織理事會通過了《改善行政倫

理行為建議書》，建議各成員國積極行動起來，建立行之有效的機構和體系，改善公共機構的倫理行為。建議書分為以下三部分：行政倫理管理原則；理事會的建議；背景情況。

建議書在「引言」中指出：提高公共機構的行為標準，目前已成為擺在經合組織各國政府面前的一個關鍵問題。推行公共管理改革，帶來了權責下放、公務員自由裁量權增大、公共服務方式推陳出新，這都對公共機構的傳統行政價值觀提出了挑戰。全球化與國際經濟關係（包括貿易與投資）的進一步發展，要求各國公共部門實行公認的高標準的行為規範。杜絕政府部門瀆職行為的發生，不可簡單從事，必須建立一整套的機制，包括完善行政倫理管理體系。政府信譽下降以及貪污腐敗等有關問題已日益引起人們的關注，從而促使各國政府重視對行政倫理行為加以改善。

為了迎接上述挑戰，經濟合作與發展組織理事會制定「行政倫理管理原則」共十二條，供各國用來檢查本國在改進行政倫理方面的機構、體系和機制建設情況。這些原則闡明了行政倫理管理體系中關於指導、管理和監控的功能，可供各國參照。十二條原則的標題如下：

1.行政倫理規範應簡明易行。
2.行政倫理規範應納入法制框架。
3.應當對公務員給以倫理教育指導。
4.公務員深知有權利和義務舉報不道德的行為。
5.領導人的支持有助於提高行政倫理水準。
6.決策過程要公開，接受公眾監督。
7.對公營和私營機構之間的交往要有明確指示。
8.各級領導在倫理行為上做表率。
9.管理政策、程式和做法應當促進倫理行為的改善。
10.公務員待遇和人事政策應當促進倫理行為的改善。

11.完善的責任機制應切實到位。

12.建立適當的程式和處罰手段制止違規行為。

經濟合作與發展組織理事會建議各成員國積極行動起來,確保建立行之有效的機構和體系,改進公共機構的倫理行為。此一目標可以通過以下途徑實現:

1.圍繞改進公共部門的倫理行為,制定政策、程式和措施,並建立相應的機構,隨後經常加以檢查。

2.政府部門加大力度促使各個公共機構保持高標準的行為規範,杜絕腐敗行為發生。

3.制訂管理規章應納入倫理規範意識,確保管理上的方法、做法與公共部門的價值和原則並行不悖。

4.在倫理管理體系的建設中,把崇尚道德理想與強調遵紀守法結合在一起。

5.把握好公共管理改革對行政倫理行為帶來的影響。

6.參照「行政倫理管理原則」建立高標準的倫理規範。

經濟合作與發展組織近年來加強行政倫理建設的做法,對維護社會公平正義起了積極作用。

(四)日本、加拿大的行政倫理法制建設

■日本國家公務員倫理法

為回應經濟合作與發展組織《改善行政倫理行為建議書》,日本國會於 1999 年通過了《日本國家公務員倫理法》。當年,被譽為日本公務員之父的角野幸三郎先生特意向我提供了法律文本,並暢談了關於加強行政倫理法制、維護社會公平正義的設想。

《日本國家公務員倫理法》第一條指出：國家公務員是全體國民的服務者，其職務是受託於國民的公務。為使國家公務員切實履行其職務倫理，需要採取必要措施，藉以防止國民對公務員執行公務的公正性產生懷疑或不信任，從而確保國民對公務的信賴，特此制定本法。

第三條對「職員必須遵守的與其職務有關的倫理原則」做出明確規定：

1.職員應確認自己是全體國民的服務者，而不是部分國民的服務者；不得利用職務上獲悉的資訊為部分國民提供有利的服務，不得對國民予以不適當的不平等對待，必須公正地履行其職責。
2.職員在工作中要公私分明，絕不能利用其職務和地位為自己或自己所屬的組織謀取私利。
3.當職員行使法律所賦予的許可權時，不得收受該許可權所涉及物件者的有可能招致國民的懷疑或不信任的贈與等。

第四條規定：「內閣必須每年向國會提出關於職員切實履行其職務倫理的狀況，以及為使職員切實履行其職務倫理所採取的措施的報告書。」

第五條要求內閣需根據第三條所載的倫理原則，制定關於為使職員切實履行其職務倫理所必要之事項的政令（名稱為「國家公務員倫理規程」）。國家公務員倫理規程應包括禁止或限制收受與職員的職務有利害關係的人員的贈與等，不得與職員的職務有利害關係的人員接觸，防止出現招致國民的懷疑或不信任的行為等職員必須遵守的事項。內閣在制定或修改和廢除國家公務員倫理規程時，必須聽取國家公務員倫理審查會的意見。

■加拿大公共服務的價值與倫理

2004 年，我們在加拿大進行考察時獲悉，加拿大政府於 2003 年元旦

開始實施公務員行政倫理守則，名為《公共服務的價值與倫理規範》。

該行政倫理守則第一章的標題是「公共服務的價值與倫理」。內容如下：

一、**加拿大公共服務的作用**：加拿大公共服務是一個重要的國家制度，也是加拿大議會民主必不可少的組成部分。公共服務制度為憲政政府和公務員提供了一個基本的方式，使他們致力於建設一個好政府，一個民主的加拿大社會。公共服務的作用在於協助加拿大政府保持和平安定的社會秩序和政府的良好形象。《加拿大憲法》和責任政府的原則為公共服務的作用、責任和價值提供了基礎。公共服務的民主使命是依法協助部長為公共利益服務。

二、**本規範的目的**：《公共服務的價值與倫理規範》提出公共服務的價值和倫理，以指導和支援公務員的職業行為。本規範有助於保持和提高公眾對公共服務誠信的信心。本規範也有助於加強民眾對公共服務在加拿大民主政治中所扮演的角色的尊重與讚賞。本規範敘述了公共服務的價值、利益衝突和聘用終止後的有關規定。本規範以《部長和國務卿指南》中所規定的職責和責任為背景。部長們有責任確保公眾對自己部門的管理工作有足夠的信心，保持公共服務的政治中立傳統，保持其持續地提供專業的、坦率而真誠的建議能力。

三、**公共服務的價值**：公務員的工作和職業行為應該由公共服務的平衡價值體系所指導，即：民主的、職業的、倫理的和作為人的價值。這些價值不是獨立的而是互為依存的。透過這些價值可以看出公共服務行為的總體水準。

(一)**民主價值**：依法協助部長為公共利益服務。(1)公務員應該提出誠實、公正的建議，並且提供所有相關資訊以備部長

決策之需。(2)公務員應該忠實地執行部長依法做出的決定。(3)公務員應該支持各部門履行自己的行政職責,並且向國會和人民提供關於工作結果的所有資訊。

(二)職業價值:勝任、優秀、高效、客觀、公平。(1)公務員必須在加拿大法律的規範下工作,並且保持公共服務的政治中立傳統。(2)公務員應該努力保證公共資金恰當、有效、高效率地使用。(3)在公共服務中,實現結果的過程應該與結果本身同樣重要。(4)公務員應該不斷地提高服務品質,藉由創新來適應公眾不斷變化的需求,以提高政府計畫的有效性和效率,透過兩種官方語言提供服務,來持續強化為加拿大人民服務的意識。(5)公務員應當在依法履行保密責任的同時,努力確保政府行為的透明度。

(三)倫理價值:永遠保持公眾的信賴。(1)公務員應該履行職責,處理好自己的私人事務,以保持和增強公眾對政府誠實、客觀與公正的信心和信任。(2)公務員應以一種禁得起公眾最嚴格的檢驗、盡職盡責的態度在法律規定的範圍內做好工作。(3)公務員決策時應當以公眾利益為出發點,以實現其職責和責任。(4)如果公務員的私人利益和官方責任之間發生衝突,則解決衝突時應當以公眾利益為重。

(四)作為人的價值:在與市民和其他公務員接觸時,體現尊重、公平和禮貌。(1)尊重人的人格與價值能使人更好地行使其職權。(2)人的價值得到體現,將擴大公共服務價值的外延。那些得到公平和禮貌對待的人將受到激勵,並用自己的行為來展示這些價值。(3)公共服務組織應當允許參與、公開、溝通,尊重加拿大社會的多樣性與官方語言。 (4)公共服務領域的任用應以公務員的品質為基礎。(5)公共服務價值是招聘、評估公務員和公務員晉級的關鍵因素。

加拿大國家公共服務學院的一位教授告訴我，他的工作重點是培訓加拿大政府的副部級官員。培訓中，他會邀請美國國務卿助理等高級官員前來授課，並帶領學員前往美國會見國務卿等。但是，這位教授並不完全認同美國當代領導人的價值觀。他的一句話讓我留下深刻的印象：「我以自己是一個加拿大人而不是美國人而感到自豪！」其重要依據，就是《加拿大公共服務的價值與倫理規範》。

(五)探索制定中國公務員倫理法

　　行政倫理法規體系大體包括三個層次的內容。第一個層次是公務員服務規定，第二個層次是行政倫理法，第三個層次是反腐敗法或廉政法。其核心層次是行政倫理法。

　　當務之急是探索制定中國行政（公務員）倫理法。「規範國家工作人員從政行為的制度」、「完善領導幹部重大事項報告和收入申報制度」等相關規定，均屬於行政倫理法的立法內容。廉政法作為行政倫理法規體系的最高層次，在中國大陸已經啟動；「加快廉政立法進程，研究制定反腐敗方面的專門法律」，亟需基礎法律層次即行政倫理法的支持，否則可能出現「先天不足」的缺陷。此外，「完善刑法、刑事訴訟法等相關法律制度」也不能脫離相應的行政倫理法規體系。

　　近年，我們從國外考察時獲得的第一手資料中選取了 11 個行政倫理法律法規，並譯成中文，可供參考。目錄如下：

　1.美國總統關於「政府官員及雇員的行政倫理行為準則」的行政命令。
　2.美國政府官員及雇員的行政倫理行為準則。
　3.韓國公務員服務規定。
　4.韓國公職人員倫理法。
　5.《韓國公職人員倫理法》實施令。

6.韓國防止腐敗法。

7.經濟合作與發展組織改善行政倫理行為建議書。

8.經濟合作與發展組織制止在國際商務活動中賄賂外國公共官員公
　約。

9.日本國家公務員倫理法。

10.日本國家公務員倫理規程。

11.加拿大公共服務倫理規範。

參考書目

王偉、車美玉、徐源錫（韓）（1998），《中國韓國行政倫理與廉政建
　　設研究》。國家行政學院出版社。

王偉、鄯愛紅（2005），《行政倫理學》。人民出版社，8月版。

王偉主筆（2001），《行政倫理概述》。人民出版社。

王偉主編（2005），《公共行政倫理讀本》。國家行政學院出版社，2
　　月版。

林火旺

審議民主與社會正義

8

林火旺　台灣大學哲學系教授

一、前言

　　柏拉圖（Plato）在他的《理想國》（*The Republic*）中所探討的主題是正義（justice），包括個人正義和社會正義。其中他評論五種政治制度和社會正義的關係，最不正義的是獨裁政治（tyranny）統治下的社會，而民主政治則只優於獨裁。根據柏拉圖的描述，民主政治的最大特色是人民是自由且平等的，但是自由人不會去做他們應該做的事，而會從事他們喜歡做的事，所以民主社會的人民充斥著沒有規律、沒有次序的欲望，人們不遵守法律、恣意行事。因此，柏拉圖認為，民主方式統治下的社會是一個相當不正義的社會（Plato, 1955: Book VIII & Book IX）。用一個比較通俗的說法，在柏拉圖心目中獨裁政治的特色是暴君，民主政治的特點則是暴民。

　　然而當代思想家卻指出：「民主政治的概念在今日世界中幾乎是不可讓步的，解放運動堅稱它們比所要取代的政權更民主；威權體制的統治者很少直接否定民主政治，而是論稱他們的人民還沒有準備好實施民主政治、他們的制度比表面上更民主，或者其敵對者是腐化和反民主的。」（Shapiro, 2003: 1）也就是說，當前世界不論是自由或威權的政治體制，都以「民主」作為政治正當性或合理性的標竿。「民主」在當前世界中似乎已經被默認為一個普世的價值，民主政治也似乎和「正義」畫上等號。

　　但是從當前世界民主國家的實踐結果來看，民主社會還是存在著各種的不正義。儘管如此，學者仍然相信民主政治比其它政治型態更能減少不正義。尤其是審議民主（deliberative democracy）的支持者，他們相信這樣的民主理念和社會正義不但相容，而且也最能促進社會正義。

二、審議民主

審議民主是當前最熱門、也被討論最多的民主理論。此一理論的產生是由於其它民主政治形式所產生的困難，尤其對憲政民主體制實踐結果的弊端，審議民主似乎可以有效的補足。

(一)憲政民主的缺點

所謂民主政治是人民的一種自我統治（self-government），所以無論哪一種民主政治的型態，最終的理想應該是展現人民的真正意願，然而如果人民不是在深思熟慮之後進行決策，民主政治的理想只會成為空談。以目前主要民主國家所採用的憲政民主政治為例，其運作的結果似乎無法實現人民真正自我統治的目的，其缺點大致如下（林火旺，2005：110-13）：

1. **多數暴力**(the tyranny of majority)：19 世紀的思想家 John Stuart Mill 指出，民主原則強調多數的結果，在政治上會產生以多數之名，剝奪少數人重要利益的現象；社會上則會造成流行意見宰制一切，讓少數具有不同想法的人受到壓制（Mill, 1978）。此外，多數決不等於明智的決定，事實上多數如果只是盲從，那麼集體選擇反而會產生不合理的結果。因此，只重視投票和多數決，而不去關心投票者是否具有充足且正確的知識、長遠的眼光、以及明智的判斷能力，多數有可能支持一個災難性的政策或選出腐化的領導人，所以民主的結果可能和人民自己的利益對立。[1]

---

[1]Gordon Graham 論證自由主義和民主理想具有不可避免的緊張關係，他針對普遍投票權和多數原則提出質疑，認為多數人有可能基於自利

2. **公民私利主義**（civic privatism）：民主實施的結果顯示，並不是所有的公民都重視自己的決策權。把選票當成商品販賣以滿足私利，在我們的社會似乎是一個不太陌生的現象。即使在歐美先進民主國家，雖然沒有公然的賄選，但是用政策買票以獲得政治權力，也是司空見慣的選舉伎倆。總之民主政治實施的結果，私利主義似乎替代了民主公民的核心理想（Ackerman & Fishkin, 2003: 7-8）。

3. **理性的無知**（rational ignorance）：理想的民主政治人民應該在集思廣益、深思熟慮之後才進行投票或決策，但是如果決策的人數過多，或者決策者相距甚遠，則很難實現集思廣益的理想。所以在投票人數眾多的民主國家，一般人民理性的選擇就是保持「無知」，因為要做一個資訊充足、理性決定的公民，需要花費太多時間，而這樣投下去的一票在整體選票中根本不具決定力，因此選擇「一無所知」去投票反而是理性的行為。這也造成媒體在民主政治中的影響力，因為大多數選民都是靠印象投票，因此學者指出，通常三十秒的電視廣告才是人民在投票決定的依據（Fishkin, 2002: 221-38）。

4. **無聲的人民**：政治人物的聲音才是媒體的焦點，政治人物關心的議題決定了什麼是重要的議題，人民在民主政治的實踐中反而成為旁觀者。

Iris M. Young 把上述的憲政民主稱為「加總式的民主政治」（the aggregative model of democracy）。她從加總的角度批判當前的民主政治有四個缺點：(1)把個人的偏好當成已知，卻不加考慮這種偏好的來源如

（self-interestedness）、無知或偏見做出很壞的投票，以致於支持一個災難性的政策或選出一堆很差的統治者，結果反而不利於人民自己。參見 Graham, 1992: 153-54.

何，不論它們是突然的念頭，還是基於推理或信仰，加總式民主只將公民的偏好加總，最佳的政策或政治領導人完全由最強的公民偏好來決定。但一般認為，並不是所有偏好都具有同樣的價值；(2)缺乏民主公民互動所形成的公眾（a public）概念，完全不考慮政治合作的可能性；(3)加總式民主所具有的理性（rationality）概念是一種很弱且個人主義的形式，加總的結果不必然是理性的，因為它本身並不是由一個推理的過程所達成的；(4)加總式民主懷疑規範或評價的客觀性的可能，也就是說它懷疑人們對其主張所提出的理由是客觀的，所以它無法從道德合法性的角度來評估實質的決策，因為沒有規範性理由的概念，就缺乏規範性評估的基礎。換句話說，只要一個決定合乎公民最強的偏好，就沒有所謂評價此一決定是好或壞的可能性（Young, 2000: 19-21）。

Amy Gutmann 和 Dennis Thompson 對加總式的民主政治也有類似的批判，他們認為這種民主觀至少有三個缺點：(1)它把既有的偏好當成已知，所以基本上接受或甚至強化既存的權力分配；(2)它並沒有提供公民任何方法對加總方式本身提出挑戰；(3)這個方式沒有平等對待不同種類的基本偏好，能夠轉換成經濟範圍的偏好比較適用這種方式，而那些表達價值、不可共量的偏好則比較不適合這種方式（Gutmann & Thompson, 2004: 16-17）。譬如：該不該興建核能電廠，這會涉及各種衝突性的價值。透過「贊成」或「反對」的民主投票來解決這個問題，顯然過度簡化這個議題的複雜性，因此這樣的議題就不適合採用民主決策。少數專家面對面的對談和辯論，反而比較有利於這類政策的決定。

總之憲政民主似乎只重視公民的投票結果，而不關心公民究竟是基於什麼樣的偏好進行投票，以及這些偏好是否對投票者本身或社會長期有利。並且，它不考慮民主政治公民是否真正具有能力「當家作主」，似乎只考慮形式的條件（譬如年滿二十歲），而完全忽視公民實質決策的能力和正確性。審議式民主政治理念的產生，就是要強化民主決策的過程，使公民最後的決策結果比較符合公民自己的真正期待。

(二)審議民主是什麼？

何謂審議民主？John Rawls 認為審議民主有三個重要元素：公共理性（public reason）的概念、載明審議立法體之環境的一個憲政民主制度、公民在政治行動上知道且願意依據公共理性並實現其理想。他強調在審議民主中，公民的政治意見所根據的理由必須有所限制，也就是說這些理由必須跟把其他公民當成自由平等人的精神一致（Rawls, 1999: 139）。Rawls 審議民主觀的核心就是他的公共理性概念。根據 Rawls 的說法，公共理性是良序憲政民主社會的一個觀念，其形式和內容是民主這個概念本身的一部分（Rawls, 1999: 131）。Rawls 認為「多元」是自由社會不可能消除的永恆事實，在這樣的社會中，公民在許多哲學、宗教和道德的問題上，很難達成實質的共識，所以為了建構自由平等公民之間的一個公平合作條件，必須尋找一個大家都可以合理接受的理由。因此，規範社會合作機制的正義原則，必須建立在不同主張者共享的公共理性之上（林火旺，2004：47-77）。

Young 則認為審議民主指的是將民主視為一種實用理性的形式。民主過程的參與者提出其政策建議，經由開放討論、交換意見，而導致大家同意的政策。所以民主過程主要是透過對話的方式，討論議題、衝突和利益主張，所有的建議或論證都經過他人的測試和挑戰。她認為審議民主要求參與審議的對話具有一些多規範性的理想，例如：包含（inclusion）、政治平等、合理性（reasonableness）和公開性（publicity）。所謂「包含」指的是任何一個合法的民主決策，必須包含所有受其影響的人，讓他們都能進入討論和決策的程序。Young 認為這個理想所體現的是道德尊敬的規範。所謂「政治平等」指的是，不只所有受影響的人都應該進入決策程序，而且他們是基於平等的條件被納入。至於「合理性」則是強調願意傾聽他人聲音的態度。她認為合理的人能夠理解不同意見者也有其洞見，且理解到決策應該開放給新的挑戰。換句話說，合

理的人具有開放的心靈，願意基於更強的理由而改變自己的想法和偏好。「公開性」指的則是在民主決策過程中，參與者之間的互動形成一個公共體，人們彼此都要負責，他們必須用他人可以理解的方式呈現和表達自己的建議，而且他們所提出的理由也必須是他人雖不同意卻可以接受的理由，即表達自己想法的形式和內容必須是可理解且可接受的（Young, 2000: 22-25）。

Gutmann 和 Thompson 認為審議民主具有以下四個特點：

1. **提出理由**（reason-giving）：審議民主重視決策的證成（justification），所以公民需要為其決策提出理由，而且這些理由應該是在「為了實現公民合作」的前提下，所不能合理拒絕的理由。他們也認為，要求公民對自己支持的政策提出理由的意義，除了使決策得到證成外，也表達出相互尊敬的價值。因此，如果透過利益團體的交易而形成的決策，即使是多數決，也違反審議民主的要求，因為它沒有對少數表達平等尊敬。

2. **所提出的理由是所有公民都可以近用的**（accessible）：也就是公民在審議民主的過程中所提出的理由，應該是他人可以很容易取得的，或者說這些理由是大家都可以理解的，這種形式的理由滿足上述 Young 所謂的公開性。

3. **決策具約束力**（binding）：審議程序不像談話節目或學術研討會，參與者不是只為了論證的目的而論辯，審議程序的目標是為了產生決策，所以決策在某段時間內具有約束力。

4. **審議過程是動態的**（dynamic）：雖然審議的目標是要形成一個可以被證成的決策，但是它並不預設這個目標一定可以達成，所以它保持開放繼續對話的可能性。因此，雖然一個決策必須維持一段時間，但是它在某種意義上是暫時的，因為它必須對未來時間點上的挑戰保持開放（Gutmann & Thompson, 2004: 3-7）。

事實上，Gutmann 和 Thompson 用六個原則定義審議民主的規範。前三個原則涉及審議過程中參與者在追求合理理由時所應具有的特質。它們分別是：(1)互惠性（reciprocity）要求參與者在討論時所訴諸的理由和原則，必須是他人可以接受的；(2)公開性要求政治討論應該在公開場所進行，而且審議者必須只能提出可以在公眾面前說出來的主張和理由；(3)負責任（accountability）則要求審議者必須在他人面前證成他們的建議和決定。而後三個原則規範的是政治討論的內容，即基本自由、基本機會和平等機會。基本自由包括一般的政治和非政治的自由（如言論、集會等）；而基本機會則是指應該保證社會上每一個人都擁有最起碼的物質和教育，使他們有可能過一個適度的生活；平等機會則是指每一個人都應該有平等的機會來競爭高所得或高身分的職位（Gutmann & Thompson, 1996）。

　　儘管學者對審議民主的定義並不完全相同，但都有以下的共同特點：(1)要求決策要基於講理而不是比力，也就是說任何決策都必須提出充足的理由。因此，理性思辨和深思熟慮的過程是必要的，而且所提出的理由不是私人的考量，而是公民共同能夠接受的公共理由；(2)建立公民直接決策的機制，促進公民的公共參與、落實民主，並提升公民的公共精神；(3)透過審議過程傾聽不同的聲音，培養公民相互尊敬的德行。

　　此外，審議民主的主張者對審議民主可以彌補當前民主政治的缺點也有共識。James S. Fishkin 認為，審議民主結合了自古以來互相衝突的三個原則：審議（deliberation）、政治平等與非多數暴力（non-tyranny），而每一個原則也和民主過程中的三個不同印象相連結：過濾器（審議）、鏡子（政治平等）與暴民（非暴力所要避免的）。由於審議是一種在公開場所提出理由的過程，公民在決策之前透過公開討論和辯論，在政治平等的前提下，每一個公民都有機會表達自己的觀點，並接受他人的質疑和挑戰。所以審議像過濾器，可以去除公民在進行公共決策時不應該有的偏好，這樣不但最後的決策像鏡子一樣，可以反映全民的利益，也

由於最後的多數決是審慎思考的結果，而去除了民主多數的暴民形象（Fishkin, 2002: 221-38）。所以當代民主理論學者普遍認為，審議民主是最佳的民主政治形式。

在眾多人口的現代社會，為了達成審議民主的目的，學者提出許多可行的做法，包括城鎮會議、審議式民調、對特定議題的公民會議等。總而言之，審議民主的理想是：民主決策是公民深思熟慮的結果，而且所有的公民都能參與影響其生活的政治決策，以落實「民主」的真義。

三、社會正義

相對於審議民主，學者對「社會正義」的主張則極為分歧，很難找到共識。

(一)柏拉圖的正義觀

柏拉圖認為社會正義就是社會上三個階級的人各司其職、分工合作，這三個階級是統治者（rulers）、輔助者（auxiliaries）和生產大眾。輔助者的功能是執行統治者的決策，而生產大眾則完全聽命於統治者的領導。問題是，由誰來決定誰是統治者？柏拉圖認為人的靈魂生下來就分為金銀銅鐵四種，其賦予人不同的材質：理想社會的統治者的靈魂是金，輔助者是銀，工人和農人則是銅和鐵。因此，每一個人在社會的位置，反映的是他的真實本性，如果社會由具銀或銅鐵靈魂者統治，則會走向毀滅。所以柏拉圖的社會正義是建立在勞力的自然分工原則之上，透過此原則使這個城市成為完美的城市，於是這個原則就是正義。換句話說，正義就是每一個階級執行其最適合的職務而不干涉他人（Plato, 1955: 432e- 433a）。

柏拉圖的正義理論建立在他的知識論和形上學的基礎上，他認為只有統治者（哲學王）才能掌握對於「正義」的知識，所以由他所領導的社會才是正義的。柏拉圖在此不但預設「何謂正義」有標準答案，而且預設某些特定的人才能知道何謂正義。這種一元論的想法似乎無法被現代心靈所接受，即使當代處於自由、多元社會的思想家，對於何謂社會正義也仍然存在很大的差異。

(二)正義即資格

Robert Nozick 的正義理論非常重視個人權利（individual right），他在其著作的序言裡就明白表示：「個體具有權利，而且他人或團體不可以對他們做某些事，否則會違反他們的權利。」（Nozick, 1974: ix）Nozick 的正義論主要奠基在其政府論的主張之上，他認為惟一合理而且合法的政府是最小政府（minimal state）。政府的功能應該只侷限於抵抗暴力、偷竊、欺騙和契約的執行，以確保個人應有的權利；任何超越這種功能的強有力政府，都會抵觸個人的權利，所以不具有合理性的基礎。在人類的各種權利當中，有一個極為基本的權利就是「追求私有財產的權利」，基於這個權利產生了 Nozick 的「正義即資格」（justice as entitlement）理論。

Nozick 的「正義即資格」理論強調社會正義是一種資格取得的過程。他認為人們對他們合法取得的財產擁有權利，而且只要沒有侵犯他人的權利，人們可以隨心所欲地處置這些財產。Nozick 歸納出構成其正義理論的三個原則：

1.取得之正義原則：這是關於原始取得持有物的原則。如果該物原來並不是任何人所有，而且當一個人持有該物後，尚有足夠剩餘留給其他每一個人，則持有該物就是正義的持有。

2.**交換之正義原則**：合法的交換所獲得之持有物就是合法的持有。也就是說，如果原來的持有者是合法持有或因最原始取得而持有某物，則新的持有者經由合法交換的結果，就是對該物取得合法持有的資格。

3.**糾正不正義持有之原則**：因欺詐、恐嚇、剝削所獲得之持有物，需要給予受害者補償。

綜合以上三個原則，Nozick 認為，只要合乎上述取得和交換兩個正義原則之規定，所有的分配情況都是合乎正義的分配。所以對於一種分配是否正義，完全取決於持有物的取得是否合法。如果一個持有物是經由合法取得，則持有者對該物就具有資格。因此取得其具有資格的持有物，就是合法的持有，也就是正義的分配（Nozick, 1974: 150-53）。

一般稱 Nozick 的社會正義主張為極端自由主義（libertarianism）的正義理論。根據這種理論，一個貧富極端懸殊的社會，也可能是一個正義的社會，只要富人的財產完全從市場的自由競爭中合法取得，政府就沒有理由基於貧富不均，而進行所得重分配。然而這樣的結果似乎違反我們的道德直覺，貧富懸殊的社會不論如何形成，似乎就是一個不正義的社會。

(三)正義即公平

當代最重要的社會正義理論當推 John Rawls。相對於 Nozick，他稱其正義理論為「正義即公平」（justice as fairness）。Rawls 基於自由主義的基本假設，認為一個多元、差異的社會，其正義原則的特點必須是描述自由平等公民之間的一個合作體系。他採用傳統契約論的方法加上對契約環境的公平設計，得出兩個正義原則：

1.每一個人所擁有的最大的基本自由權利，都和他人相等，簡稱為平

等自由原則。

2.社會和經濟上不平等的制度設計，必須同時滿足兩個條件：(1)對
最差階級有利，Rawls 稱為差異原則（difference principle）；(2)
地位和職務對所有人平等開放，簡稱為機會均等原則（fair equality
of opportunity）。

為了消除這兩個原則可能產生的衝突，Rawls 嚴格規定第一原則優先
於第二原則，而第二原則中的機會均等原則又優先於差異原則（Rawls,
1971）。

雖然 Rawls 對於正義原則的論證極為複雜，但是其正義原則卻很簡
潔、明確。譬如：在考慮一個政策的民主決策是否合乎社會正義時，如
果採用 Rawls 的正義理論，則我們考慮的是這個結果是否照顧到最差階
級、是否尊重公民的平等自由權、是否滿足機會均等原則。在思考民主
和正義之間的關係時，這樣的指標似乎可以提供一個比較明確的測試。

(四)Young 的正義理想

Young 認為，在討論深化民主的問題時，不必涉及一個完整的正義
理論，因為大部分政治決策涉及的都是比憲政決定更特定或具有前後關
聯的事務。政治討論和決策的結果，幾乎都不涉及正義觀念，而是有關
某一行動或政策的特殊判斷，所以她認為在處理審議民主是否能促進社
會正義的問題時，只需要某些正義概念，不需要一個全面性的正義理論。
因此，她提出兩個社會正義的理想，而且認為在這個議題上運用它們作
為正義的判準，是不會有爭議的。這兩個理想是：自我發展和自我決定。
前者指的是正義的社會制度能提供條件，讓所有人去學習和使用技能，
使得人們有能力和他人互動，或使他們有能力表達他人可以傾聽的情感
和觀點；而後者指的則是人們有能力參與有關自己行為的決定而不被宰

制（Young, 2000: 31-32）。

　　Young 並沒有提出一個完整的社會正義理論，她認為在處理社會正義和審議民主的關係時，只需要上述兩個不具爭議性的正義概念。在當前自由主義的民主政治（liberal democracy）體制內，這樣的論點似乎具有說服力，但其自我發展和自我決定的概念仍然過於抽象。Rawls 對正義理論的推論雖然受到許多挑戰，但如果不去考慮優先性的問題，那麼一個政策是否照顧到最差階級，是否尊重公民的平等自由權，似乎是考慮民主和正義之間關係的適當依據。所以本文在判斷審議民主是否有助於促進社會正義時，將以 Young 和 Rawls 的正義原則作為判斷的依據。

四、審議民主較能促進社會正義？

　　審議式的民主政治是不是比較有助於社會正義的實現？對於這個問題的答案是：有肯定也有質疑。

(一)審議民主可以促進社會正義

　　審議民主學者認為審議民主較能促進社會正義。如前所述，Rawls 認為公共理性是審議民主的核心，他在《政治自由主義》（*Political Liberalism*）一書中指出，公共理性的主題是公共大眾的利益和基本的正義，而且它的本質和內容是由社會的政治正義觀之理想或原則所賦予的（Rawls, 1993: 213）。簡而言之，公共理性其實就是公民的理性。[2]民主

---

[2]Rawls 在《政治自由主義》一書中雖然以最高法院法官所提出的理由作為公共理性的範例，但是他認為一般公民在公共論壇進行政治宣傳時，也應該遵守公共理性的要求。同樣的這也適用於政黨成員、參與公職的候選人及其支持者。此外，公民在對涉及憲政要素和基本正義問題進行

社會的公民必須滿足互惠性的標準，當他們在進行政治辯論和決策時，必須能夠對彼此解釋，其所做的政治決定可以由公共理性本身所證成。至於公共理性的內容則包括實質正義原則，以及推理原則和證據規則（Rawls, 1993: 224）。Rawls 認為公共理性是政治權威的合法性基礎，也就是說只有當政治權力的運用合乎公共理性，才具有正當性，Rawls 稱此為自由主義的合法性原則（the liberal principle of legitimacy）（Rawls, 1993: 137）。由於公共理性是 Rawls 審議民主的核心概念，而公共理性也構成實質的正義原則，因此可以推得：Rawls 肯定審議民主可以促進社會正義。

　　Young 論稱審議民主比較有利於社會正義的實現，她認為在理想的審議民主環境下（即滿足前述包含政治平等、合理性、公開性的審議理想），參與者不只可以充分表達自己的偏好、利益和想法，也會轉換這些偏好、利益和想法。因為透過不同意見以及和不同處境者的公開討論，人們常常會獲得新的訊息、學到不同的經驗，或者發現其原始意見是基於偏見或無知，或者他們誤解自己的利益和他人利益之間的關係（Young, 2000: 26）。所以如果在這種理想的情境下，所有會受到問題和決策影響的人，都基於平等而被包括在討論和決策之中。而且如果他們之間的互動是合理的、互相負責任的，則 Young 認為這樣的結果很可能是最明智且正義的。因為參與者在這種情境下不但充分表達自己的意見，也聽到他人不同的想法，所以有時候參與者可能必須轉變自己原來的偏好和利益，以合乎正義的角度才能公開表達其意見（Young, 2000: 30）。

　　Gutmann 和 Thompson 也認為審議民主較能促進社會正義。反對者認為由於審議民主並沒有給予社會正義任何特殊地位或優先性，所以不論多有價值的審議，審議過程有可能會產生不正義的結果。但是 Gutmann 和 Thompson 認為，由於參與審議者必須提出理由證成其主張，所以通常

投票時，也要受到公共理性理想的規範（Rawls, 1993: 215）。因此我們可以據此推論，自由民主社會中任何人在處理憲政要素和基本正義時，都要受到公共理性的規範，所以公共理性就是公民的理性。

達成正義決策的最佳方法是透過審議。那些確認自己站在正義一方的人，至少應該認知到強加其觀點在別人身上需要進一步的作法：即努力嘗試說服那些認為其主張也有好理由的他人（Gutmann & Thompson, 2004: 41）。

(二)審議民主的理想不易實現

然而上述審議民主較能促進社會正義的論述，基本上都必須預設審議民主理想情境的存在，但是這個預設本身有其困難，至少有以下的缺失會阻礙審議民主理想的實現：

1.相互尊敬的先決條件不易滿足

公民能以公開、理性方式進行論辯的先決條件是平等尊敬，因為這樣才能提出合理的理由支持自己的主張，也才能耐心傾聽他人的觀點，但是此一條件似乎很難實現。每一個人的成長都有自己的特殊文化和歷史背景，所以會產生不同的價值觀，除非所有公民在參與審議之前就已經具有相互尊敬的公民道德，否則理性辯論很難真正產生。尤其政治領域充滿利害關係，一個決策可能對某些團體有利對某些團體不利。以現實政治實踐的狀況觀之，據「理」力爭的政策辯論較少，政治人物基於私利考量而支持或反對某一政策的情形反而司空見慣。當然審議民主理論的支持者期待透過公開審議的決策模式，可以培養公民相互尊敬的德行。但矛盾的是，成熟審議的必要條件是具有相互尊敬的公民，可是當公民相互尊敬的條件尚未滿足時，就已經進入實質的審議過程（Sanders, 1997: 348-49）。

從多元文化論的文獻探討，更容易證明相互尊敬的條件很難滿足。對某些文化而言，相互尊敬並不是其文化所支持的價值，要求所有公民之間相互尊敬，也可能被等同於要求所有公民都成為自由主義的支持

者。所以在一個除非採用武力強制才能取得一致性的多元社會，公民相互尊敬的審議前提似乎很難實現。

2.審議民主具有反民主的效果

即使承認經由公開討論的過程，公民可以逐漸培養出相互尊敬的對待方式，但是有些公民由於本身的條件較佳，永遠會比其他人具有說服力。譬如有些公民的教育程度較高、知識豐富，也比較有機會學習表達和論述，所以他們比較會表達自己的意見；有些公民社經地位較為優越，他們的發言和主張自然比較具有影響力；有些弱勢群族的意見即使正確，也基於社會歧視而使他們的聲音比較不被重視。換句話說，經濟條件、教育及論證技巧，都可能對審議的進行產生偏差的影響。所以審議不但要求有形資源的平等、保證平等陳述論證的機會，而且也要求知識權威的平等性，這樣才能保證每一個人的意見都不被忽視。不過，即使每一個人都學會如何提出論證，所提的意見也受到平等傾聽，有些人的意見仍然會被忽視。尤其是如果這種歧視的產生不但歧視者不知不覺，連被歧視者也不覺得自己受到歧視時，我們就很難透過審議去除這樣的偏見（Sanders, 1997: 349-53）。[3]

此外，有學者認為群眾聚在一起根本會失控，很難進行理性論證，也很難不是只自私地關心自己狹隘的利益。甚至大部分的群眾並不夠精明，所以審議民主可能造成的不利結果是：一群無知的公民私心自用，作出違反人民長遠公共利益的反民主決策（Sanders, 1997: 354-55）。

Young 在出版《包含與民主》（*Inclusion and Democracy*）一書之前，對審議民主採取批判的態度。相對於在後期的著作中她認為審議民主具有包含性的理想，她曾經批判審議民主具有排他性的意涵，因為它預設

---

[3]Cass R. Sunstein 也有類似的看法。他表示即使不同的聲音同時出現在公民審議的過程中，似乎仍不足夠，因為參與者仍然會比較輕視身分較低成員的意見，參見 Sunstein, 2003a: 82.

審議是一種文化上中立和普遍的過程，但事實上這種假設比較不利於特定文化者，因此競爭式的審議模式使得權力再度進入競技場。她以溝通式民主（communicative democracy）取代審議民主，溝通式民主重視差異（difference），而差異不是完全的外者（difference is not total otherness），所以溝通民主允許理性討論以外的溝通方式，以達成彼此瞭解的目的。譬如：打招呼、情感生動的表達方式、說故事的敘述方式等，都是適當的溝通方法（Young, 1997: Chapter III）。

Young 也從另一個角度批評審議民主的反民主性格。她指出，審議民主不只是民主合法性基礎的一個規範性解釋，它也要求公民應該如何參與政治，所以審議民主理論表達了一組規範性的理想。但是這套審議理想並不被實踐主義者（activist）所接受，實踐主義者認為在真實的政治世界裡，結構性的不平等影響到的不只是決策的程序，也影響其結果。合乎審議過程的那些規範似乎通常對強有力者較為有利，所以如果要追求較大的社會正義，應該投入反對運動，而不是跟那些在這種結構中的既得利益者進行討論（Young, 2003: 102-03）。換句話說，審議民主所要求的基本規範是符合強勢團體利益的遊戲規則，進入這樣的規範中進行審議等於接受主流價值的宰制，所以審議民主的結果反而是背離民主的。

3.群體討論容易走向兩極化

Cass R. Sunstein 透過經驗性研究發現，在群體中進行審議有可能會產生團體極化（group polarization）的現象。也就是說，一個團體成員在經過審議過程之後所形成的觀點，往往比審議前的立場更為極端。尤其當具有相同想法的人經常聚在一起，在沒有對立論點出現的情境中，集體討論的結果更可能走向極端（Sunstein, 2003a: 81）。會產生這種現象的原因有二：(1)基於社會比較，即人們想要採取一個較被大眾喜歡的立場；(2)迎合團體成員，即人們會採取團體內較具說服力的論證，而這些論證常常是偏頗的（Sunstein, 2003a: 83-84）。此外，Sunstein 也指出人

類具有顯著的服從（conform）傾向。儘管很多人具有獨立性，但是大部分的人（包括許多反叛者）都強烈受到他人想法和行為的影響，所以在沒有受到異議阻止的情況下，服從可以產生驚人的結果（Sunstein, 2003b: 1）。因此，基於服從和避免社會壓力的人類心理特性，一個立場溫和的女性主義同情者在參與女性團體內部討論時，其立場會轉為強硬；一個政黨傾向本來中立的人參與某一政黨的討論，其立場也會偏向支持該黨的基本主張。

因此，透過公開討論的方式所產生的決策有可能支持特定團體的利益，並不能保證它會比較符合公共利益或社會正義。如果 Sunstein 的觀察和分析是可信的，那麼公開審議反而是團體的利益會受到強化，除非實質上所有公民都參與討論。但這對一個人口眾多的現代社會而言，不但不可能做到，而且即使透過各種可能的輔助方式，譬如視訊、網路等，也由於時間不可能完全無限，而使真正充分溝通的條件無法實現，所以團體各自堅持自己立場的可能性是最大的。總而言之，審議民主所期待的民主理性的「公」民很難真正在公開審議中出現。

4.公開審議不一定實現公共理性

根據以上論述可以得到一個結論：公開討論不一定能培養公民的公共精神，也不一定能呈現 Rawls 的公共理性。Simone Chambers 指出，一個具有說服力的演講者在公開場合為了吸引群眾支持，他所訴諸的理由並不是審議民主理論者所期待的公共理性，而是他所謂的民眾理性（plebiscitory reason）。Chambers 認為，公共理性和私人理性（private reason）的區分，宰制了審議民主理論的辯論，以致於低估了公開性的不利影響。事實上私密性的討論反而可以提高理性的審議，因為在公開場所很難進行理性辯論，所以在閉門的會議中進行審議，所達成的結果反而可以符合公共利益。但是在秘室會議中進行審議，顯然抵觸審議民主的一個基本假設：秘密性是私人而非公共理性的沃土。Chambers 為了說

明在大庭廣眾的公開性下進行審議會產生什麼錯誤，提出「民眾理性」的概念（Chambers, 2004: 389-410）。

Chambers 區分民主審議的兩個元素：一個是蘇格拉底的元素，其要求參與審議者所提出的理由必須是深思熟慮後的理性論證；另一個是民主的元素，其要求這些理由必須是公共的。審議民主理論的支持者普遍認為，公開贊成某一個政策的理由和論證，會產生有益的影響。因為公開性可以暴露出可能不被注意到的不正義、腐化和骯髒交易，所以公開性對審議似乎有正面效果，它可以提升民主機制，使參與者從私人理性轉向公共理性。但是如果從蘇格拉底的元素來看，公開性卻常會產生不利的效果。譬如當我們為一個原則辯護時，私下討論似乎有利於公共理性和合理審議的進行，陪審團和法官小組會議、附屬委員會和政黨預備會議等，都是在閉門並排除民眾的情況下進行比較適當。也就是說，Chambers 認為在上述例子中閉室辯論可以改善審議的品質。在廣大群眾和大眾媒體前公開審議，對審議會產生有害的影響，最可能被採用的是討好一般大眾的民眾理性（Chambers, 2004: 390-91）。

根據 Chambers 的引述，Jon Elster 也注意到這個傾向。Elster 認為，一般而言隱秘性而非公開性對高品質的審議是有利的。雖然公開性會產生民主效果，迫使人們以公共利益的語詞進行論證，但有時候卻會對於對話品質產生非常負面的影響。Elster 比較 1787 年美國在費城的憲政會議和 1789 年法國的憲政會議，前者在私下進行而後者則公開。Elster 的結論是：前者的許多辯論具有高品質，沒有偽善而且基於理性論證；而後者的討論則嚴重染上誇張、煽動、陳意過高的言論（Chambers, 2004: 393）。

從以上的論點可以得到的結論是：在公開場合訴諸普遍大眾的理性，不必然是公共理性。論證不足的煽動性語言、討好現場群眾卻危及全民長遠利益的言論，反而容易在公開性條件下成為主要的訴求。所以如果私人理性無法通過民主元素的測試，民眾理性則無法通過蘇格拉底

元素的測試。

(三)回應對審議民主的質疑

對於前面的批評,審議民主的支持者似乎都有所回應。針對審議民主追求實質正義的決策卻預設平等尊敬等正義條件的批評,Gutmann 和 Thompson 的回答是:審議理論本身有能力質疑自身的背景條件,而且可以顯示何以它自己的審議過程會產生不正義的結果。甚至在不正義的條件下,審議對消除不正義也比其它方式更有正面的貢獻。當現行的不正義圖利特定的強勢社會團體時,審議會將這個缺陷凸顯出來,引起公共的注意。所以相對於政治精英的決策模式或利益團體的討價還價,審議比較能有效處理不正義的問題。因為理性的力量比較不會直接和既有的權力分配綁在一起,所以它具有挑戰既有權力分配的潛力(Gutmann & Thompson, 2004: 42-43)。

Gutmann 和 Thompson 也指出,審議民主不需要接受情感和理性的二分法。一方面他們認為情感和理性可以相容,他們承認有些在政治上具有說服力的演說結合了理性和情感,而且有些議題除非有人以熱情採取行動,否則無法成為政治討論的議題,所以情感可以作為促進未來審議的手段。另一方面他們也不認為審議的方式對較差階級比較不利,因為很難證明較差階級所呈現的論證,其合理性不如現狀捍衛者的論證(Gutmann & Thompson, 2004: 50-51)。

至於團體極化的問題,如果在審議過程中能滿足 Young 所提出的包含理想,似乎也可以避免這種現象。事實上 Sunstein 也認為在制度設計上使參與審議的成員異質化,將有助於消解群體極化的現象(Sunstein, 2003a: 93)。

對於審議民主的民主面向會導致民眾理性而非公共理性,而蘇格拉底面向則要求秘密性而非民主開放的難題,Chambers 提出解決之道。他

指出，審議民主理論常企圖建構審議的安全避風港：在公民之間、公民和精英之間面對面接觸，以隔絕較廣的公共領域的某些負面或扭曲效果。審議民調、公民陪審團都是這種審議實驗的例子。這些避風港促進對話而非獨白，是交換概念而不是發表演說的地方，其溝通沒有中介而且是對稱的。最後的結果是：意見是資訊比較充分且較為合理的，因為參與者比較可能把他人關切的事情和利益考慮進去。但是這些實驗是有限的，而且如果我們認為這些場所是審議可以發生的惟一場所，則我們便違反了審議民主的民主面向，也就是排斥以較廣的民主公共領域作為追求合理政治決策的場所。換句話說，如果審議民主理論假定所有公共交流都是壞的，它們會自我設限，而且成為跟當代民主政治的實際運作相對立的反民主。然而 Chambers 並不認為符合公開和民主精神必然會放棄審議民主的蘇格拉底面向，他以亞里斯多德（Aristotle）對修辭學（rhetoric）的主張說明這點。

亞里斯多德同意柏拉圖的看法，認為民主政治常會冒諂媚和討好的危險，但是修辭並不是這些惡的原因。修辭可以有好或壞的使用，當好好使用時，修辭是審議的。不同於柏拉圖的是，他認為修辭和辯證是互補的，而不是對立的。在亞里斯多德的分析中，修辭是一種說服的藝術，說服則可透過三種方式達成：聽者的情感、講者的品格、論證的一貫性，這三者必須一起出現造成聽者投入並且被命題所說服。審議民主支持者憂心的是民眾理性而不是修辭本身，因此 Chambers 認為情感和品格相容於審議。

Chambers 指出，一般常識告訴我們情緒也可以在公共領域中扮演一個可尊敬的角色，因為參與公共辯論的前提是公民關心議題，而且對目標具有強烈的情感。他以南非前總統 Nelson Mandela 為例指出，Mandela 經常使用心靈訴求和情緒性語言，作為動員的工具和對抗仇恨等破壞性情感的方法。此外，憤恨、仇恨、嫉妒和譴責的情感如果用來控訴不正義似乎是可被證成的。Chambers 認為，如果審議和尋找公共理性要求我

們從他人的觀點來看事情，那麼跟修辭相關的技巧似乎是成功審議的一部分。因此，一個成功的演說家真正認識其聽眾，知道他們的欲望、關心、恐懼和利益，而且會使用這些知識以便對他們的心靈說話。

但是我們如何保證言說者在情感的訴求中會用同理心考慮他人？我們又如何保證這些訴求不是以非法的方式操縱聽眾？答案是：品格。Chambers 似乎認為，如果是具有品格的言說者使用強有力的情感訴求，這不但不會影響審議，而且能加強決策的說服力。換句話說，面對廣大群眾的公共領域從來不是對話的，但它或許可以是審議的（Chambers, 2004: 400-04）。

雖然閉門會議比較可以展現高水準的蘇格拉底批判力，但是也可能被狹隘的私利所宰制。對於這一點，Chambers 引用公開性作為決策合法性的一個測試：如果一個決策公開後會引起反抗，表示它本身是不正義的。但如果公開性指的是在開放的公共場合中達成，那麼似乎民眾理性會取代公共理性。因此，Chambers 認為我們可以在私密中維持公開性，作法是在閉門會議中盡可能歡迎多樣的意見（Chambers, 2004: 405-09）。

五、道德優先性

從上述的討論不難發現，不論何種審議民主理論都必須預設一些實質的道德原則：參與者必須具有互惠性、願意傾聽別人的聲音、願意被更佳的理由說服而改變自己的立場、必須提出他人可以合理接受的理由、必須要有不為私利而參與審議的品格、展現平等尊敬等。如果參與民主政治的公民都具有這些德行，當然能創造一個比較合乎正義的社會。但問題是，這些理想審議民主必要的背景條件要如何達成？

審議民主理論被認為可以補足加總式民主政治的缺點，然而在現行的民主政治中，公民在資源、地位、文化、教育方面都存在不平等，而

且這種不平等會被強化和擴大，但是政治平等卻是審議民主最重要的前提之一。因此，在現實世界中，理想審議民主所需要的道德要件似乎都不存在。Gutmann 和 Thompson 仍然樂觀的相信，即使在不正義的條件下，審議對消除不正義比其它方法更有貢獻。他們的理由是：審議會曝露不正義，而引起公眾的注意；審議的理性也會挑戰既存不平等的權力分配。但是這樣的論點預設一般宰制團體的不正義是不自覺的，或者在公眾認知或挑戰其不正義後會造成其行為的改變。前者假設強有力的利益團體在爭取私利時，並不知道這樣做違反公益；而後者則假定利益團體已經擁有強烈的正義感，然而這樣的假設似乎都不成立。

在現實政治中採取各種手段圖利自己的利益團體，似乎不可能不知道它們的作法很可能違反社會正義。對於這些只關心私利而不重視公義的團體或個人，即使審議過程中揭發或挑戰他們的不正義，除非其已具有強烈的道德感，否則只要不抵觸民主政治的競爭規則，他們很難會因為審議的過程而改變行為。尤其如果這種不正義的獲利者是強有力的社會多數，所謂公眾注意或挑戰所構成的壓力更顯得微弱。當然如果不正義獲利的是社會少數，而社會公眾又擁有強有力的正義感，在這樣的條件下，審議所產生的公眾注意或挑戰較有可能使這些少數承受較大的道德壓力。但是不正義的少數有可能是強有力的少數，所以他們的影響力可能超過數量上的社會多數，在這種情況下社會多數注意到他們的不正義，也不一定能迫使他們從關心私利轉移到重視公義。在現實社會中，人們對許多政治人物或財團作為的批評，常常公然見諸報端，但是這些人似乎依然故我。這證明審議過程即使能揭露或挑戰不正義，也不能因此而去除審議民主背景條件的障礙。

面對這種難題，有學者提出審議的行動主義（deliberative activism）：當審議所需要的背景條件是不正義的，或參與審議者缺乏互惠、合理、平等尊敬、負責等道德要件，而這些前提的實現無法透過說服達成時，這種主張不排除採用高壓、有時候甚至使用武力的方法，以實現審議的

目標。換句話說，有時候為了建立公平且具有包含性的審議，審議的行動主義者認為採取非審議的方法是合理的。這種情形可以類比成市民不服從（civil disobedience）：審議行動主義者所做的正像市民不服從為了糾正不正義所採用的戰術，因為他們所面對的世界實境和其理想有很大的差異（Fung, 2005: 399-402）。但是由於審議行動主義者的最終目的是審議的正常運作，所以當他們考慮以非審議的方式達到審議目的時，必須遵守四個原則：(1)忠誠（loyalty）：即忠於審議方法以及忠於他們所生活的自由社會；(2)寬厚（charity）：即直到證明未來的與談者不願遵從互惠的規範之前，都應該把他們當成是願意真心投入審議的人；(3)竭盡所能（exhaustion）：即直到說服和建構公平、開放和包含的審議之合理努力都失敗後，才能採用非審議的政治方法；(4)比例性（propor-tionality）：即反對審議者的力量越大，審議行動主義者越可以自由地使用非溝通的方法處理政治（Fung, 2005: 403）。

　　審議行動主義的論點似乎可以迫使拒絕審議規範的人就範，但是仍然必須假設審議行動主義者承諾上述四項規範性原則。因此，綜合上述的討論，我們應該可以得到一個明確的結論：審議必須預設道德的優先性。也就是說，要使審議民主能夠促進社會正義，必須先培養公民具有審議所必須的道德素養。我們可以接受 Gutmann 和 Thompson 的觀點：一個正義的結果如果不經審議而產生並不是錯的，但比較不具有可證成力。審議民主並沒有宣稱審議是萬靈丹，可以把壞的結果變成好的，只是它比其它方法更好而已（Gutmann & Thompson, 2004: 41）。如果把審議民主當成補足代議民主或加總式民主的缺陷，那麼政治決策加上審議的過程當然比較有利於社會正義的實現。然而如果前面的推論是正確的，則審議民主的支持者更優先的工作是：關注對審議公民的道德教育。

六、結語

　　以最近跨黨派立法委員倡議修憲的事件，應該可以證明審議民主確實有助於社會正義的實現。「民主」最重要的精神是「人民當家作主」，可是諷刺的是，人民對這些立委的舉動，除了憤怒之外，卻束手無策。這個議題凸顯的是代議民主的缺陷，也正可以證明審議民主的功能。舉一個具體的案例來說明：加拿大英屬哥倫比亞省的省長實現他在 2001 年的競選承諾—組成一個公民會議（The Citizens' Assembly），重新思考現行的選舉制度。這個會議由 79 個選區中任意抽樣選出的 160 位公民組成，其中每個選區各抽出一男一女，加上兩名原住民代表，以符合公平和比例原則。會議在 2004 年展開，1 月到 3 月成員先學習選舉制度，5 月和 6 月進行公聽會，9 月到 11 月進行審議性討論，最後在 12 月提出一個選舉制度建議方案，稱為「單一可移轉選票制」（Single Transferable Vote）。這個制度是在多席次的選區中，選民根據個人對候選人的喜好程度，以標示優先順序的方式投票，每一順位都會在選票計算時考慮進去。這個制度讓選民可以同時對政黨和多位候選人的偏好進行投票，所以政黨和候選人的形象都很重要。這比一票只能投一個候選人的選舉制度，更能真實且精確地反應民意，也可以杜絕政黨對決的肅殺選風，保障小黨的生存空間。可惜的是這項選制革新在去年 5 月交由公民複決，雖然得到 57.69%的支持，但是由於不到 60%的通過門檻而流產。[4]

　　其實選舉制度由具有一己之私的政治人物決定，不但容易流於分贓，而且也很難避免既得利益者為自己量身打造的問題。前不久 NCC 委員的推舉透過政黨比例制產生，不但使委員的公正性和自主性受到外界諸多質疑，而且也強化了政黨角力和惡鬥的劣質文化。如果對於涉及利

---

[4]有關公民會議的詳細內容可以參考其網站，網址是：
http://www.citizensassembly.bc.ca.

益衝突或政治人物自身利益的議題（譬如涉及選舉制度的修憲案），採用審議民主的方式來解決，不但可以避免政治分贓和政治惡鬥，也可以因此強化公民的決策力量、深化民主，以彌補代議民主的不足。

參考書目

一、中文部分

林火旺（2004），〈公共理性的功能及其限制〉，《政治與社會哲學評論》。8：47-77。

林火旺（2005），〈審議民主與公民養成〉，《台大哲學論評》。29：99-143。

二、英文部分

Ackerman, Bruce & Fishkin, James S. (2003). Deliberation Day. In James S. Fishkin & Peter Laslett (Eds.), *Debating Deliberative Democracy*, 7-30. Malden, Mass.: Blackwell Publishing.

Chambers, Simone. (2004). Behind Closed Doors: Publicity, Secrecy, and the Quality of Deliberation. *The Journal of Political Philosophy*, 12, 389-410.

Fishkin, James S. (2002). Deliberative Democracy. In Robert L. Simon (Ed.), *The Blackwell Guide to Social and Political Philosophy*, 221-238. Malden, Mass.: Blackwell Publishers.

Fung, Archon. (2005). Deliberation before the Revolution: Toward an Ethics of Deliberative Democracy in an Unjust World. *Political Theory*, 33: 397-419.

Graham, Gordon. (1992). Liberalism and Democracy. *Journal of Applied Philosophy*, 9: 149-160.

Gutmann, Amy & Thompson, Dennis. (1996). *Democracy and Disagreement*. Cambridge: Harvard University Press.

Gutmann, Amy & Thompson, Dennis. (2004). *Why Deliberative Democracy?* Princeton: Princeton University Press.

Mill, John Stuart. (1978). *On Liberty*. Indianapolis: Hackett Publishing Company.

Nozick, Robert. (1974). *Anarchy, State and Utopia*. New York: Basic Books, Inc.

Plato. (1955). *Plato: The Republic*. Desmond Lee (Trans.), New York: Penguin Books.

Rawls, John. (1971). *A Theory of Justice*. Cambridge: Harvard University Press.

Rawls, John. (1993). *Political Liberalism*. New York: Columbia University Press.

Rawls, John. (1999). The Idea of Public Reason Revisited. In John Rawls, *The Law of Peoples*, 131-180. Cambridge: Harvard University Press.

Sanders, Lynn M. (1997). Against Deliberation. *Political Theory*, 25: 347-376.

Shapiro, Ian. (2003). *The State of Democratic Theory*. Princeton: Princeton University Press.

Sunstein. Cass R. (2003a). The Law of Group Polarization. In James S. Fishkin & Peter Laslett (Eds.), *Debating Deliberative Democracy*, 80-101. Malden, Mass.: Blackwell Publishing.

Sunstein. Cass R. (2003b). *Why Societies Need Dissent*. Cambridge, Massachusetts: Harvard University Press.

Young, Iris M. (1997). *Intersecting Voices*. Princeton: Princeton University Press.

Young, Iris M. (2000). *Inclusion and Democracy*. Oxford: Oxford University Press.

Young, Iris M. (2003). Activist Challenges to Deliberative Democracy. In James S. Fishkin & Peter Laslett (Eds.), *Debating Deliberative Democracy*, 102-120. Malden, Mass.: Blackwell Publishing.

安雲鳳

非政府組織及其倫理功能　9

■前　言
■非政府組織的特徵
■非政府組織的蓬勃興起
■非政府組織的倫理基礎
■非政府組織的倫理功能

安雲鳳　首都師範大學政法學院教授，博士生導師

一、前言

　　非政府組織是 20 世紀 60 年代以來，在世界範圍內迅速發展的一種
社會組織形式和政治現象。非政府組織以其獨特的組織結構及倫理屬
性，在公共管理領域中發揮著重要的倫理功能和作用。作為公共管理的
主體之一，非政府組織引起了學界的廣泛關注，成為公共管理學、公共
倫理學研究的重要物件。

二、非政府組織的特徵

　　非政府組織（Non- governmental Organization）是指那些非政府的、
非營利的、志願性的、致力於公益事業的社會仲介組織，是存在於政府
組織和企業組織之外的一種社會組織。非政府組織有自己獨特的屬性和
質的規定性。根據國內外專家學者的研究，非政府組織主要有以下六個
特徵：

1. **組織性**：非政府組織是根據國家法律註冊登記的獨立法人，有合法
   的社會身分和法律地位，有固定的組織機構和人員，有成文的組
   織章程和制度。這是非政府組織能夠成為公共管理主體、參與公
   共事務管理的法律依據和組織構成依據。
2. **民間性**：非政府組織雖是經過法律允許和認可、具正規性的社會組
   織形式，但它的本質屬性卻是民間性的，亦即非政府性的、非政
   黨性的。它在體制上獨立於政府之外，不受當政者的支配，不介
   入政治權力之爭。

3.**非營利性**：非政府組織不以營利為目的，也不進行利潤分配和分紅。非政府組織也可以創利和盈利，比如通過提供技術和諮詢服務、透過募捐得到資金，但這些資金必須用於本組織規定的目標和使命，不能作為資本進行投資，不能被個人和小團體私分。

4.**自治性**：非政府組織是一種民間的自治組織，有依照自己的宗旨獨立決策和獨立行動的能力，有不受外部控制的內部管理制度和運行機制，是能進行自我管理、自我約束的社會組織。

5.**志願性**：非政府組織是基於某種共同的理想信念和奮鬥目標，在完全自願的基礎上形成的社會組織。成員的參與和資金的捐助完全是自願的，沒有任何外在的強制性，特別是在形成志願者組成的董事會以及廣泛使用志願者方面，非政府組織的志願性更為突出。

6.**公益性**：公益性是非政府組織最本質的規定性。非政府組織以服務公共利益為目的，以實現社會和民眾的利益為宗旨，非政府組織具有利他主義、服務社會和犧牲奉獻精神。公益性是非政府組織能夠成為公共管理主體的重要倫理依據。非政府組織以此倫理精神和價值追求，贏得民心，成為政府組織的助手和可信賴的合作夥伴。

按照非政府組織的屬性和本質規定性，黑社會組織、國際恐怖組織、政黨組織以及宗教組織，均不能稱為非政府組織。

三、非政府組織的蓬勃興起

作為政府和企業之外的社會組織形式，非政府組織早已存在。18世紀工業革命時期的行會組織、民間團體、工人協會即為早期的非政府組織。非政府組織的蓬勃興起是 20 世紀 60 年代以後的事情，是全球經

濟、政治、文化和社會發展變革的結果。

(一)非政府組織的蓬勃興起是全球化發展的結果

20世紀60年代以來,隨著現代科學技術的飛速發展,資本、商品、技術的跨國界流動,世界經濟呈現全球化的發展態勢。經濟全球化不但影響全球經濟、政治、文化生活,也讓人們的利益格局有了深刻變化,引發許多涉及人們生存和發展的全球性公共利益問題。這些公共利益問題主要表現在兩方面:其一,發展中國家自然資源無限制被消耗,生態平衡被破壞,生存環境被污染,各種有毒、有害物質不但直接危害發展中國家人們的生存利益,也帶來了危及人類生存和發展的全球性、整體性公共利益問題;其二,發達國家和發展中國家兩極分化嚴重,貧富差距加大,窮國越來越窮,富國越來越富。兩極分化問題關係到發展中國家的國家利益和民族利益,亦關係到整個國際社會的公平、公正、人道、人權等問題。這些事關全球性公共利益的問題,引起了許多國家和政府的密切關注,也猛烈衝擊著專家學者和具有正義感、社會責任心的人們的道德良知,在他們的積極宣導下,一些非政府的環境保護組織紛紛成立;一些關注發展中國家貧窮、饑餓、災難、婦女、兒童、醫療、教育等問題的慈善機構和基金會也相繼成立。

經濟全球化不但使各國經濟的依存性、互連性增強,亦帶來了世界各民族、各國家之間科學、技術、文化、藝術、體育等民間活動的廣泛交流與合作,於是國際間各種技術性、專業性、職業性團體和組織也應運而生。這些團體和組織擁有技術、專業、人才、智力等諸方面的優勢,在解決人類共同面臨的生存和發展問題與促進人類文明進步方面,開展了全球性的合作與研究,顯示了非政府組織的強大生命力和勃勃生機。

(二)非政府組織的蓬勃興起是現代社會發展的結果

在傳統社會中，社會分工不發達，社會構成簡單，社會成員角色單一，功能分化的社會組織數量少，社會成員參與公共事務的能力弱，公民社會處於不發達、不完善狀態中。政府則是全社會的代表，對整個社會實行集權制的管理，扮演著全能政府的角色。在「政府本位」的一元化公共管理中，政府權力無限大，社會權力相對萎縮，社會自身的功能發展程度低，公民自治能力差，非政府組織即沒有充分發展的社會環境和群眾基礎。

隨著現代社會分工的深入細緻，社會構成日趨複雜，社會成員角色日漸豐富，公民的主體意識和自治能力不斷增強，功能分化的組織越來越多，公民社會逐漸發展與成熟。公民社會的發育和成熟，促成了政府權力向社會權力的讓渡，帶來了「政府本位」往「社會本位」的傾斜。這是因為社會是一個由經濟系統、政治系統、文化系統以及其他子系統構成的巨系統，它囊括了眾多的利益主體，涵蓋著複雜、多樣的利益關係和動機。公民社會複雜、多樣的利益主體和關係使得公共事務的範圍越來越廣，內容越來越多，情況越來越複雜。面對這種情況，政府雖然依舊是公共管理的主體，承擔著主要的公共事務管理職責，但政府已不可能包攬全部公共事務，已無暇顧及所有的公共管理領域，這就為非政府組織的發展留下了很大空間，加上公民主體意識的增強，自治能力的提高，也為非政府組織的蓬勃發展提供了人力資源，奠定了群眾基礎。

(三)非政府組織的蓬勃發展是組織創新和制度創新的結果

　　非政府組織是一種新的社會組織體制，是一種新的上層建築形式，非政府組織的蓬勃發展是一項重大的組織創新和制度創新。唯物史觀告訴我們，社會經濟基礎決定上層建築，隨著經濟基礎與整個社會的發展變化，上層建築的結構、形式、性質和職能都會隨之改變，會產生一些新的上層建築形式，以適應社會的變化，並在社會生活中發揮新的職能和作用。非政府組織的蓬勃發展就是 20 世紀中葉以來，上層建築的結構、功能發生重大變化的一種表現。

　　20 世紀 60 年代以來，隨著政治民主化運動的發展，西方國家廣大民眾針對科層制、行政管理體制下的機構臃腫、人浮於事、官僚主義、效率低下、職務腐敗等種種弊病展開了猛烈的抨擊，要求參政議政、改革政府管理的呼聲非常強烈。面對民眾的要求，西方國家和政府發起一場「新公共管理運動」。「新公共管理運動」是上層建築領域的政治改革運動，主要包括：改革政府機構，即精簡機構、壓縮人員、放權於社會、政府退出某些公共管理領域；轉變政府職能，即由原來的領導、指揮、命令者，變為公共產品的生產者、公共服務的提供者；轉變管理評價標準，即從單一的「效率」標準，轉變為以社會效益和個人責任相結合的「績效制」評價標準。美國的「雷根革命」，英國的「柴契爾新政」就是「新公共管理運動」的具體實踐。「新公共管理運動」帶來了社會結構的重組，公共管理權力的轉移，政府官員角色的重新定位。政治民主化與公共管理改革運動，為非政府組織的蓬勃發展創造了大好時機，大批非政府組織登上了歷史舞臺，進入了上層建築領域，成為與政府組織並立的公共管理主體，形成了與政府組織共同管理公共事務的格局。因此非政府組織的蓬勃發展是 20 世紀中期以來，上層建築領域的一項組織創新和制度創新，是政治民主化發展的結果。

自 20 世紀中期以來，非政府組織在世界各國迅速發展。1997 年美國的非政府組織已達 160 萬個；1994 年英國僅慈善組織就達 27 萬個；德國正式登記的志願社團近 25 萬個。[1]1993 年巴西非營利組織就有 11 萬個，印度非營利組織達 10 萬個。[2]非政府組織在中國的發展是近二十年的事。60 年代全國性的社會團體不足百個，到 2002 年據民政部門統計，登記在案的社會組織和團體就多達 13.3 萬個。非政府組織已經成為現代社會管理體制的一種新模式，成為社會成員參與公共管理的一種新型社會參與方式，值得公共管理學深入研究。

四、非政府組織的倫理基礎

非政府組織作為與政府組織並立的公共管理主體，是一種具有倫理精神的社會組織，它有深刻的倫理基礎和內涵。此基礎和內涵來自於非政府組織產生的利益基礎，植根於非政府組織的本質屬性。

從非政府組織的產生來看，其利益基礎有二：一是對社會公共利益和他人利益的關心和關注，如對環境保護、社會公平、人權問題、和平發展等問題的關注。這種利益基礎，反映了非政府組織的集體主義、利他主義精神，體現了非政府組織對社會的道德責任感以及對弱勢群體的人道主義倫理關懷；二是對團體和組織內的民眾自身利益的關心和關注，如向政府傳遞本組織民眾的利益要求；代表本組織民眾參政議政、質詢政府、監督政府。這種利益基礎反映了非政府組織的民主精神和維權意識，體現了其對本組織的道德責任感以及推動民主政治進步的倫理精神。

---

[1]吳錦良（2001），《政府改革與第三部門發展》。中國社會科學出版社。
[2]俞可平（2000），《治理與善治》。社會科學文獻出版社。

從非政府組織的本質來看，它具有豐富的倫理屬性，體現著深刻的倫理內涵。此倫理屬性和內涵主要表現在它的公益性、志願性、非營利性和組織性上。

　　公益性是非政府組織的核心倫理屬性，是其堅實的倫理基礎。道德是調整人們利益關係的行為準則，道德的基礎不是對個人利益的追求，而是對國家、民族、社會整體利益的追求。道德的倫理崇高性在於它的公益性、利他性和不謀私利犧牲奉獻性。非政府組織是一種公益性的、不謀私利的組織，為社會公共利益服務，是它的根本價值目標；致力於社會公共事業，是它的的思想宗旨；集體主義、利他主義、無私奉獻是它的基本倫理精神。非政府組織以其公益性倫理屬性在解決貧困、災難、婦女、兒童、環境等社會問題方面，開展了深入、持久的工作，在謀取政治平等、經濟公正、社會正義方面，在維護社會整體利益乃至人類共同利益方面，做出了積極貢獻，從而成為一種道義性的社會組織和力量。

　　志願性是非政府組織的基本倫理屬性，是其重要的倫理基礎。道德是一種自律性規範，是主體自主、自願、自覺的意識和行為。這種自主、自願、自覺是基於兩方面的原因而發生：其一，基於道德主體對客觀存在的社會道德關係，以及各種道德義務的深刻理解和責任感而發生；其二，基於道德主體發展自我、完善自我的內在需要而發生。志願性反映了主體的道德覺悟，體現了人的自主性和能動性，是道德行為發生的深刻內在動因。非政府組織是一種志願性和自律性組織，是在共同的理想信念和奮鬥目標的感召下，在道德良知和道德責任的激勵下，自覺、自願為社會和他人提供服務和幫助的公益性組織。它不靠權力指使，也不靠利益驅動，它的原動力是志願精神，是基於責任意識、參與意識、合作意識和自我完善意識之上的自覺自願的奉獻和付出（包括奉獻自己的時間、精力、知識、技能、財物等）。志願性是非政府組織深刻內在的倫理基礎，它紮根於每個成員的內心深處，使之能夠有堅定的信念和堅強的意志，能夠克服一切困難，排除一切干擾，一如既往的履行自己的

道德義務，實現組織的宗旨和價值目標。

　　非營利性是非政府組織的特殊倫理屬性，是其純潔性的倫理基礎。金錢是最具腐蝕性的東西，金錢的誘惑可以使人放棄理想、背叛信念、喪失道德和良知。非政府組織是一種非營利性組織，它公開表明不為擁有者積累利潤，不以組織和活動作金錢交易，不進行投資和利潤分配。非政府組織的非營利性是其極其重要的倫理屬性，此一特性使其抵制拜金主義、享樂主義、個人主義的腐蝕，保持經濟上的清廉，行為上的獨立、組織上的純潔，真正成為一種公益性和道義性的組織。

　　組織性是非政府組織的重要倫理屬性，是其制度性的倫理基礎。組織是一種體制和運行規則，是一種倫理規制和道德框架，它可以抑制非組織行為發生並保證組織行為的道德性。非政府組織是一種正規的社會組織，是經過向政府管理部門登記註冊而具有獨立法人地位的合法組織。它在成立之初便接受了有關部門對其宗旨、目標、性質、組織機構、人員構成、經濟來源、權利義務等各方面情況的嚴格審查，成立後還要接受政府管理部門的年檢和追蹤調查，以督促其堅持自己的宗旨、目標、性質，使其運行在正確的倫理軌道上。非政府組織的組織性表現出組織內部有一整套比較嚴密規範的章程、制度、組織機構和運行機制，這些章程、制度、機構和機制完全符合它的組織性質、思想宗旨和倫理目標，從而保證了非政府組織能夠活動在制度化的倫理框架下。

五、非政府組織的倫理功能

　　非政府組織以其內在的倫理屬性和倫理基礎，加上靈活機動的體制和方式，在公共管理、促進人類道德文明發展、推動人類社會進步中，發揮著政府組織缺乏的特殊倫理功能，成為現代社會管理中一個重要、不可或缺的公共倫理主體。

■非政府組織可代表民衆直接參與公共管理，推動政治民主化，促進行政倫理建設發展

　　政治民主化要求現代參與型的公民文化作為社會基礎，非政府組織作為現代參與型公民文化的組織形式，以其特有的身分直接進入公共管理層面，有效地推動政治民主化進程與行政倫理建設。非政府組織對行政倫理建設具有兩方面的功能：其一、非政府組織是公民與政府之間的仲介和橋樑，可以把最真實的社情民意以及公衆利益要求傳遞給政府，使政府在擁有充分資訊的基礎上，作出判斷，制定政策，從而保證決策的科學性和民主性，保證政府行政堅持公共利益和民衆利益的基本倫理原則；其二、非政府組織進入公共管理領域，打破了政府組織管理公共事務的一統天下，形成了政府組織與非政府組織共同管理公共事務的格局，這樣可以使民衆直接瞭解政府的各項政策和主張，並審視是否真正代表社會公共利益與廣大民衆的意願，從而保證一些重大政策的倫理性；同時可以代表民衆直接參與、質詢、監督政府行政，促使政府改變官僚主義作風，提供高品質的公共產品，避免腐敗現象發生，讓政府行政過程和行政結果保有倫理性。美國有許多非政府組織，如華盛頓的「公務員政策中心」、「公僕廉政中心」；芝加哥的「改進政府工作協會」；以及遍佈全美 47 個州的「卡門考草根遊覽組織」，就是通過參與公共管理，透過對政府官員不良行為的調查和分析，提出有關道德和法律對策，來監督政府，促進政府行政倫理建設。

■非政府組織可彌補政府提供公共產品之不足，實現社會公平和公正、促進社會倫理發展

　　國家和政府在制定公共政策時，總是以主流民衆或多數人的利益為出發點，覆蓋面有限。事實上，任何政策都不可能代表所有人的利益，無法覆蓋到社會的各個層面，有時某項政策的頒布會損害少數人的利

益，特別是某些弱勢群體和社會邊緣性群體。所謂弱勢群體是指那些在社會資源佔有和分配上具有經濟利益的貧困性、生活品質的低層次性、社會承受力的脆弱性的特殊社會群體。他們的生存狀態差、生活品質低，與其他社會群體相比，他們有強烈的自卑感、失落感和被剝奪感。這些群體的利益如果照顧不到，與社會和政府的關係處理不好，就會引發社會矛盾，影響社會穩定。非政府組織以其利他主義、人道主義精神密切關注著政府涉及不到或管理薄弱的地區和人群，如：邊遠地區、貧困人員、失業者、殘疾人等弱勢群體，並以慈善、捐助、志願者、扶貧專案的方式給予了許多具體切實的幫助。非政府組織積極有效的工作，彌補了政府政策及管理中的倫理不足和公益缺失，傳播了人道主義的倫理關懷，推動了社會公平和公正的實現。

隨著市場經濟的發展和政府職能的轉變，政府、企業都與社會逐漸剝離，傳統的「單位人」轉變為「社會人」、「社區人」，社區成為城市公共管理的基本單位，大量與居民切身利益相關的公共事務，政府管不了，企業不願管，都需要靠社區的自身資源來解決，社區組織就成為保障居民公共利益、維護居民權利、提高居民生活品質的重要社會組織機構。社區非政府組織在社區治安、衛生、交通、環境、教育、文娛體育、便民服務等各個領域有相當大的發展空間。社區各種非政府組織的發展，將極大的彌補政府提供公共產品的不足，推動社區精神文明建設的發展，進而推動整個社會倫理道德的進步。

■非政府組織可調整國家民族關係，促進國際社會和平、正義、人道主義等國際倫理發展

和平發展是全球倫理的價值訴求，是全人類公共利益的表現。國際間的非政府組織由於範圍廣泛，人員眾多，擁有強大的人力、物力和資訊、資源，組織機構和活動方式靈活機動，觸覺敏銳，反應迅速，故而在擴大國際交流，促進國際合作和制度創新，促進人類和平和全球共同

利益發展方面，具有政府組織不可替代的重要倫理作用。

　　在全球領域，非政府組織幫助建立國際價值體系和行為規範，解決人類所面臨的困境，促進公共利益的發展。如非政府組織提出可持續發展的價值理念，在環境與發展問題上有力的促進了環境和生態倫理學的發展。環境問題是全球性、整體性、綜合性的公益問題，沒有一個國家能夠獨立解決，需要人類有一致的經濟意識、全球生態意識和全球道德意識構成的國際環境，需要所有人的共同行動，因此非政府組織的作用就非常突出。他們是國際環境法的制定者、監督者、促進者；是國際環保事業的宣導者、組織者和參加者；他們以專門的知識和技術手段，以眾多的志願者和人力、物力、資源，匯聚成一股強大的全球性力量，為環境倫理的宣傳普及，為全球環保事業的發展做出了突出的貢獻。如「世界自然保護同盟」涉及 140 個國家、980 個組織成員；「綠色和平組織」全球成員 350 萬，在 41 個國家地區設有辦事處，活動遍及歐美亞太地區；「羅馬俱樂部」對人類面臨的困境，進行了開拓性的研究，發表了一系列轟動世界的研究報告；「國際法協會」制定了反對空氣海洋污染的相關法律。1992 年 1,500 個非政府組織的 19,400 名代表，參加了聯合國環境與發展大會，發表了關於環境倫理的宣言；2002 年在南非約翰尼斯堡舉行了可持續發展世界首腦會議，同時有 3,262 個非政府組織參加，（中國有四十多個非政府組織、一百五十多名代表參加，這是中國非政府組織首次登上國際舞臺）會議廣泛討論了水資源保護、能源、食品安全、企業責任等全球性公益問題，發表了有關可持續發展的宣言和執行計畫。非政府組織在環境保護方面的倫理作用功不可沒。

　　非政府組織是加強國際交流與合作的橋樑。非政府組織可作為民間組織開展與國家間的科學、技術、文化、教育、體育等方面的交流與合作，促進人類精神文明的傳播與融合，使人類和平文明事業有所發展。特別是在一些意識形態對立的國家中，非政府組織在科技、文化互動中的作用是政府和國家不能比的。非政府組織可以參加國際會議、國際項

目,參與國際新制度的創新與決策,並對各國政府進行監督,促使各國政府承諾和遵守國際組織所規定的各種規則,如反對核子試驗、反對恐怖主義、反對破壞世界和平的行為、反對環境污染等。非政府組織以其對世界和平與發展所做出的積極貢獻,促進了國際事務決策的民主化和透明度,成為國際社會和國際倫理關係中不可缺少的重要成員。目前聯合國社經理事會以及聯合國其他組織機構中都聘請了非政府組織做諮詢顧問,取得諮詢地位的已達 2,000 個。

非政府組織在國際救援保護人權方面,具有政府組織所不具備的特殊倫理功能。非政府組織關心發展中國家和落後地區的人口、貧困、婦女兒童、醫療衛生、糧食災荒等問題,各種慈善機構和基金會,以救困濟危為己任,其成員奔波於世界各地,訪問考察、捐資捐物、建立各種援助專案,給貧困地區和人民帶來了人道主義的倫理關懷。如 1987 年發達國家非政府組織捐款給發展中國家的金額高達 55 億美元;2000 年有1000 萬志願者為 5.5 億兒童注射了脊髓炎疫苗,節約開支 100 億美元。[3]此外,在國際事務中,各國政府由於經濟、政治、文化以及意識形態等方面的原因,引起利益矛盾和衝突,互不相讓,甚至兵戎相見。在這種情況下,非政府組織可以利用其民間身分從中斡旋,促進溝通和理解,達成妥協和讓步,從而化解矛盾,緩和衝突,打破僵局,推動問題的解決。在平息一觸即發的衝突中,在解救人質的過程中,非政府組織都發揮了特殊的倫理作用。

■非政府組織可彌補市場之不足,促進經濟倫理發展

市場經濟是一種資源優化配置的經濟體制,可以啟動生產力,促進社會生產力和物質文明的發展。但是市場的利潤原則、功利原則,又極

---

[3]高頻、郁華（2002）,〈全球化進程中的非政府組織〉,《共產黨員》第一期。

易誘發拜金主義、利己主義和極端個人主義，由此產生經濟腐敗、貧富不均、社會不公、經濟秩序混亂等社會問題。這些問題一方面要靠國家的政策、法規來調整和治理，另一方面也需要依靠非政府組織在經濟生活中的特殊功能和作用來解決。非政府組織可以利用其多樣化的手段和靈活的機制，以市場為導向，合理利用人才、技術、資訊等各種資源，為民眾和市場提供多樣化的服務，以彌補市場的不足，促進經濟倫理的發展。非政府組織在促進經濟倫理發展中，具體倫理功能表現在兩方面：一方面是維護市場的正常秩序，保障消費者的合法權益。非政府組織通過「維護消費者權益協會」和「市場管理委員會」，對民眾進行維權意識教育，並積極幫助消費者維護自己的權益，同時透過市場管理委員會以及各種行業職業協會，對市場經濟主體進行職業道德和政策法律教育，以規範市場行為，整肅市場秩序，推動公平競爭，保證消費者的合法權益；另一方面監督企業承擔服務社會與民眾的職責，承擔可持續發展的社會職責。非政府組織可以從產品的品種、品質、價格、服務和資訊回饋等多管道對企業進行監督，促使企業增加花色品種，提高產品品質，降低成本和價格，提供完善的售前售後服務，用更好的服務來創造自己的品牌，塑造企業形象，促進企業倫理文化的發展。在促進企業承擔可持續發展的社會職責上，非政府組織可以為企業提供專業性、技術性的社會服務，幫助企業改進技術，降低成本，節約能源和資源，妥善處理廢氣、廢渣、廢水，為社會提供環保產品，避免對環境造成污染。非政府組織還可以對企業進行環境評估、追蹤調查，定期公佈企業的環境狀況報告，對企業形成強大的輿論壓力，督促企業增強環保意識，承擔可持續發展的社會倫理職責。

■非政府組織公益性、志願性和非營利性可培養成員良好的個體美德，促進、提高公民道德發展

公益性、志願性和非營利性是非政府組織的重要倫理屬性。這一倫

理屬性決定了非政府組織成員的活動是以公共利益為宗旨、出於道德良知和社會責任感而發生、不謀取私利、不要求回報的自覺行為，是一種高尚的道德表現。非政府組織的道德優先性，在組織內部形成了良好的道德關係和濃厚的道德氛圍。此良好的組織環境和道德氛圍可以培養人們的社會責任感、人道主義、關愛他人和犧牲奉獻等個體美德，有助於道德人格的發展和完善。

　　非政府組織作為公共管理主體之一，是民主政治發展和公民自治能力增強的體現。廣大民眾在非政府組織中積極參與公共管理，積極參政、議政，維護自己的各種權益。在民主政治和公民自治的社會實踐中，民主意識、獨立人格意識、自我管理能力得到提高和發展。非政府組織已經成為公民民主意識社會化的一個重要途徑。非政府組織有廣泛的群眾基礎，其成員道德人格的發展完善和高道德素質，有效的促進了公民道德建設，為現代社會的發展奠定了個體道德基礎。

參考書目

金樂琴（2005），〈非政府組織：可持續發展制度創新的亮點〉，《山西財經大學學報》第二期。

胡春豔等（2005），〈國際政治文化中的非政府組織〉，《湖北社會科學》第四期。

胡為雄（2002），〈非政府組織：一種新的上層建築形式〉，《現代哲學》第二期。

高力主編（2002），《公共倫理學》。高等教育出版社。

張利平（2005），〈關於非政府組織的倫理思考〉，《齊魯學刊》第二期。

張康之（2004），《公共行政中的哲學與倫理》。中國人民大學出版社。

顧建光（2003），〈非政府組織的興起及其作用〉，《上海交通大學學報》第六期。

葛晨虹

社會和諧的公正理念

10

葛晨虹　中國人民大學哲學系教授，博士生導師
　　　　　教育部倫理學重點研究基地常務副主任

一、前言

全面構建和諧社會必須以科學合理的社會公正理念為指導。目前，作為執政理念的和諧社會發展目標已經確立，但相關理念支援及思維模式還未到位。在諸多相關理論問題中，本文著重從影響並指導和諧社會發展的理性層面，對社會公正理念進行探討。

一個和諧的公正社會，應當盡可能地滿足其所有個體成員的正當利益，使社會共同利益得到最大限度的發展，並合理調控社會貧富差距，以進一步提高所有個體成員的利益、所得和生活水準。這是和諧社會的要求，同時也是社會公正內涵的集中表現。在有益於提高人們勞動積極性和促進社會經濟效益的基礎上，對全體成員進行合理且公正的分配，使社會公正而和諧的發展，走向共同富裕，這是社會主義市場經濟現實的重要課題，也是和諧社會目標與社會公正原則需要進一步深化的理論問題。

二、社會公正理念概說

社會公正是一種相對的觀念，是一個涉及價值判斷的問題。在不同時代、不同的人之中，對社會公正有不同的理解和現實的具體規定。「社會公正」是一個歷史概念，不同的社會及其價值觀念會產生不同的公正觀。正如經典作家所指出：「希臘人和羅馬人的公正觀認為奴隸制是公正的，1789 年資產階級的公正觀則要求廢除被宣佈為不公正的封建制度……所以關於永恆公正的觀念不僅是因時因地而變，甚至也因人而異。」（《馬克思恩格斯全集》第十八卷，第 310 頁。）

幾乎從人猿揖別開始，人類就漸漸有了「公正」觀念。當然原始階段的公正觀念既簡單又樸實，它是近乎本能地感悟並遵循著原始氏族維繫自身共同體存在之要求。人類隨著原始平均關係向等級關係的轉化，絕對平等的公正意識也隨之轉化為等級意識。這種等級制度下的「社會公正」論，在中國古代思想家董仲舒的「無人感應說」中表現為，恪守等級分別，尊尊卑卑，上上下下，各安其分，這成了等級社會的最大的公正；在西方古代思想家柏拉圖的「理念論」中，這種思想也得到了充分的反映。

　　隨著自由資本主義在近代的興起，人類的公正理念也得到了進一步覺醒。自由、平等、博愛成了近代資產階級的一面旗幟，也是該時代的價值標準。社會公正意識一反長期以來的等級觀念，注入了新時代的價值內容，突出了社會公正的人性基礎。社會公正的價值基準在於強調人的價值至高無上，一切有益於人性發展的、有益於每個人的欲望和生命力實現的，就都是公正的；反之，則是不公正的。無論是近代英國的經驗主義、法國的唯物主義還是德國古典哲學的唯心主義，最終都在此形成共識。當代人本主義、存在主義從不同角度詮釋了這一主題。

　　自由、平等、博愛的思想意識，把社會公正觀向真正人類社會理性判斷方面大大推進了一步。但概括說來，缺乏一種歷史現實感，或者說，缺乏一種真正現實的社會概念。馬克思主義從社會現實考慮社會公正問題，從社會歷史動態聯繫中看待人的全面發展。馬克思主義始終以人的全面解放和自由人的聯合體作為社會（公正）的最高價值理想。

　　作為「公正」的理論形式，有平均主義的「公正」，有等級主義的「公正」，有自由主義的「公正」，有功利主義的「公正」。而社會主義注重和諧的公正觀，是對人類社會理想和社會公正的總結和表達。然今天的社會主義制度及其政策，也應該為社會主義和諧目標及其公正要求提供最有力的外在保障。

　　「公正」一詞，常與「正義」、「公平」通用，表達人類合理性的

價值追求。在一般意義上，社會公正往往被理解為「給每一個人他所應得的」。這首先意味著公正是一種應該的、合理的價值選擇，且不能是某個人或某個集團的選擇。真正的「公正」必須出自社會全體成員共同的理性判斷和選擇，應當是人類社會理性的充分體現。同時，自然選擇也不可能產生人類真正的公正。適者生存，不適者淘汰，這種自然法則表達了自然世界某種無情的選擇，在自然競爭中或許是一種自然式的「公正」，但這絕不是人類社會的公正，更不可能是和諧社會的理性選擇。正因為如此，構建和諧社會所應有的真正的公正理念，不允許純粹的自然競爭，也不允許由自然競爭帶來的任何社會兩極分化。和諧社會的公正理念，強調在社會平衡格局中的全社會共同富裕。但公正不是平均主義。平均主義既不等於社會主義、社會公正原則的共同富裕，也不代表人類覺醒的理性判斷。和諧社會應有的社會公正理念，選擇最大限度地提高全體社會成員的利益水準，最大合理性地平等對待每一個主體，同時又承擔帶動全社會公民進步、使社會和諧持續發展的責任。和諧社會所要求的公正概念，應當包含豐富的內涵，「平等原則」、「對等原則」，以及「補差原則」，是其中既相聯繫又相互補充的三個重點原則。

三、和諧社會創造中的「平等原則」

公正在一定意義上可表述為「給每一個人他所應得的」，它表明每一個人都是平等的。平等並不是指權力與財富的程度應絕對相等，而是指人格和人的尊嚴的平等，也就是說，權力不能成為剝奪他人權力的特權或暴力。財富不是不能有差別，只是不能兩極分化到一個人可以購買另一個人，使一方淪為另一方的奴隸。馬克思主義批判私有制社會，就是基於社會平等的合理性要求之上。馬克思主義的全部理論及其畢生實踐，都在為實現這種社會平等而努力。在一定意義上的可以說，社會平

等永遠是一個公正社會的最優先且最大的共同利益。一個實現在政治權利面與法律面人人平等的社會，才可能是公正的和諧的社會，一個充滿階級剝削和專制壓迫的社會，肯定是一個缺乏公正和充滿矛盾的社會。

在和諧公正的社會中，公民的平等權，首先落實在所有公民根據法律規定，享有同等的權利和承擔同等的義務。在政治上，每個維護社會公正秩序的公民，都擁有平等權利和自由。每一個公民都有按照憲法的規定參與國家生活和國家管理的權利。根據我國憲法的規定，我國公民的政治權利和自由，包括選舉權和被選舉權、監督權、民主管理企業組織的權利以及言論、出版、集會、遊行、示威的自由。權利平等、義務也平等，付出如果平等，獲得也應是平等的。當然，有時候不平等，但獲得有可能平等，這種特殊意義上的公正，將以「補差原則」作進一步討論。

「平等」是一個包含複雜內容的概念，許多事情形式上看是平等的，實質上是不平等的。簡單的機會均等也不見得就是平等。所以，平等原則所涵納的複雜內容，可以這樣抽象出來：對於在所有相關方面都相同的情況，必須同等對待；對於在相關方面不相同的情況，則必須不同等對待，而且這種不同對待應該和相關的不同一一對應。這是成熟的社會公正理念所需要的「平等」。

四、和諧社會發展中「付出與獲得對等原則」

公正不是要求一切簡單、平等，公正首先要求的是符合比例的平等。如盡了一定的義務，就應具有一定的權利，付出多少，就應得多少回報，和諧社會的公正原則並不是要人們一味地犧牲、貢獻，一味要求盡義務，

在強調行為動機的道德崇高性同時，也強調客觀上要求對等原則。我們可以把它概括表達為：「得所當得」。

獲得所應當得到的，這是「平等原則」的一個補充。付出與獲得對等原則的實施表明，社會公正允許差別的存在。社會平等原則絕不主張平均主義，或者說，「平均主義」、「大鍋飯」是對社會主義社會公正原則的一種曲解。一個社會如果強求絕對、一致的平等，反而會是一件損害社會和諧進步的因數。社會公正理念主張，社會有責任使人的才能得到充分實現，有責任使不同地區將條件好的基礎充分發揮。認為只有使資質、條件較好的人和地區充分發展，才能帶動全社會成員和地區共同成長與進步。黨的十五大報告曾確立：「堅持按勞分配為主體，多種分配方式並存的制度。把按勞分配和按生產要素分配結合起來，堅持效率優先、兼顧公平。」「依法保護合法收入，充許和鼓勵一部分人通過誠實勞動和合法經營先富起來，允許和鼓勵資本、技術等生產要素參與收益分配。」這充分體現了和諧社會需要的公正理念中「付出與獲得對等原則」的精神。

從和諧社會需要的社會公正理念來看，付出與獲得相對等，還意味著一個人如果做出了很多貢獻（付出），即使他的動機中並不含有索取報酬的因素，但作為一種社會公正，應當使他得到相關的回報，否則就有失公正。和諧社會的公正理念必須使奉獻者得其所得，使之在這種社會回報中，客觀上獲得他的「得所當得」。付出與獲得對等原則在分配獎賞或責罰之際，表現得最為突出。貢獻大、價值大的，就應多得；相對地，失誤大、造成損害大的，也應承擔相應的責罰。法律部門就是用強制手段實施公正責罰的典型機構。

事實上要構建和諧社會，必須建立並完善相應的奉獻和回報的社會機制，如此社會才可能形成善善相生的持久的良性和諧。

五、和諧社會構建中的「補差原則」

「補差原則」的基本要求可以說是「以有餘補不足。」社會主義公正原則允許鼓勵一部分人或地區先發展起來，絕不意味著鼓勵社會兩極分化。和諧社會需要的社會公正原則認為，沒有一個人絕對應得他在自然天賦的分配中所占的優勢，一個條件基礎好的地區或部門也不能絕對佔有它的全部優勢。貧的越貧，富的益富，是和諧社會公正理念所不允許的。和諧社會的公正理念在提出平等原則和對等原則的同時，亦提出補差原則。

一個公正合理的社會，要公正地對待全體成員，不僅要承認人們之間的利益分配差距，而且要承擔縮小這種差距的理性責任。平等是對的。所有人都應分得相等的蛋糕，因為這是公平的。有些人如果分到的蛋糕比別人大一些，那是因為他付出的那部分價值比別人多一些。這樣理解和諧社會公正理念的公正要求，只有一定層面的正確性，並沒有表達出和諧社會公正理念的全部。和諧社會的公正理念，出於共同富裕的根本目標，在某些特殊情況下，它很可能要求必須把一塊稍大些的蛋糕分給一個並沒有相應付出的人。事實上社會利益分配的公正問題遠比分蛋糕要複雜得多。

和諧社會公正理念認為，一個社會或一個集體，有責任去關心、幫助集體中處在最低等差中的那部分。如果一個社會、集體對其利益獲得較差者漠不關心、不負責任，那它就不可能是一個和諧持久發展的社會。而且，一個社會如果利益分配差距過大，必會損害這個社會的穩定結構和合理秩序，最終使這個較差共同體的利益得不到應有的增進。在自然狀態下，人們的活動會自然而然地產生出差距，而為避免產生差別，要借助社會理性力量和相應外部手段的不斷干涉。干涉不是要抹殺差別，而在於考慮允許哪些差別，和不允許哪些差別，還有，所允許的差別的

距離多大才更有利於共同富裕，而不是破壞共同利益的增進。和諧社會公正理念必須包含對社會共同富裕的責任和社會共同進步的根本目的。

補差原則就是對那些因各種自然的、歷史的、偶然的因素而造成的天賦資質或條件基礎較差的社會成員，給予特殊的惠顧，以排除他們事實上所處的不平等的起點和障礙，繼而創造出一種社會的平等與和諧。我們現在實行的六年制義務教育政策、希望工程、高額累進稅制，對「老、少、邊、窮」地區實行的特殊保護政策，西部大開發戰略中地步對西部的支援，以及全社會有計劃地「扶貧」工程等，都是和諧社會公正理念中差補原則的體現和制度保障。

總之，我們今天追求小康社會與和諧發展社會，在要求注重市場效率、公平競爭的同時，亦要著重社會公正中的「補差原則」。要扶持落後地區、關愛弱勢群體，要在市場經濟機制完善和各項政策、制度安排中，有意體現公正補差，全面實現和諧社會所要求的社會公正理念。

葉保強

人權、正義與企業倫理　11

■前　言

■企業關注人權的開始

■企業與人權的關係

■個案：尼日利亞是美國的 e 垃圾崗

■不正義的風險轉移

■電子廢物跨國轉移的倫理議題

■正義的倫理要求

■企業與人權掛勾的正反論述

■企業的人權責任

■企業人權責任規範

■結　語

- -

葉保強　中央大學哲學研究所教授

一、前言

　　人權近年已經被愈來愈多國家視為普世價值，公平正義包含了對人權的尊重及保護，侵犯或輕忽人權等於違反了公平正義，這些都成為很多民主國家的政府施政的基本倫理原則，同時亦是全球社會的重要倫理規範。有論述認為人權及人權的保護，尤其是在遠方地區的人權問題，是政府的職責，企業不應被要求承擔這個屬於公權力領域的任務，企業的社會責任是為股東獲利、為社會創造財富。本文探討公平正義在商業世界中的義涵，利用案例分析展示企業經營中所涉及的公平正義問題，及論述公平正義應是一個完備的企業社會責任不可分割的基本元素。

二、企業關注人權的開始

　　商業與人權的關係愈來愈受到國際社會關注，然而導致多國企業真正將人權作為公司經營的重點的催化劑卻不是民間組織、政府或國際組織，而是企業本身。事實上，企業並非主動承擔起維護人權之責，而是在不得已的情況下——面臨名譽崩盤大災難——被迫這樣做。

　　1995 年，尼日利亞的一名著名環保土著領袖 Ken Saro-Wiwa 及其餘八名奧崗尼斯（Ogonis）土人被該國的獨裁者用莫須有的罪名殺害，這事件成為跨國企業無法將人權議題置身事外的一個重要歷史分水嶺。貝殼石油公司（Shell）是當時尼國最大的外國投資者，以與尼國政府合夥人身分成為該國油田的最大經營者。事件發生後，公司企圖避開這件案的共犯的指控，聲言公司是商業經營組織，不會直接插手尼國的內政。但這個辯護無法阻止國際輿論的強烈譴責，尤其是指責它對這宗事件袖

手旁觀的不道德的沉默，為了利潤姑息及縱容一個鎮壓人民的政府這種對人權的粗暴侵犯。這一輪指責令公司的商譽受到沉重的打擊。除此之外，公司的開發活動在尼格三角洲（Niger Delta）造成嚴重的環境破壞，及公司要求政府軍隊來維持公司員工的安全時殺害了當地土著。之前，貝殼公司企圖將退役的鑽油台（Brent Spar）丟棄到北海裡亦曾引起公憤，這一連串的違反倫理經營的動作將貝殼石油逼到一個不得不徹底改弦易轍的困境。

國際特赦組織在英國及荷蘭分會的代表跟公司商討如何發展人權政策，在 1996 年經過一連串的對話及商議，貝殼石油終於對其「經營原則」（"Statement of General Business Principles"）作出修訂，將尊重員工人權及支持跟合法商業經營一致的基本人權等納入原則之內。在這次有史以來的一個大突破中，貝殼石油公開承認公司跟社會價值脫節，跟著主動與很多民間組織做很多的諮詢，吸納社會的批評及建議。（Chandler, 2003）多國企業由於長期以「在商言商」（"the business of business is business"）的原則來經營，對商業倫理一直忽視，更遑論對人權的關心及認識了。

三、企業與人權的關係

多國企業跟人權之間究竟有什麼關係？兩者關係的極端的一端是──企業直接侵犯人權，如與客居國政府軍警或保安人員合謀對當地人使用暴力鎮壓，侵犯土著的權利或強迫勞動或禁止員工組織工會等。另一端，企業經營的客居國政府對人民進行大規模及嚴重的人權侵犯，企業袖手旁觀，保持沉默，被視為是對該國政府政策的支持者。在這兩端的中間存在很多多國企業跟人權之間的複雜關係。在這個區域之中，侵犯人權的事件在公司之外發生，但卻是公司可以有影響力的範圍之內。自上世紀 60 年代開始，90 年代尤其是熱烈，民間組織及國際社會向

多國企業提出滿足人權保護的要求愈來愈頻繁。倡導人權的組織認為與其要求企業退出該國，不如鼓吹企業留在該國來扮演改善人權的力量。

業界對人權要求的回應，以貝殼石油及聯合利華的意見最為代表：第一，多國企業在國際關係中是沒有授權成為一個自主的行動者，理由是人們不清楚它們要向誰作報告。這表示在沒監督的機制管理企業在發展中國家推動某一組社會價值時，誰來保障多國企業行使的影響力是適當的呢？就算保護人權是一項好事，但在沒有一個監督制度之下，企業不能對政治行動承擔責任。其次，富有國家及貧窮國家對人權及環境保護給予不同的優先考量，究竟公司要依從那一套的優先次序？

四、個案：尼日利亞是美國的 e 垃圾崗

人們經常以為改善了落後國家在電腦及配件方面的擁有，令愈來愈多的人擁有這些硬件，就可以縮窄近年愈受關注的數位落差（digital divide）問題。於是，近年不少的富有國家都將大量舊款或二手電腦捐贈到第三世界國家，讓那裡的人民可以免費獲得電腦。然而，伴隨著這種縮窄數位落差的捐贈背後的黑暗面卻鮮為人知。令人不安的事實是，這些包裝成「為數位鴻構建立橋樑」的「善行」，其實是陷第三世界國家於不義的跨國廢物轉移，令它們變成富有國家的電子廢物（e 垃圾）的場所，強迫這些國家承擔清理富有國家電子垃圾的重擔，產生企業與人權的另一個重要交叉領域。下面的一個案例說明了這個不正義的商業行為。

根據巴塞爾行動網絡（Basel Action Network）去年的一份報告（BAN 2005），依美國國家安全議會（National Safety Council）的資料，美國在 2005 年就有 6,300 萬台電腦報廢，這些電子廢物將會怎樣處理，是目前

正引起廣泛關注的議題。依一般的慣例，它們都會送到回收商處理，問題是回收商如何處理數量如此龐大的電子廢物則是爭論的焦點。這份報告針對電子廢物大量輸出到非洲的尼日利亞（Nigeria）所產生的衝擊作細入的報導。

電子垃圾在拉格斯港（Lagos）上岸，每月的入口垃圾的數量驚人，估計有 500 個貨櫃，每櫃有報廢的電腦 800 台，即每月就有 40 萬台電腦輸入尼國。當地的居民告知行動網絡，絕大部分入口的電腦都無法再用，或由於不合乎經濟原則，無法修理或再賣出。平均一台電腦包含了達到 8 磅鉛及其他有害人體及環境的物料，如鎘（cadmium）及含有防火物質的塑膠。令人不安的是，尼國根本沒有處理電子回收的基本設施，導致這些垃圾最後被丟棄到堆填區處，垃圾內的有毒物料四溢，污染了地下水及對人體健康構成威脅。

美國本土現時約有 30 家電子垃圾回收商達成協議，不將電子垃圾輸出到第三世界國家。但要有效地執行這個協議，必須要先對回收的電腦做測試及將之貼上標籤以茲識別。輸出到非洲及其他發展中國家的報銷設備絕大多數都來自美國的回收商，回收商從政府機關、公司或社區免費取得這些老舊的設備，然後將之輸出到工資低廉第三世界國家做修理、售賣或拆卸。差不多每一樣報銷的電子儀器都有可以再用的東西，例如，馬來西亞將舊電視機改裝成養觀賞魚用的魚缸，電腦的螢光幕可以用來製造矽玻璃（silicon glass）。電子回收近年是一個發展異常蓬勃的產業，問題是，產業要妥善發展，必須要有適當的基本設備及配套措施，否則會帶來沉重的健康及環境的負擔。

五、不正義的風險轉移

80 年代，工業國為了成本考量，將有毒廢料向第三世界國家大量輸

出，催生出巴塞爾公約（Basel Convention）。公約生效後，富有工業國向落後國輸出工業廢物從未停止過。依目前電子廢料回收產業的不斷增長可以推算事實確實如此。如今的電子廢料的輸出只不過是跨國廢料貿易的延續，在貧窮國家這些正發展蓬勃的產業不少是違反巴塞爾公約的。很多的國家，包括有較大能力處理電子垃圾的工業國不是不知道這事，但由於短線利益的考量，不是假裝問題不嚴重，就是採取「睜隻眼，閉隻眼」的做法，沒有切實地執行公約的條款，強制廠商要做有關的測試及標示。

西方工業國家將有毒的工業廢料向落後國家丟不是今天才開始，尤其是工業國家國民環保意識不斷提高及環保法令加強之後，廢料輸出愈來愈頻繁，導致上文所提及的巴塞爾公約的誕生。回顧一下歷史，西方企業及其所屬國家的政府幾乎變成了工業廢料輸出的共犯，前者沒有實行應有的企業環境責任，後者為商界利益背書，遲遲不立法，或所立之法過度寬鬆，或執法不嚴，就讓這種有毒的廢料處於毫無監督及管理的自然狀態，弱勢國家的人民首當其衝是最大的受害者，環境的傷害更不在話下了。1983 年在印度布普市的聯合碳化工廠內發生的氣爆大災難，導致附近 6,000 名居民的立即死亡，及超過數萬人的嚴重受傷及環境破壞（葉保強，2005）。十二年後，印度再次出現另一類的環境災難——由西方輸入的有毒工業廢料的災難。當地人稱之為「慢鏡頭下的布普災難」——受害人受到這些有毒廢料的傷害，死亡雖然不會一下子來臨，但注定會慢慢到來。

不像今天的電子廢料，90 年代中期丟棄到印度的廢料是由西方冶金產業所製造出來的工業廢料——含有鋅、銅、鋁、鉛等有用金屬的殘餘，可以提煉出來再用。西方工業社會由於有嚴格的環保法令，做這些回收成本很高，一個成本低的做法就是將廢料輸出到落後國家。這些產業透過中間商，將廢料大量運到發展中國家，包括印度及中國等發展中國家成為西方工業廢料的垃圾崗。印度一個環保組織的深入調查發現，他們

從有毒廢料貿易商入手，監察印度幾個港口──孟買、加爾各答及馬德里的廢料入口紀錄，在孟買的一家私人公司蒐集了這些入口廢料的海關資料。調查發現，在 1994 到 96 年間，151 家廢料廠商從 49 個國家進口了超過 6 萬 6,000 立方噸的鋅及鉛殘餘物，主要來自美國、澳洲及加拿大佔了絕大部分。

　　除了中國之外，印度的回收產業亦很發達，單以 1992 到 1995 年期間，印度就進口了 3 億 4,400 萬公千克的金屬廢料及 8,000 萬塑膠廢料做回收。除了有牌照的廢料商之外，這個產業內有很多非法的經營者，很多問題正是這些無牌經營的商人帶來的。它們會將廢物轉賣給各家庭式小工廠東主，他們家中的後園設置了簡陋的熔爐，從廢物中提煉出包括鋅、銅及鋁等金屬。鋅由於可以做肥料，需求很大。做回收的工人都沒有防護衣或工具，工廠亦沒有安全設備，因此經常受傷。金屬提煉出來後，殘餘物就傾倒到土地上然後流入地下水，污染水源。1994 年，德里郊外死了不少的牛群，調查發現該處的草糧含有比安全水平高出幾百倍的鉛，污染源是附近的 23 家熔爐工廠。政府勒令它們停工，但不久這些工廠又開始熔廢料了。（*Asiaweek*, September 20, 1996, 30-31）

　　印度在 2005 年入口的新電腦總數約 450 萬台及很多的二手電腦，這些電腦在數年後報廢時將會製造愈來愈嚴重的廢物。多年累積起來的電子垃圾，增加了問題的嚴重性。這裡的赤貧人口以一天不超過 1 元美金過活，要靠在電子垃圾場中拾荒，及從中提煉出有用的東西來幫助生計。貧民在拆卸舊電腦時，既無戴口罩及防護手套，一點都不知道這些廢物含有各種有毒的物料，包括鎘及鉛等，對他們身體造成嚴重的傷害。印度以前的汽車排放出來的含鉛很高之廢氣，導致很多的民眾中鉛毒。2000年，全國一律使用無鉛汽油之後，由空氣污染而產生的鉛中毒卻沒有下降，到醫院求診的病人有的血液中含鉛量是正常人的 10 倍，鉛中毒對小童尤其嚴重，約每微升上的 5 微克的鉛就會導致基因病變，10 微克就會降低小童的智商。高科技城市如孟加諾（Bangalore）為數一半的小童的

血液含鉛已經達 10 微克，導致他們的智商下降，而由於愈來愈多人加入了回收電子廢物的行列，情況會愈趨惡化。（*BBCNews*, 2005/10/14）

六、電子廢物跨國轉移的倫理議題

跨國的廢料貿易的倫理問題是什麼？一般而言，入口國由於缺乏人力及設備，就算有相關的法令，都無法有效管制廢物的入口。相比之下，無論從法令、技能及人才方面，輸出國都比進口國水平高，因此應負起更大的責任來管理跨國廢物貿易。1998 年，簽署了巴塞爾公約的經合組織成員國要停止將有毒的廢料運送到其他國家。

目前，電子垃圾的跨國丟棄帶來不少的惡果。首先，貧窮國家在沒有適當的基本設施及有訓練的人員之下承包這類工作，自然會導致很多工人身體受傷及健康受到長期的損害，而當地環境亦會受到嚴重的污染，人力及自然資源的損失難以估計。貧窮國家在技術人力及管理都落後的情況下承擔富有國家生產出來的風險，製造了風險的極之不平等的分配。就算這些國家有最新的回收技術及人才，要它們來承擔這種不成比例的負擔，亦是全球環境正義的一大違反。另一方面，輸出電子垃圾的富有國家亦要付出相當的代價，包括失去了加強發展本國回收的基本設施、開發更環保的科技，及防止進一步使用有毒物料的創新設計。

跨國廢料貿易所涉及的倫理議題是相當明顯的，其中以正義問題尤其引人關注。生產者應對其生產行為的結果負責，有義務對污染物及廢料的有效及安全處理，不應將責任及風險轉嫁給第三者及社會。在跨國廢料貿易中，富有國家享受了現代電子產業產品所帶來的利益，但卻將伴隨著的廢料風險及社會成本轉嫁給貧窮國家，形成了利益風險分配上的不正義。尤有甚者，承擔風險的貧窮國家在能力及技術上無法安全有效地處理這些廢料，國民的安全及健康與自然環境蒙受傷害及威脅。

七、正義的倫理要求

　　道德要求人們履行倫理義務，人們有義務做對的事，做應做的事；不做不應做的事；人們有能力做某一事而不做，是違反倫理義務；人們有能力防止不對的事的發生而不做，同樣等於違反倫理義務。

　　正義包含的倫理要求（ethical demands）包括：(1)對他人給予平等的關懷（equal concern）；(2)對他人的權利的尊重，不侵犯他人的權利；(3)對權利或利益受到侵害的人而作出合適的賠償；(4)對自己的行為結果負責，不將自己行為所導致的風險轉嫁給他人；(5)利益與風險的分配要成比例——利益的享受與風險的承擔要有合理的比例。享受利益的大小要跟承擔風險的高低成正比——大利益大風險、小利益小風險；(6)遵守有正當性的超級規範及其相關的義務。[1]

　　本文視平等關懷是構成正義的關鍵元素。平等關懷包含了平等無差別地對待他人的基本權利及自由，對行為道德的考量必須以平等關懷為基礎，意思是，人們之獲得平等關懷是獨立於他們的種族、性別、年齡、宗教、信仰、族群、政治、財富、社會地位、文化或職業等，只要是屬於人類道德社群的成員，就是平等關懷的對象。表現在人權問題上，平等關懷跟人權保護有高度的重疊，平等關懷就是對人們的基本權利及自由的平等關懷——尊重及保護。人類基本權利包括了在人權宣言及國際人權公約等所確認的基本權利與自由——政治、公民、經濟、文化、環境、健康、安全等。在這個構思下，正義要求平等關懷就包含了對人權的平等尊重及保護。換言之，正義要求尊重人權，違反人權等於不正義。

　　以上有關正義的倫理要求不單適用於個人，同時可以適用於企業及

---

[1]具有倫理普遍性的行為規範並為大多數理性的人或組織所接受及遵守的規範。詳細定義參考葉保強，2002；葉保強，2005。美國法律哲學家Dworkin對平等關懷有更詳細的論述。

國家。上面的倫理要求應用到企業及國家層面，可以幫助建構出企業對社會的相關義務，國家對社會及國家對國家之間的義務。[2]

基於上面對正義的構思，在企業層面的正義包含了以下倫理要求：

1. 企業應對所有其經營行為影響所及的涉利者（stakeholders）給予平等的關懷。
2. 企業應對他人的權利予以尊重，不應侵犯他人的權利。
3. 企業應對權利或利益受到其行為所侵害的人、或組織、或社區作出合適的賠償。
4. 企業對自己的經營行為結果負責，不將自己行為所導致的風險或成本轉嫁給他者。
5. 企業要遵守經營行為相關的利益與風險的成比例的分配的要求——利益的享受與風險的承擔要有配對的比例。企業享受利益的大小要跟承擔風險的高低成正比——大利益大風險、小利益小風險。執行合乎成比例的利益風險分配才是倫理的經營行為。
6. 企業應遵守有正當性的超級規範及其相關的義務，例如以上面案例而言，遵守巴塞爾公約所確認的規範及義務。

八、企業與人權掛勾的正反論述

現時有幾個反對商業與人權掛勾的流行論述。（Muchlinski 2003: 36）

■論述一：又名「在商言商論」

企業的社會責任就是在遵守法律下為股東謀取最大的利潤，人權不

---

[2] 在國與國之間的交往及互動之正義要求同樣包含了類似的元素。從略。

是企業應該過問或插手的事項，若不這樣就會被視為對客居國內政的干預，是一種不當的越軌行為。

■論述二：企業作為私人機構唯一的義務就是遵守法律

企業作為私人機構不屬於國家機器，沒有遵守人權的積極義務，它們唯一的義務就是遵守法律。保護人權是國家的責任，企業是人權保護下的受益者而不是人權的保護者。企業對社會及經濟有一定的影響，可以制定一些政策來保護員工的權利，但卻與保護公民及政治權利無關。

■回應一

在商言商論建立在對企業與周邊的涉利社群的一個錯誤了解上，漠視了企業之生存及發展跟國家及涉利社群的支持及參與息息相關這個基本事實。企業長期受惠於國家及社會，要符合正義的要求，應有回報的義務，其社會責任實應超過對股東利益的照顧，而包含對其他涉利社群更廣的責任。（葉保強，2002）另一方面，要求多國企業要遵守更廣泛的社會責任並不是什麼新鮮事物，國際社會很早就開始作出這樣的要求了。聯合國的貿易及發展委員會很早就提出多國企業在國際貿易上要執行多種的社會責任，這個期望其後演變成很多國家的法律、區域性法律及各種企業守則。最近廣受關注的經合組織的多國企業指引（OECD Guidelines for Multinational Enterprises）、高斯圓桌會議的經營原則（Caux Roundtable Principles of Business）、聯合國的全球盟約 （UN Global Compact），聯合國多國企業及其他商業機構關於人權責任的規範 （UN Norms on the Responsibilities of Transnational Corporations and Other Business Enterprises with Regard to Human Rights）都是一些著名的例子。

在此之前，國際社會所制定的不少具有高度正當性的超級規範，這些超級規範都在包括以下的宣言或守則上明文地展示出來：

1. 國際勞工組織有關工作的基本原則及權利宣言（International Labour Organization's Declaration on Fundamental Principles and Rights at Work）規定，公司要尊重結社自由、集體談判、消除所有形式的強迫及強制勞動；消除童工及取消就業上的各種歧視。

2. 聯合國里奧熱內勞環境及發展會議宣言（The Rio Declaration of the UN Conference on Environment and Development）規定，企業要支持環境的預警原則、主動促進更大的環境責任、鼓勵發展及轉移環境友善的科技。

3. 聯合國多國企業行為守則（Draft UN Code of Conduct for Transnational Corporations）內所確認的義務，包括尊重客居國的主權及政治制度，尊重人權、不要貪污、完全披露公司財務，或遵守稅制及競爭法、不要濫用經濟權令客居國的經濟受損。

■回應二：企業在法律上的私營地位跟承擔人權責任與否是不相干的

現時企業擁有的經濟權力之不斷擴大，實質上已經改變了全球的權力性質及分配。國家不再是權力及影響力的唯一來源，企業藉由其不斷強大的經濟力而來的政治影響力開始改變了傳統的政經生態，有時導致公與私之界線模糊，或令兩者需要重新的劃分。昔日認為企業這個私領域的組織是沒有社會或公共責任的看法，逐漸失去說服力。多國企業會對客居國的社區之經濟的巨大影響力，及對住民的經濟權利的影響是不容置疑的。由於不同種類權利之間有密切的關連，對經濟權利的影響很可能會影響其他包括政治社會及文化等權利，因此對不同種類的權利作切割都是任意及不符合現實的，只挑經濟權利而忽略其他相關的權利的關注是不妥當的。再者，依據能力／權力／影響愈大責任愈大這個原則，多國企業的影響力的範圍跟國家權力的影響範圍之間的重疊性很多。故此，多國企業的社會責任是不能先驗地將承擔人權的責任排擠出去。聯

合國多國企業人權規範草案將這個觀點表達得很清楚：（Muchlinski 2003：36）

> 就算國家有促進及保護人權的基本責任，跨國企業及其他商業組織作為社會的器官亦有責任……促進及保護人權。

> 在其勢力範圍之內，跨國企業及其他的商業組織有對在國際及國家法律所確認的人權的尊重、保障對之尊重、防止侵犯及促進之義務。

除了上述兩個論述之外，有人認為企業一旦將人權責任扛起，就會失去競爭力。持這個看法的人認為，要求企業執行人權義務會導致搭便車的問題。不是所有的企業及所有的國家都會在乎人權的保護。用心於人權的企業由於要投入額外的人才及資源在這個領域，跟其他什麼也不做的公司來比較，競爭力就會較低。另一方面，不尊重人權的政府會視關心人權的企業是潛在的麻煩製造者，關心人權的企業很可能在這些國家失去經營的機會。

對這個意見的回答是，愈來愈多的企業視遵守人權規範為對企業有利的做法，尊重人權會為企業帶來良好的商譽，對公司的形象有幫助。在這種情況下，履行人權義務由於取得消費者的信心及社會的尊敬，產品服務會受到信任及歡迎，業績會變好，因此不單沒有失去競爭力反而增強了競爭力。人權愈來愈成為全球的普世價值，愈來愈多的國家會落實人權的責任，企業在這個過程中亦會隨政治及全球價值的改變而改變。搭便車的現象會隨著人權的愈來愈普遍化而逐漸減少。事實上，一個廣泛對人權侵害或踐踏的國家，並非是企業能健全地發展的地方。

九、企業的人權責任

多國企業究竟有什麼人權責任？根據多年的研究及討論，現有的很多的規範都作出大致相同的建議（Chandler 2003: 27），茲綜合如下：

1. **在客居地的直接責任：**
   (1)正當經營，謀取利潤。
   (2)在公司及供應鏈內推行與國際標準一致的僱用條件。
   (3)保持生產過程及產品的安全。
   (4)依據國際標準確保對環境的關懷。
   (5)避免賄賂及貪污。
   (6)推行由公司或其他機構執行不會危害人權的保全制度。
   (7)避免對在經營地內的社區及社會產生負面衝擊。
   (8)維護人權。
   (9)推行經營及政策的透明性。
   (10)對公司的經濟社會環境的衝擊的監察及審計。

2. **對客居地的間接責任：**
   (1)對由政府造成的對人權的侵犯，不擔當合謀者或共犯。
   (2)不參與或政府對財務收入的誤用。
   (3)不同地區的不平等的財務資源的分配。
   (4)不參與政府官員貪污。
   (5)不做助長或加強國家扭曲發展的事。
   (6)不做增加國民間的經濟不平等的事。

3. **一般責任：**
   (1)履行在原居國及國際論壇的責任。
   (2)積極參與有關貿易及投資的討論。
   (3)支持全球性標準。

(4)支持國際社會及環境的目標。

十、企業人權責任規範

　　現時對企業的人權義務的一個較為完備的規範，就是《聯合國多國企業及其他商業機構關於人權責任的規範》（下稱《企業人權規範》）。[3]《企業人權規範》吸納包括聯合國全球盟約、經合組織多國企業指引、勞工組織約束多國企業的三邊原則宣言、國際勞工組織公約及建議等的主要理念及原則。《企業人權規範》的主要精神包括以下幾點：企業的義務對它們在原居地或領域的活動，及它們在任何國家的活動，同樣地適用。企業有義務努力保證它們的活動，不會直接或間接導致對人的侵犯，及不會直接或間接從它們知道的或應該知道的對人的侵犯而獲得利益。　企業要避免做損害法治的行動，避免做會損害由政府或其他組織推行對人權的促進及保護的動作，而要用它們的影響力來協助促進及確保人權的保護。企業應對它們的主要活動及主要規劃中的活動對人權的衝擊有所認識，藉此避免在侵犯人權問題上有所輕忽。由於有這些規範的存在，國家不得藉口這些規範可以保護人權為理由，沒有採取適當的措施來保護人權。人權的規範為企業提供一個明確可行的治理正義的架構。下文是《企業人權規範》所認定的基本權利及義務的摘要：（葉保強，2005：154-157）

　　1.國家有基本的義務促進國際及國家法律所承認的人權、確保人權受

---

[3]聯合國人權委員會下面的一個主要分屬委員會人權促進及保護委員會（Sub-Commission on the Promotion and Protection of Human Rights）於2003 年 8 月 13 日通過了《聯合國多國企業及其他商業機構關於人權責任的規範》（下稱《企業人權規範》），呈交到人權委員會，於 2004年 3 月審議及通過。

到尊重及保護，包括保證多國企業及其他的商業機構尊重人權。在其活動範圍及影響力所及的領域，企業有義務促進、保障能實現、尊重，及保護國際及國家法律所承認的人權，包括原住民及弱勢社群的權利與利益。

平等機會及非歧視對待的權利

2.企業要保證機會平等及非歧視對待，這些觀念在一些相關的國際人權工具及國家法令或國際人權法都有清楚的陳述。保證機會平等及非歧視對待之目的，是要消除基於種族、膚色、性別、語言、宗教、政見、國家或社會背景、社會地位、原居地、傷殘、年齡（兒童除外，他們要得到額外的保護）；或個人的其他與工作執行沒有內在關係的一些地位，或為了遵守用來彌補某一團體過去受到歧視而作出的特殊措施而來的歧視。

人身安全的權利

3.企業不應從事戰爭罪行或從中獲利，不得從事經由國際法，尤其是人權法及人道法律所界定的侵犯人類罪行、種族滅絕、虐待、強迫失踪、強迫或強制勞奴、把持人質、在法律以外隨意的處決、或違反人道法律或其他國際侵犯個人的罪行。

4.企業的保安安排必須遵守國際人權規範及在經營的國家內的法律及專業標準。

工人權利

5.企業不應強迫或強制工人從事相關國際工具及國家法令及國際人權法及人道法令所禁止的勞動。

6.企業必須尊重兒童受到保護的權利，免於受到那些相關國際工具及國家法令及國際人權法及人道法令所禁止的經濟剝削。

7.企業應為工人提供一個經相關的國際工具及國家的法令及國際人

權法及人道法所定義的安全健康的工作環境。

8. 企業應提供工人能確保他們及其家庭一個有足夠生活水平的工資。這些工資必須考慮工人對足夠生活條件的需要，同時工人亦希望生活可以不斷改善。

9. 企業應確保結社自由，及有效承認工人集體議價談判的權利。要達到這個目標，就要在毫無歧視、事先許可、或干預的情況之下，保護工人有權建立及參加他們自由選擇的組織，以保護他們就業上的利益及能達到其他的集體談判目標（這些目標在國家法律及相關的國際勞工組織的公約中都有說明）。

尊重國家主權及人權

10. 企業應承認及尊重適用的國際法、國家法律及規則、行政慣例，法治、公眾利益、發展目標、透明性、問責性、禁止貪污等社會經濟文化政策，及企業在該地經營的國家之權威。

11. 企業不應提供、承諾、給予、接受、縱容賄賂、或明知故犯地從貪污中獲利、或要求賄賂或其他不當的利益，同時不應被邀請或被期望將賄款或其他不當利益給予任何政府、政府官員、競選職位的候選人、軍隊或保安系統成員、或其他個別組織的人。

12. 企業應尊重經濟社會及文化權利、公民政治權利，努力令包括發展權利、足夠食物及飲用水、身體、精神以達致的最高的健康水平、足夠居所、私穩、教育、自由、良心、宗教自由及意見及表達自由等這些權利的實現；及避免從事那些妨礙及阻止這些權利實現的行為。

對消費者保護的義務

13. 企業應依據公平交易、行銷及廣告行為而行為，及應採取所有必要的步驟，保障所提供的產品服務的安全及品質，包括遵守預警原則。企業不應生產、銷售、行銷或做廣告宣傳有害或對消費者

有潛在性危險的產品。

保護環境的義務

14.企業應依據其在經營所在地國家的有關保護環境的法律、規則、
行政慣例及政策;同時要遵守跟環境保護、人權、公共衛生及安
全、生命倫理及預警原則相關的國際協議、原則、目標、責任及
標準;及以能為更大的永續發展目標作出貢獻的方式來經營。

十一、結語

　　企業人權規範可以豐富化企業的社會責任內容,同時為企業在履行
正義時有一套明確的規範。依本文所認定的平等關懷的正義觀,對涉利
社群成員相關權利的平等對待,就是履行企業對正義的倫理義務。再者,
遵守有正當性的規範就是符合正義的要求。回到上文提到的電子廢物所
涉及的倫理議題,企業符合正義的做法除了要切實遵守企業人權規範之
外,包括對窮國人民的健康與安全的權利的平等關懷,對相關的有正當
性的超級規範──巴塞爾公約的切實遵守,履行公約所確認的相關義
務。雖然巴塞爾公約規範的約束者是民族國家,但這並不排除企業要履
行相關的義務,企業經營要符合跨國廢料轉移的正義要求,應配合政府
相關措施,執行其社會責任。(見**附錄**)要有效地執行企業正義,企業
必須設置相關的治理機制,包括價值確認、定期報告、有效監督、組織
學習、獨立評估及適當的誘因來確保企業的成員擁有正義意識,同時組
織有可行及有效的程序來維護正義。[4]

---

[4]要將人權作為公司經營的重要策略需要很多其他的配套工具。1997 年
聯合王國國際特赦組織商業團體(AIUK Business Group)出版了一份《公
司的人權指引》(*Human Rights Guidelines for Business*),目的是協助

參考書目

一、中文部分

葉保強（2002），《建構企業的社會契約》。台北：鵝糊出版社。

葉保強（2005），《企業倫理》。台北：五南圖書出版社。

葉保強（2005）等，《應用倫理與現代社會》。蘆洲：國立空中大學出版社。

二、英文部分

Basel Action Network 2006, *The Digital Dump: Exporting Reuse and Abuse to Africa*. Seattle: Basel Action Network.

Chandler, Geoffrey, "The evolution of the business and human rights debate" 22-32., in Sullivan, R, 2003, ed. *Business and Human Rights- Dilemmas and Solutions*, Sheffield: Greenleaf Publishing.

Muchlinski, P. 2003, "The development of human rights responsibilities for

---

公司瞭解它們對人權的責任，及幫助公司發展其人權政策。2000 年 4 月由國際特赦組織及威爾斯親王國際商業領袖論壇（Prince of Wales International Business Leaders Forum）合力出版的一份更具體的文件：《人權──跟公司有何關係？》（*Human Rights: Is it Any of Your Business?*）；2002 年國際特赦組織跟國際商業領袖論壇再合作出版《商業與人權──企業風險地理學》（*Business and Human Rights: A Geography of Corporate Risk*），目的是提高企業在全球經營遇到的人權風險，文件陳述了在六個主要產業下的公司的人權風險。（Chandler, 2003） multinational enterprises," in Sullivan, R, 2003, ed. *Business and Human Rights-Dilemmas and Solutions*, Sheffield: Greenleaf Publishing, pp.33-51.

Sullivan, R, 2003, ed. *Business and Human Rights-Dilemmas and Solutions*, Sheffield: Greenleaf Publishing.

Van der Putten, Frans-Paul, Gemma Crijns and Harry Hummels, 2003, "The ability of corporations to protect human rights in developing countries," in Sullivan, R, 2003, ed. *Business and Human Rights-Dilemmas and Solutions*, Sheffield: Greenleaf Publishing, pp.82-91.

附錄 管制跨國廢物貿易的超級規範——巴塞爾公約

基本精神、原則及規範

危險廢物及其他廢物及其轉移對人類社會和環境可能造成損害，危險廢物的越境轉移的近年增長所構成的危險日趨嚴重。

不論處置場所在何處，各國應有義務／責任保證危險廢物及其他廢物的管理（轉移、處置）都符合保護人類健康和環境的目的。廢物產生者尤其有責任。

任何國家都享有權利禁止來自外國的危險廢物及其他廢物進入其領土或在其領土內處置。

全球社會日益希望禁止危險廢物及其他廢物的越境轉移及其在其他國家尤其是在發展中國家的處置。

危險廢物及其他廢物應儘量在符合環保的條件下處理，及在產生國境內處理。

一些國際及區域協議已處理了危險貨物過境方面有關環境保護的問題。包括「聯合國人類環境會議宣言」（1972 年斯德哥爾摩） 聯合國環境規劃署理事會 1987 年 6 月 17 日 14/30 號通過的「關於危險廢物環境無害管理的開羅準則和原則」，聯合國大會第三十七屆會議通過的「世界大自然憲章」。

各國有履行保護人類健康和維護環境的國際義務，並按照國際法承

擔責任，一旦發生對本公約 （巴塞爾公約[5]）或其任何議定書條款有重大違反事件時，則應適用有關的國際條約法的規定。

各國必須繼續發展和實施無害於環境的低廢技術、再循環方法、良好管理制度，以減少危險廢物及其他廢物的產生。

企業義務

以巴塞爾公約第四條（一般義務）作為基礎，符合巴塞爾公約規範的企業義務包括（每項義務前的數字代表原公約中確認對締約國的義務）：

......

2. 配合政府遵守公約的措施，企業應採取措施，將生產出來的危險廢物及其他廢物減至最低限度；保證不管處置場所在何處，提供危險廢物及其他廢物充份的處置設施管理；在可能的範圍內，這些設施應設在本國領土之內；保證在其領土內參與危險廢物及其他廢物管理人員採取適當步驟防止管理工作中產生危險廢物及其他廢物污染，並在產生污染時儘量減少其對人類健康和環境的影響；保證在符合危險廢物及其他廢物的環境無害和有效管理下，把這類廢物越境轉移減至最低限度，以保障人類健康及保護環境。禁止向公約締約國，特別是發展中國家出口這類廢物，或，如有理由相信這類廢物不會按照以對環境無害的方式加以管理時，防止向上述國家出口此類廢物；無能力處理這類廢物的國家

---

[5]巴塞爾公約現時已有 165 個締約國，製造最多電子廢料的美國卻拒絕確認公約。全球有三個國家：海地、阿富汗及美國在公約上簽了字（表示同意及有意將之確認），而仍未對公約做最後的確認。海地及阿富汗是全球有數的極度貧窮國家，但製造很少的電子廢料；美國則不單是全球最富有的同時也是製造最多電子廢料的大國。

必須防止此類廢物的進口。

……

4.企業應遵守所屬的公約締約國所制定的法律、行政和其他措施,以期實施本公約的各項規定。

5.配合所屬締約國對公約的義務,不將危險廢物及其他廢物從其領土出口到非締約國,亦從一非締約國將危險廢物及其他廢物進口到本國之領土;

……

7.確保在其境內得到授權或擁有許可證照的人才可以從事危險廢物及其他廢物的運輸及處置;規定涉及越境轉移的危險廢物及其他廢物必須按照有關包裝、標籤和運輸方面普遍接受和承認的國際規則和標準進行包裝、標籤和運輸……

……

9.配合所屬締約國的相關措施,以確保危險廢物及其他廢物的越境轉移在下列情況下才予以許可:(1)出口國沒有技術能力和必要的設施、設備能力或適當的處置場所以無害於環境而且有效的方式處置有關廢物;(2)進口國需要有關廢物作為循環或回收工業的原材料;(3)有關的越境轉移符合由締約國決定的其他標準,但這些標準不得背離本公約的目標。

10.產生危險廢物及其他廢物的企業遵照公約以對環境無害方式管理此種廢物的義務,不得在任何情況下轉移到進口國或過境國。

……

13.配合所屬締約國的義務,定期審查是否可能把輸往其他國家,尤其是發展中國家的危險廢物及其他廢物數量和(或)污染潛力減低。

李蘭芬、倪黎

企業社會責任與社會公正 12

李蘭芬　蘇州大學哲學系教授、博士生導師

倪黎　蘇州大學 2005 級倫理學碩士研究生

一、前言

　　企業何以需要承擔社會責任？企業承擔社會責任的價值旨歸於何處？又如何能保持企業承擔社會責任的持續後勁？諸如此類問題的思考和解決在本質上繫於社會公正或公正的社會環境。企業社會責任與社會公正是一個交融滲透，共生互動的德性共同體。

　　隨著全球化浪潮的推進，企業作為經濟組織的影響和作用不斷地突破以地域為依的國界，以「股東中心主義」為核心價值理念的傳統企業遭受著來自社會需求和環境生態的嚴峻挑戰，企業社會責任的價值理念也因之應時而生。然而，關於「企業何以需要承擔社會責任？企業承擔社會責任的價值旨歸於何處？又如何能保持企業承擔社會責任的持續後勁？」等等問題解決的實踐行動和理論準備還遠不充分。本文擬以全球視野、社會公正理論言說企業社會責任的合理性、有效性及其可持續性。

二、企業何以需要承擔社會責任——社會公正的追究

　　討論企業何以需要承擔社會責任，首先必須對企業及其性質有一個明確的界定。什麼是企業？現代理論界對它主要有兩種不同的概念界定：一是科斯的定義，他認為「企業的顯著標誌是對價格機制的替代。」[1]也就是說，企業是一種可以和市場互相替代的協調生產的手段和機制。二是詹森和麥克林的定義，在他們看來，企業是一種「勞動所有者、物

---

[1]Coase R. H., "The Nature Of The Firm" America Nov. 1937, p.388.

質投入和資本投入的提供者、產品消費者相互之間的契約關係。」[2]在此基礎上，有學者將企業概念進一步詮釋為：「一種用以協調內部成員及其利益相關者的契約關係，可以替代市場機制的個體協作組織。」[3]且不論這三種定義是否科學全面，我們能夠從它們的共性中得出的一個基本結論：企業應是一種包括投資人及相關利益人的契約關係和協作組織，它通過市場機制得以運行，企業存在的目的是為了追求一種比個體勞動更大更穩定的收益。企業的建立需要投資人、相關利益人、市場、利潤以及土地、廠房、設備等基本資源。這些資源的來路和去向歸於一處——社會。是社會為企業提供了必要的物質基礎和人力資源，是社會為企業運行的市場、利潤的實現提供了空間、舞臺、環境和機制。一句話，企業是在享受著社會賦予的各種資源、機會和權利進程中獲得自身的存在和發展。

根據馬克思主義的基本理論，享受權利就意味著應該履行義務，「沒有無義務的權利，也沒有無權利的義務。」[4]那麼，企業對社會的權利義務關係的實際狀況該作何評價呢？學界有以下兩種觀點：一是認為企業與社會的權利義務關係主要是通過市場等價交換機制實施的；二是認為：企業對社會包括自然資源的權利義務關係主要通過上繳國家利稅來彌補的。

利用市場、稅收理論來言說企業與社會（包括自然）的權利義務關係具有經濟學、政治學意義。但是，僅僅依靠經濟槓杆、政治政策還不足以完全有效調節企業與社會之間複雜的權利義務關係。

首先，等價交換是否可以全面有效地平衡企業與社會之間的權利義

---

[2] 轉引自《企業組織與市場體制》，上海三聯書店、上海人民出版社（1994），頁 68。
[3] 楊文兵（2001），《論企業經濟行為的倫理限度》載《現代哲學》第四期。
[4] 《馬克斯恩格斯選集》第二卷。人民出版社（1995），頁 610。

務關係？固然企業所需主要資源在形式程式上是通過一般等價物即貨幣明碼標價在市場上自由買賣，但眾所周知價格並不能完全體現商品的真實價值，它同時受到供求關係、銷售管道、市場訊息等多方因素的影響，出現價格與價值相背離的情況；更何況有些不可再生資源的真實價值根本無法用價格來衡量，有些公共資源如基礎設施、社會治安環境等基本上是被企業零成本享用的；另外在經濟全球化的背景下有些發展中國家和地區為了引進外資，促進本地區經濟發展，往往會利用本地資源優勢、採用低價手段作為優惠措施吸引跨國公司。諸如此類的現實與歷史足以說明，所謂的等價交換在現實中是無法全面有效地平衡企業與社會之間複雜的權利義務關係。事實上，目前企業所享有的各種資源和權利，在很大程度上是社會以極低的代價和成本供給的。其次，上繳國家利稅是否可以涵蓋企業需要承擔所有的責任？固然企業上繳的利稅可以被用來保護環境，發展社會保障事業和公益事業。但是這並不意味著企業可以就此對環保、人權、公益等事業袖手旁觀。因為很顯然這些問題是無法用貨幣買斷的。

綜上所述，等價交換、上繳國家利稅果然是企業承擔其經濟責任和政治責任的有效機制和法定管道，但這些機制和管道還無法讓企業真正承擔起恩澤於他的「社會（包括自然）」的責任。長此以往，勢必會造成企業與社會之間權利義務關係的緊張和偏失——即社會不公。企業社會責任則是解決這種社會不公的可行之道。

所謂企業社會責任，目前比較流行的定義是「社會責任國際」（Social Accountability International）的表述：「企業社會責任區別與商業責任，它是指企業除了對股東負責即創造財富外，還應該對社會承擔責任，一般包括遵守商業道德，保護勞工權利，保護環境，發展慈善事業，捐助公益事業和保護弱勢群體等等。」[5]可見，企業社會責任的提出，突破了

---

[5]轉引自鄭磊，《企業社會責任：中國對企業社會責任的解讀》。

以往只對投資人（股東）利益負責或只有經濟責任的理念，在追求自身利益最大化的同時，要求企業對社會承擔起更多的責任。這裡的「社會」我們可以將其具體化為「利益相關者」，它包括投資人、雇員、消費者、交易夥伴，也包括政府部門、社區、媒體和非政府組織，甚至包括自然環境、人類後代、其他物種等受到企業經營活動直接或間接影響的客體。讓企業承擔起對社會的責任也就是讓企業承擔起對這些「利益相關者」的責任。企業社會責任作為先在理念，可以促使企業逐步形成一種道義品質，防止在日常的生產和經營中因追求利益最大化而做出侵害社會利益，破壞自然環境，侵犯人權等有損社會公正的事情。這可稱為事先限制，即限制不公正的發生。企業社會責任作為一種操作機制，可以對事實上已經存在的對於社會多索取少付出，多享受權利少履行義務等企業不公正行為進行矯正。這可稱之為事後補償，即矯正不公正的後果。無論是事先限制還是事後補償，其目的都是為了維護和實現社會公正，促使企業對內秉持分配和用人公正，對外則求交易公正、守法公正，保護自然環境，捐助社會公益，做到真正意義上的回報社會。事實上，一些知名跨國公司已經在這方面為我們作出了表率。如 2005 年，美國通用電氣公司（GE）就在其長達 77 頁的社會責任報告中，披露了自己在過去兩年中因為空氣與廢物排放被罰款一百多萬美元的事實。耐克公司也在其社會責任報告承認與其簽有合同的供貨公司中的確存在著盤剝工人，強制工人超負荷勞動的情況。這種「自暴家醜」主動承擔社會責任、維護社會公正的企業行為，也必將為企業自己的未來發展贏得更大的空間。正如聯合國全球契約辦公室執行主任、全球契約峰會的主要策劃人喬戈·凱爾的結論：「我們的調查研究顯示，越重視社會責任的企業，未來發展的空間和速度也就越大。」企業為維護社會公正，主動承擔社會責任的同時也贏得了其自身發展的後續力量。可見，企業承擔社會責任是一個關乎企業和社會共存互進的雙贏發展戰略。

三、企業何以能夠承擔社會責任──公正的社會環境

　　企業承擔社會責任雖是社會公正的需要，但若以維護社會公正之名來強迫企業履行社會責任，恐怕效果也未必理想。事實上，現實生活中我們看到的只是少數企業（如一些知名的跨國公司或大型企業）能較為積極的履行社會責任，而相當部分的企業至少在目前來看還是對此採取相對消極的態度。原因何在？我們可以從行為動力和行為選擇兩個角度略做深度分析。

(一)從行為的動力看

　　德國的經濟倫理學家彼得・科斯洛夫斯基曾經提出人的行為動力的兩個結構：「最強的動力」和「最好的動力」。最強的動力指的是經濟，最好的動力指的是倫理。「人的最強的和最好的動力相互處在一定的關係體中，因為最強的動力並不總是最好的，而最好的往往動力不強。」[6]顯然，兩個動力結構理論對企業行為分析也完全適用。如果說，企業為實現社會公正的需要而履行社會責任，是一種由於倫理力量的即好的動力的推動，那麼企業追求利潤最大化始終是其最強的動力。「最好的動力往往不強」，也就是說僅僅依靠企業自身道德自律，期望企業以追求社會公正為己任，自覺的、積極的承擔起社會責任，儘管是最佳的理想狀態但卻往往顯得不夠強而有力。承擔社會責任畢竟要付出成本，甚至在短時期可能定蒙受一定的經濟損失，這樣的狀態下僅依靠企業道德自

---

[6]彼得・科斯洛夫斯基（1997），《倫理經濟學原理》。中國社科出版社，頁 14、26。

律恐怕沒有普遍的、長久的可操作性。「最強的動力並不總是最好的」，顯然是指，以追求利潤最大化為驅動不可避免的帶來一些負面的效應。如污染自然環境，苛扣員工收入、不正當競爭等逃避社會責任甚至違反法律的行為都有可能發生。可見，單純依靠兩種動力中的任何一種都無法使企業在真正意義上自覺承擔起社會責任，我們的迫切任務是把這兩種動力結合起來，使這兩種動力達致一種均衡的和諧狀態。

那麼怎樣才能達致這樣一種「最好的動力」和「最強的動力」的和諧狀態呢？筆者認為，這種狀態的生成需要特定的根植土壤──公正的社會環境即社會公正。

首先，社會公正能使「最好的動力」趨強。當我們在強調最好的動力即主體本身的倫理自律的時候，實際上是在強調企業對社會的付出和責任，固然我們有理由指出這是企業在低成本享有和佔用社會及自然資源的應當給予適當回報，但是「應當」並不等於「必當」，在這裡道德說教和道德自律明顯是勢弱的，其長期的效用必然會遭受挑戰。因此，本著社會公正的原則，對於企業勇於承擔社會責任、不計短期利潤損失的付出行為，我們也應該給予適當的制度支持、政策鼓勵和輿論聲援，如減免部分利稅，授予榮譽稱號，進行獎勵和表彰等等。在這方面，美國的做法值得提倡，他們不但對有捐助行為的企業實施部分免稅，而且很多知名組織和期刊每年還會對企業履行社會責任的情況進行排名和表彰。如《財富》雜誌每年「最受讚賞公司」排名、經濟優先權協會（CEP，即 SAI 的前身）的「企業良心獎」、《企業倫理規範》雜誌的「企業公民 100 佳」報告等等。這些或官方或民間的鼓勵，其實是對企業履行社會責任付出成本的一種補償，使得企業在履行社會責任的同時亦享受到了應有精神和物質的激勵，某種程度上這也是一種義務與權利關係的平衡協調，其結果必然能更好的促使更多的企業自覺履行其社會責任。

其次，社會公正也能使「最強的動力」趨好。一般而言，投資人、雇員、消費者、交易夥伴，包括政府部門、社區、媒體和非政府組織，

甚至包括自然環境、人類後代、其他物種等一切受企業經營活動直接或間接影響的主客體關係地位均有強、弱勢之分。在公正的社會環境下，一方面可以運用法律和道德的機制保護這些相對弱勢群體的權益，使其蒙受的損失得到相應的補償；另一方面也可以迫使強勢企業在追求利潤最大化同時兼顧法律和社會輿論的壓力，使其不敢輕易損害弱勢群體的權益，做出逃避社會責任的舉措。目前國際上流行 SA8000 認證，正是基於社會公正的要求，主張強勢企業在追求利潤的同時必須維護弱勢員工的福利，旨在通過有道德的採購活動改善和保障全球工人的工作條件。該標準規定的社會責任內容包括：禁止企業雇傭童工、禁止強迫性勞動、必須為工人提供基本的醫療和健康福利以及安全的生產環境、保護結社自由及集體談判權利、嚴禁性別和種族等歧視、嚴禁對員工進行懲戒性措施、工作時間不得超過所在國規定，超過部分必須按照要求予以補償、保障工人獲得的報酬不低於所在國最低薪酬標準等九個方面。截止目前，全球共有 36 個國家的 285 家組織機構獲得 SA8000 認證證書，其中中國有 45 家。相信，隨著秉持社會公正原則的這一認證標準的廣為餞行，必然能促使更多的企業承擔其應盡的社會責任。

由此可見，從行為動力看，企業承擔社會責任無論是從正面激勵（即在最好中求強），還是反面限制和矯正（即在最強中求好），都離不開社會公正這個大環境。在此意義上，公正的社會環境是企業行為最好和最強動力均衡和諧發展狀態的根植土壤。

(二)從行為的選擇看

彼得‧科斯洛夫斯基還曾經總結過企業面臨求德求利關係上三種選擇：一是「行為人能夠無條件的按照道德進行交易，他把道德行為和個人行動都視為經濟利益，他把公共利益視為他個人的利益，即他按照道德進行交易不受其他人的影響。」這類企業往往把求德與求利絕對等同

起來，甚至可以為求德不惜損害自身的利益，可以無條件的承擔企業社會責任。這類企業的行為選擇雖然在道義上值得稱頌。但是由於偏離了企業經濟活動本身的直接價值指向，因而在經濟活動中缺乏現實性和普遍性。二是「個人能夠無條件的按照道德進行交易，如果其他人或大多數人也這樣做，他準備遵守道德規則，如果他感覺只有他一個成「傻瓜」，他自己就破壞規則。」這類企業是否按照公認的道德要求從事承擔社會責任是有條件的，這個條件從根本上講就是不得損害企業求利的最低限度。三是「如果所有人都得到了較好的待遇，個人還可以理解，如果所有的人都遵守規則，最佳情況是自己不遵守。」[7]這類企業在行為選擇上極具投機性，是典型的「搭便車」，它們企圖藉由過別人對社會責任的承擔，享受現成利益而逃避應有的代價和懲罰。在現實的經濟生活中，大部分企業出於對自己利益的權衡，往往會選擇第二種情況，人們總希望通過自己對道德規範的遵循以實現利益最大化的目標，而真正選擇第一種和第三種情況的並不多見。由此可見，企業在經濟行為的選擇中並非沒有條件、沒有限度，企業之所以要遵守社會道德規則，承擔社會責任，是因為在全面衡量利弊得失，進行成本——受益分析之後得出的結果，換句話說，企業之所以願意承擔其社會責任，不可能完全是為了盡義務而盡義務，如果在盡義務的同時不能獲利或者利益受到嚴重損害，那麼義務的履行則勢必不可能長期堅持。因此，必須有一個安全的環境保障和運行機制來保障企業社會責任的履行。無疑，這個任務就只能由社會公正或公正的社會環境來擔當。

社會公正的基本出發點和價值旨歸點始終是權利與義務關係的協調平衡。只有在一個權利義務關係協調平衡的公正的社會環境中，才能設計和安排出一套健全而穩定的制度與機制，進而促使大多數成員分享應

---

[7]彼得・科斯洛夫斯基（1997），《倫理經濟學原理》。中國社科出版社，頁 14、26。

有的權利、恪守應盡的義務；才能使大多數企業敢於和樂於遵守道德規則、敢於和樂於承擔社會責任，而不會覺得自己是一個「傻瓜」。正如羅爾斯在其巨著《正義論》中所指出的「一個社會，當它不僅被設計得旨在推進它的成員的利益，而且也有效的受著一種公開的正義觀管理時。它就是一個良好的社會。在那裡：(1)每個人都接受，也知道別人接受同樣的正義原則；(2)基本的社會制度普遍的滿足，也普遍為人所知的滿足這些原則。」[8]又如亞里斯多德在《尼各馬可倫理學》中的表述：「公正是一切德性的總括。」「公正最為完全，因為它是交往行為上總體的德性。」[9]這裡的「總體」不僅涵蓋了自身與他人，也涵蓋了所有的個體德性。換句話說，社會公正之所以是所有德性的集大成者，在於它是所有德性中唯一關乎社會秩序的一種德性，是各種個體德性的和諧狀態。由此可見，從行為選擇看，只有在一個公正的社會環境中，企業才能敢於和樂於承擔社會責任，社會公正或曰公正的社會環境是企業承擔社會責任的社會保障和運行機制。

綜上所述，無論是從行為動力還是行為選擇來看，儘管追求自身利益的最大化是企業的本性，但並不排除企業有承擔社會責任的可能，只不過要使這個可能成為現實，根本的出路就在於其所在的社會能營造公正的社會規則，追求公正的社會理想，進而保證社會公正的真正實施。

---

[8]何懷宏譯（1988），羅爾斯，《正義論》。中國社科出版社，頁 3。
[9]廖申白譯（2003），亞里斯多德，《尼各馬可倫理學》。商務印書館頁 130、135。

四、企業應該承擔哪些社會責任——
社會公正的判斷底線

如前所述，企業之所以要承擔和之所以能承擔社會責任無不命系於社會公正一樣，企業究竟應該承擔哪些社會責任也同樣指涉於社會公正的判斷底線。

首先，對企業社會責任的範圍界定應本著公正的原則。明確企業應承擔哪些社會責任首先要做的是界定責任的範圍。企業是經濟活動主體，不是社會活動主體，所以企業不是解決社會問題的主體，而只能是參與解決社會問題，不能把企業的這種本質職能倒掛，不能將企業社會責任的範圍盲目擴大。管理學大師彼得・杜拉克在他的《管理——任務、責任、實踐》中專門寫了一章〈社會責任的限度〉。他認為企業首先是做得好，然後才是做好事。一個企業若忽略了在經濟上取得成就的限制並承擔了它在經濟上無力支援的社會責任，很快就會陷入困境，而這其實是最不負責任的。企業最基本的社會責任就是把企業做好，這是企業履行其他社會責任的前提和載體。也就是說，企業過度捲入社會活動，必然會帶來過多的資金和資源損耗，從而影響企業將有限的資源投向經濟活動，削弱其在市場經濟中的競爭力，甚至危及其自身的生存和發展。而企業的生計一旦發生問題，反過來又會給社會增加負擔，形成惡性循環。因此我們在界定企業社會責任範圍的時候必須要堅持社會公正的原則，以公正為底線，本著對企業公平的態度，合理的預設企業承擔社會責任的期望值，把不屬於企業合理承受範圍內的社會責任給予減免，使企業能夠輕裝上陣，從而避免再現我國歷史上曾經發生過的「企業辦社會」、「企業即社會」「大企業、小社會」等企業、社會角色倒置的反常現象，實現企業和社會相互促進的良性發展。

其次，對企業社會責任的主體甄別應顯示公正的比例。企業應承擔

哪些責任，對不同的企業也應有不同的要求和期望。企業有發展程度和規模大小之分。負擔社會責任是需要一定成本的，如果我們不顧小企業自身的實際而一味的要求其承擔和大企業相同的社會責任的話，其結果必然是迫使小企業在市場競爭中處於不利的境地，甚至面臨生存的挑戰。這種不分承受能力的要求對於小企業來說是顯然有失公正的。此外，由於大企業實力強，資金雄厚，它們的一舉一動更容易受社會的關注，其通過履行社會責任獲得的工具性收益也更大。因此，大企業承擔社會責任的意義要遠大於小企業。當然，這並不是說小企業可以不承擔社會責任，只是相對於大企業在承擔社會責任方面的能力較小。所以我們在要求小企業履行社會責任的時候應當正視這個現實，適當區別對待，這也是社會公正要求的體現。因為「公正在於成比例」[10]公正不是量上的絕對值而是相對的比例，主體的能力、身份和地位都可以含在比例中量化，我們如果忽視了公正的這種相對性，而以統一的絕對標準來衡量一切，用對待大企業的標準套用小企業，這恰恰是與社會公正要求背道而馳。同樣在發展中國家和發達國家之間，先進地區和落後地區之間，不同企業承擔的社會責任也應有所區別。再舉 SA8000 的例子，雖然說這一標準的推行代表著全球化的發展趨向，對於促進企業履行社會責任、維護勞工權益方面有著積極意義是大勢所趨。但是就目前來講，它對大部分以勞動密集型企業為出口主力的發展中國家所造成的負面效應也是顯而易見的，甚至於很多企業認為這是發達國家繼反傾銷、綠色壁壘之後，針對發展中國家發起的新型貿易壁壘。之所以有這種認識，恐怕在目前這種強資本、弱勞動的環境下，由強者制定標準，要求弱者跟隨，某種程度上也是有違社會公正的。因此，即便是對於 SA8000 這樣本身是為了維護社會公正出臺的標準，在推行的過程中如果不考慮具體企業所在社會

---

[10]廖申白譯（2003），亞里斯多德，《尼各馬可倫理學》。商務印書館 頁 130、135。

的文化背景和實際情況，不對企業主體做有效甄別，而一律強制的話，其結果只能是淪為貿易保護的工具，進而造成更大的社會不公正。

最後，對企業承擔具體社會責任的要求應體現公正的次序。就普遍意義上講，一般企業的社會責任主要包括：第一，企業對員工的社會責任。這個責任要求企業做到尊重員工的人權和人格尊嚴，對員工的福利、安全和教育等承擔義務；第二，企業對消費者的社會責任。這個責任要求企業嚴格保證產品和服務的品質，尊重和維護消費者的合法權益；第三，企業對貿易人的社會責任。這個責任要求企業在經營活動中能夠恪守公平和誠實守信的原則，維護良好的市場秩序和公平競爭的經濟環境；第四，企業對資源、環境和可持續發展的社會責任。這個責任要求企業合理利用和開發資源，保護環境，維護自然和社會的可持續發展；第五，企業對社會慈善事業和其他公益事業的社會責任。這個責任要求企業在營利的同時適當捐助的慈善和公益事業，以扶持弱勢群體，暢行人道主義。企業的這些社會責任體現了社會公眾對於企業的期望，但是這些期望如果不分層次和秩序的要求企業全部履行，也有可能違社會公正原則。鑒於這些社會責任所牽扯到的利益相關者與企業關係的密切程度，以及這些社會責任本身的必要性和迫切性，我們有必要對企業的履行情況做不同層次的要求。如前三項責任，對企業來說關係密切且影響重大而深遠，是企業必須要承擔的強制型社會責任，對此我們可以用立法的手段來保證。第四項則應屬於關聯性的社會責任，對此我們可以採用法律的、行政的和經濟的手段來給予調節。第五項更應是自願性的社會責任，我們對此一般採用鼓勵和宣導，而不能強制。倘若我們對企業的這些社會責任不分層次和秩序一律要求強制執行，無疑是對企業極大的不公正。其結果必然會造成企業額外的負擔和強烈的逆反心理，進而打擊企業履行社會責任的積極性和主動性。因此，我們在對企業承擔具體社會責任的要求上，必須以公平為準繩，分層別類，依次推進，差別期望，不苛責不縱容，嚴守社會公正的準則。

綜上所述，企業應該承擔哪些社會責任，無論是對其範圍界定、主體的甄別還是對具體內容的要求，都離不開社會公正。它們或本著公正原則、或顯示著公正比例，或體現著公正的次序，總之都是以不背離、不違反社會公正為判斷底線的。因此，我們可以認為，社會公正是企業承擔哪些社會責任的判斷底線，凡是符合社會公正的責任要求，企業都應該予以承擔；凡是不符合社會公正的責任要求，企業有權不作考慮。

五、結語

企業社會責任是個體德性，是組織細胞；社會公正是總體德性，是系統環境。它們既有個體德性與總體德性之間的包融滲透，又有組織細胞和系統環境之間的共生互動。個體德性的實現體現了總體德性的要求，企業之所以要承擔社會責任是源於社會公正的需要；組織細胞的發育和成長離不開系統環境的支援，企業之所以能夠承擔起社會責任需要公正的社會環境；無論是個體還是組織，它們的成分必須與總體或者系統相適應而不致產生排異，企業應該承擔哪些社會責任必須以社會公正為判斷底線。由此可見，企業社會責任與社會公正是一個交融滲透，共生互動的德性共同體，它們的良性發展彰揚著人類文明進程的道義品質和持續後勁。

林國章

當代文化產業經濟目標調
和商業倫理的意義與價值

13

■前　言
■當代文化產業的經濟特性
■文化產業價值鐘擺的調和──經濟目標對應商業倫理
■商業倫理調和文化產業創造共生價值
■結　語

林國章　國父紀念館文教組主任

文化產業的崛起在 21 世紀全球化浪潮中具有彰顯知識經濟色彩，厚植服務業動態競爭能量的意義。當代各國文化產業的內涵，也從復甦傳統文化的生活經驗，擴充創意、生產、行銷及文化服務的交換與使用價值，甚至結合流行風潮，在經濟世界裡順應市場機制，展現出明顯的現實主義特質。

　　就產業發展的立場而言，無可諱言，文化因素可以被視為當代重要的生產要素。但是從宏觀的視野來看，文化產業除了商品的市場價值之外，更以具有傳遞美學的、歷史的、社會的，甚至是象徵理性傳承的外部性價值。因此，在強化文化活動經濟目標的同時，兼顧社會責任與倫理原則，成為當代文化產業發展的重要課題。

　　本文綜合文獻分析與趨勢觀察，闡述當代文化產業從文化活動的經驗、創造、轉移、輸出過程，遵循倫理原則，塑造產業核心價值，並與相關服務產業擴大橫向合作交流。具有活化生產能量，維護永續經營，凝聚社會認同及實踐倫理的生活化目的。

一、前言

　　2006 年 3 月第 78 屆奧斯卡金像獎頒獎中，來自台灣的導演李安（Ang Lee）勇得最佳導演獎，華人世界對這項殊榮同感振奮，也有許多傳播媒體推崇這是代表台灣之光。網路維基百科論述李安的貢獻在於他具有濃厚的現代感和生活感，既充分接受西方電影技巧，對西方文化有非常細膩的體驗，又以隱約的批判觀點來表達個人自由的追求，重新與傳統華人文化展開對話。[1]事實上《斷背山》（*Brokeback Mountain*）這一部美製

---

[1]有關電影《斷背山》（*Brokeback Mountain*）之分析，請參閱維基百科登錄資料，網址：http://zh.wikipedia.org/w/index.php?title=%E6，線上檢索日期：2006 年 4 月 9 日。

影片獲得的獎項包括：第 63 屆美國金球獎中最佳電影、最佳導演、最佳劇本、最佳原創歌曲獎；再榮登奧斯卡最佳導演、最佳劇本、最佳原創配樂等多項大獎。李安獲獎的背後顯示的不僅僅是個人的編導專長，更同時代表著一群融合文學、音樂、表演、設計、視覺、工藝及數位化工程等多方面藝術創作與服務。這是當代文化創意產業多樣化風貌的綜合呈現，美國社會提供了必要的基礎。相對而言，台灣或兩岸的現實環境在人力因素之外，有無造就李安或其後繼者獲獎的機會，成為激發時人探討、文化產業能否落實本土，永續發展的最佳議題。

從全球化的角度來看，文化產業融入 21 世紀全球化體系，在側重以創新帶動知識經濟（Knowledge Economy）發展的潮流中，隨著世界經濟的國際化與自由化而導致的競爭加速，許多國家都致力將文化活動透過生產與管理程序，創造更有效的經濟效益，用以增強整體的競爭優勢。就此而言，當代產業的經營已然是企業管理與商戰策略之中最重要的一環。引用管理學權威美國哈佛大學教授波特（Michael E. Porter: 1997）提出打造國家優勢的鑽石體系認為：「一個國家為什麼能在某種產業的國際競爭中嶄露頭角？必須從以下四項環境因素來做綜合評量：(1)生產因素；(2)需求條件；(3)相關產業和支援產業的表現；(4)企業的策略結構和競爭對手。」[2]對應於行政院在 2004 年 11 月核定實施的「文化創意服務業發展綱領及行動方案」，政府對於強化文化創意產業的協調機制及如何促進活動產業發展的規劃，計慮廣泛較之學理更有過之而無不及。[3]

儘管時下對於振興文化產業的論述，存在於學術或是行政體系均不乏立基以產業化及市場化的觀點，尋求以文化脈絡之運作提昇文化動力

---

[2]李明譯、邱如美譯（1997），Michael E. Porter 著，《國家競爭優勢》（*The Competitive Advantage of Nations*）上冊。台北：天下文化出版，頁 105-107。

[3]http://www.cepd.gov.tw/upload/SECI/Industry/008@537202.doc.2005.10.10.

在市場上的交換價值（exchange value）。也因為產業以及政府的熱衷需求，提供了經濟學應用文化做為分析的標的，在社會科學發展中強化了文化經濟學（Cultural Economics）成為倍受重視的知識領域（劉瑞華，2005）。[4]然而文化活動的使用價值（use value）除了可以轉換成商品範疇的運作之外，最不可忽略的是其在非商品領域的文化服務（culture service）意義。其中涉及的重心包括文化資本（cultural capital）如何維持永續供給，以及衍生的經濟行為對個人和社會的責任與義務。這兩項命題都以人際倫理的實踐為交集，本文乃以文化產業的永續經營原則及具有普遍利益的公共性原則，論述其經濟目標應結合商業倫理以創造更弘遠的共生價值。

二、當代文化產業的經濟特性

(一)創意加值迎合大衆消費市場

早期西方法蘭克福學派以 Adorno & Horkheimer（1993）為代表的悲觀主義論述，觀察美國各種娛樂、休閒、廣告、生活品味在規格化、標準化、大量生產複製之餘，形成複雜的大眾文化與世俗生活的單向度，而對文化工業（culture industry）的弊病提出嚴厲批判。當時強調文化的完美或理想形式應脫離資本主義社會的壟斷，文化藝術的價值更應對抗剝削，避免淪為市場經濟的副產品。

然而在全球化浪潮與資訊快速發展的交互激盪之下，工業經濟時代於 20 世紀末轉型成為講究創新的知識經濟年代。以往產業利基於勞力資

---

[4]劉瑞華（2005），李炳南主編，〈文化經濟：過去與未來〉，《經濟學帝國主義》。台北：揚智文化公司，頁 103-115。

源的配置或取決於對自然資源的依賴，因為智力資源的開發與技術創新，使得知識型態的生產力迅速擴張。台灣在 1990 年代中期之後，對「知識經濟」的研究蔚為風潮，根據行政院經建會 2000 年發布的「知識經濟發展方案」指出：「直接建立在知識與資訊的激發、擴散和應用上的經濟，創造知識和應用知識能力與效率，凌駕於土地、資金等傳統生產要素之上，成為支持經濟不斷發展的動力。」[5]「挑戰 2008：國家發展重點計畫」則是以創意服務業擔綱主角，標幟著台灣經濟舞台正以創意經濟開展全新風貌。

探究創意之所以成為新的經濟力量，實際上涵蓋的主要動力來自於知識（knowledge）、資訊（information）、創新（innovation）三方面。以美國為例，從 1980 年代以來在全球經濟競爭中重新再起，估計其創意經濟的產值在 2000 年以前的年營業額已達 9,600 億美元以上，其研發費用及年產總值均佔全球總數的 40%以上。[6]所以如果從供給面來看，創意經濟激起的創新社會架構（the social structure of creativity）至少包括：

1.創意階級興起：知識獨領風騷。
2.水平的勞動市場：自由工作者流動性高。
3.新興無領工作場所：創意工場整合了實驗和藝術的彈性、開放、互動模式。
4.多元的時間觀念：因自我激勵而投入更多交織彈性的工作時間。
5.創意人力聚集成為經濟成長的基礎。
6.創意階級的集中地越來越成為經濟優勢的地標。

---

[5]http://www.cedi.cepd.gov.tw/kbe/kbe 01/kbe 01_01.htm.
[6]鄒應瑗譯（2003），Richard Florida 著，《創意新貴──啟動新新經濟的菁英勢力》（*The Rise of the Creative Class: and How It's Transforming Work, Leisure, Community and Everyday Life*）。台北：日月文化出版，頁 67-71。

7.創意經濟的關鍵在於三 T：科技 （Technology）、人才（Talent）、包容（Tolerance）。[7]

其次從需求面來看，當代文化產業的市場存於廣泛的所謂大眾社會（mass society）或市民社會（civil society）之中，亦即文化產業的興起乃是以大眾文化（mass culture）的消費市場為前提。這種消費生態之所以形成則以下列因素為前提：

1.工商業發展，城市勞工及白領階級增加成為大眾文化的主要人口。
2.國民教育水準提高，增加對文化活動的理解與需求。
3.生產力提高釋放出來的時間使大眾增加休閒機會。
4.科技發展與傳播媒介擴大快速宣傳。
5.民主化擴大了大眾對公眾事務的參與。
6.大量生產形成大眾經濟領域，大眾取代貴族成為消費主體。[8]

(二)重視創意行銷強化經濟目的

文化產業的現代特質如果從西方國家發展經驗來看，不乏偏重文化內容之再生產，具體而言大致可以化約為下列四種現象：

1.具有大額投資。
2.具有系列生產技術。
3.以市場為目的。
4.以資本主義模式的勞動組織轉化文化產品。[9]

---

[7]鄒應瑗譯，前引書，頁 101-374。
[8]宋明順（1988），《大眾社會理論——現代社會的結構分析》。台北：師大書苑，頁 156-158。

如果就產品的生產製造及其在市場的流通過程來看，又包括下列三項特徵：（花建，2003）

1. 它必須是提供文化產品和文化服務的大規模商業活動，透過市場化和產業化的經濟形態，進行規模化的文化生產。
2. 以從事文化生產和文化經營的企業為核心，在提升企業競爭力的過程中不斷提高文化生產和經濟效益。
3. 以企業體的協作鏈條形式，將藝術家、經濟人、生產商、銷售商……透過分工合作連接起來，使文化價值轉換成商業價值，又以商業價值的實踐過程促成文化價值的傳播。[10]

然而進一步深究商品的產、製、行銷過程，文化產業較諸一般商品的價值評量仍有不同。首先存在於文化藝術的創作價值，在世俗化的眼光當中往往與市場需求存在一定程度的差距。亦即文化活動基於為藝術而藝術的因素，創意產品常因某種理想意圖而難以完全順從消費者反應，因為文化的體驗性產品（experience good）蘊含「陽春白雪」的可能，具有需求之不確定性，這是文化創意活動最基本的經濟特性。[11]其次是文化創意的商品價值具有經濟學上所謂的外部效益（external benefits），其中富饒教育、傳承及利他主義意涵的範圍，本質上兼具有社會利益（social benefits），無法完全從市場價格來反映成本。[12]因此，如何擴大行銷效

---

[9] 吳錫德譯（2003），Jean-Pierre Warnier 著，《文化全球化》（*La mondialisation de la culture*）。台北：麥田出版，頁 34-35。

[10] 花建（2003），《文化＋創意＝財富－全世界最快速致富產業的經營 Know-How》。台北：帝國文化出版，頁 58-76。

[11] 仲曉玲、徐子超譯（2005），Richard E. Caves 著，《文化創意產業——以契約達成藝術與商業的媒合》，（*Creative Industries —Contracts between Art and Commerce*）。台北：典藏藝術家庭出版，頁 5-7。

[12] 高希均（1991），《經濟學的世界（上篇）：經濟觀念與現實問題》。台北：天下文化出版，頁 252-253。

果是當代文化產業較之其他商品更形迫切的重要課題。

(三)文化產業以建立品牌特色取勝

　　文化產業在創作（creation）、生產（production）、市場行銷（marketing）的過程中，比起一般流行消費商品更強調傳達在有形的實品之外另具無形的文化內涵，而且還要彰顯特殊的情感成份。亦即文化產品的可貴乃是建立在它如何誘發消費者理解其具有創造性，以及辨識其與文化符號的連結與共鳴。所以如何結合歷史紀憶，融入創意思考，建立品牌特色以取勝，是文化產業的第一要務。

　　純就商務運作而言，建立品牌特色是差異化行銷的一環，重要的步驟包括：(1)創意和邏輯；(2)在大環境中行之有理，做更好的服務；(3)要有憑據，提供真實口味；(4)傳達差異性。[13]社會流行的理論探討更進一步指出，要引爆趨勢引領風潮創造無限商機，在觀念、產品、訊息傳播的行銷過程中更必要慎思掌握以下三大原則：（Maclcolm Gladwell：2000）

　　1.**少數原則**：爰引經濟學者 Pareto 對社會財富集中於少數人手上的「80/20 法則」，在企業決策、成本分析、顧客管理上重視 20%的顧客帶來 80%的收入。也用關鍵少數的特殊形象激發熱情，創造出流行風潮的人氣與買氣。

　　2.**定著因素**：採用特殊的方法讓大眾輕易記住或深刻辨明，傳遞由大眾定著接納的包括商品及觀念，這是文化產業異軍突起的關鍵。

　　3.**環境力量**：重點在於充分掌握訊息，有效引用周遭環境內即便是最

---

[13]劉慧清譯（2002），Jack Trout、Steve Rivkin 著，《新差異化行銷：殺手競爭紀元的生存之道》（*Differentiate or die: survival in our era of killer competition*）。台北：城邦文化出版，頁 100-106。

微不足道的細節，也可能發揮扭轉風潮的感染力。[14]

　　實務上有關塑造文化產業的品牌特性，就政府的層面而言，除了擬定發展策略及規劃輔導措施之外，常見的是標舉「焦點主題」，集中財力、物力，進行宣導擴散。最顯著的事例是近年來台灣各地結合傳統藝術與民俗節慶，發展出凸顯地方特色又具觀光號召的文化活動，例如平溪放天燈、鹽水蜂炮、台北燈會、基隆中元祭、大甲媽祖遶境文化……等不一而足。又如九份、金瓜石的市集更新、鶯歌的陶瓷、白河的蓮花、新竹的玻璃藝術、花蓮石雕、美濃的客家油紙傘……也是從傳統出發，不斷擴充文化藝術內涵，塑造現代化商品特色而聲譽卓著的事例。

(四)產業群聚化擴大經濟乘數效益

　　就個人而言，創意產業起源於個人的努力創新，透過生產開發成為智慧財產，並發揮創造就業及財富的潛力，個人的理念及靈感價值，無疑地是文化創意產業的核心。但是從經濟功能論者（economic functionalists）及整合行銷傳播的利益關係人（stakeholder）角度來看，產業群聚增加創意互動及觀念的交流，則是激發更多創意與凝聚更大商機的基礎。

　　從近代各地文化產業發展的歷程觀察，當文化活動進入到商品經濟的生產與消費運作體系，文化商品的品牌特質必然與產地的空間、人文、生產、消費結構建立起緊密的互動關係，甚至於在地區的經濟網絡（economic networks）版圖中深化，而形構成能夠彰顯地方特色又具有實質經濟效益的商品鏈（commodity chains）。

---

[14]齊思賢譯（2000），Malcolm Gladwell 著，《引爆趨勢——舉手之勞成大事》（*The Tipping Point: How Little Things Can Make a Big Difference*）。台北：時報文化出版，頁 41-51。

學者劉維公（2003）進一步透過從生產、勞動者、消費過程等不同面向切入分析文化經濟運作成功的模式，提出文化產業生產面向的空間「團塊化」（agglomeration）及勞動者面向的「創意生活圈」（the creative milieu）的概念。理論上產業的團塊化現象可以建構出互動密切且異質性高的產業連結，持續產業的創造力與伸張力，以維持地區文化產業在今日全球經濟的優勢地位。美國影視音樂產業在全球市場上的成功即是歸因於相關產業在 New York、Los Angeles 等地區的團塊化作用。而創意生活圈則具有吸引更多技術、創意、決策、批判、金融、藝術……等相關領域的專業人士投入，更有能力適應未來文化、科學、技術等方面的變化，處理各種環境運作所衍生的複雜性與不確定性問題。[15]

就台灣而言，政府在 2002 年正式將文化創意產業列為「挑戰 2008：國家重點發展計畫」中之一項，希望結合人文與經濟創造文化的高附加價值，來增加就業人口及提昇國民生活品質。實際運作權責由文建會規劃選用台北酒廠周邊（華山藝文特區）、台中酒廠、嘉義酒廠、台南北門倉庫群、花蓮舊酒廠等五處，規劃設置「創意文化園區」，做為文化創意產業發展的重點示範基地與資訊交流平台。[16]立意即以團塊化的原理建立文化產業「關聯產業鏈」的形式來擴展經濟網絡及效益。

(五)文化產業結合觀光發展策略

觀光做為提供旅遊休憩功能，象徵無煙囪工業的重心是當代各國服務業項目最重要的一環，也是成長最快速的產業之一。21 世紀在資訊科技大幅度擴充知識經濟領域的同時，帶動人們更加重視休閒與生活品味

---

[15]劉維公（2003），〈台北市文化經濟之初探〉，《東吳社會學報》第十五期。台北：東吳大學社會學系，12 月，頁 79-99。

[16]行政院文化建設委員會（2004），《2004 文化白皮書》。台北：文建會出版，頁 140。

的追求，進而對生活步調的安排與觀光發展策略加以重新定位。日本政府甚至以活絡經濟商道的觀點，從 2003 年起全力推動「觀光立國」，塑造所謂「一地域一特色」的優質觀光環境，在國際間大肆推展多元化的文化行銷。[17]文化觀光（culture tourism）的觀念與作法已然形成當代世界觀光市場上的主流趨勢。

理論上嚴謹的文化觀光在聯合國教科文組織（UNESCO）的定義是：「一種與文化環境、包括景觀、視覺、表演藝術和其他特殊的地區生活型態、價值傳統、事件活動及具創造的、文化交流的旅遊活動」。文化觀光的關鍵在於提供人們真實真切的體驗及豐富又有意義的休閒內涵，活動的面向可以相當廣泛地提供，真實體驗的形式也可以涵藝不同層次。例如參觀歷史遺跡、博物館、美術館、出席觀賞藝術表演、體驗生態旅遊、參與知性學習、甚至於美食、購物……都包含在內。然而無論觀光的屬性目標是文化遺產觀光（cultural heritage tourism）、城市體驗觀光（city experience breaks）、學習性文化觀光（practicing cultural tourism）、事件型文化觀光（event tourism）、甚至是宗教文化觀光，都具有促進經濟利益，帶動地區發展的明顯作用。[18]

台灣的 21 世紀發展觀光新戰略，也是以「發展本土、生態、三度空間的優質觀光新環境」為目標，尤其側重結合地方節慶及本土特色做為推廣基礎。近年來政府倡導「閒置空間再利用」、「形象商圈」、「創造城鄉新風貌」、「休閒農業」、「民俗觀光季」……等建設方案，進行包裝設計，大幅提高文化產業的觀光價值。[19]從九份的懷舊商圈、金瓜石的藝術造村、鶯歌陶瓷展、墾丁風鈴季、客家義民節、花蓮石藝嘉年

---

[17]林怡君（2005），〈日本新競爭力＝推動觀光立國〉，《卓越觀察》OBSERVATION 雜誌。台北：卓越觀察雜誌社，9 月，頁 132-135。

[18]劉大和（2005），《文化與文化創意產業》。台北：魔豆創意出版，頁 400-404。

[19]http://202.39.225.136/auser/6/stratagem/sub 1. htm. 2006.2.22。

華、台北及高雄元宵燈節、宜蘭國際童玩節、綠色博覽會……等，不斷翻新文化觀光的規模，不但吸引大批人潮創造聲譽，也為文化產業開拓出更直接有效的經濟領域。

三、文化產業價值鐘擺的調和——經濟目標對應商業倫理

(一)文化產業應維持理性的核心價值

就實用導向的觀點來看，從文化活動衍生為文化商品的生產與使用，標示著人類透過工具理性的認知，將共享的文化資產融入個別的或集體的創意思考，展現為有形的知識產物。「聯合國教育科學文化組織」自 1998 年針對世界文化的創新與市場的界定即視文化產業的統整概念為：「結合創造、生產與商品化等方式，運用本質上為無形的文化內容，並受著作權的保障，其形式可以是貨品或服務。」[20]指出了當代文化產業以朝向多樣化形式及智慧財產保護為要務。

實際上文化做為一種社會性所描述的或具體的範疇而言，無異就是人們生活的總體方式。20 世紀初，人類學者馬凌諾斯基 B. Malinowski 強調物質、社會、精神。三因子的連環性，當代的文化研究據以擴充為重視：(1)人與人的關係（社會組織或制度層次）；(2)人與自然的關係（技術與生產方式）；(3)人與超自然的關係（價值與規範層次）。這三個面向的互動均繞著以人為中心，探討文化產業的核心價值乃必遵循著這三個面向來觀察才能避免失之偏頗。

---

[20]吳錫德譯，前引書，《文化全球化》。頁 11。

■人與人—— 社會層面

不可諱言，文化產業的經濟驅動力無論是創造或消費，基本上都具有自利的（self-interested）及個人主義的（individualistic）色彩。但不同於一般商品的是文化商品乃是建立在具有傳承意義的文化資產，及具有傳遞美感價值的藝術創作之上，其經濟的外部效益遠非一般消費性商品可以比擬。尤其以下列數項核心價值最稱顯著：

1. 美學價值（aesthetic value）：包括展現文化遺址的美感及對其相關的環境品質與週遭事物的美學價值之認識。

2. 精神價值（spiritual value）：提供人際社群一種文化上的自信，進而產生連結，促進不同文化之間的對話與了解。

3. 社會價值（social value）：將文化視為一種共享的價值及維繫群體的信念，能促進社群的穩定與團結。

4. 歷史價值（historical value）：它最重要的效益在於讓過去與現在產生連結，顯現當下生活的源頭，從而協助認同的確立。

5. 象徵價值（symbolic value）：有助於社群對自身認同及文化性格的詮釋與傳遞，作為一種意義再現與教育功能，是社群的知識基礎及相互瞭解的準則。

6. 真實的價值（authenticity value）：應善盡維護文化遺產的真實性和完善性，並建立文化創作的獨特性。[21]

■人與自然—— 技術與生產層面

20 世紀資本主義市場的全球化快速發展，隨著科學技術不斷創新，人類物質需求無限擴增，耗損環境與生態資源的後遺症也大幅呈現。1970

---

[21] 張維倫等譯（2003），David Throsby 著，《文化經濟學》（*Economics and Culture*）。台北：典藏藝術家出版，頁 105-107。

年代初期環保意識浮現，邁入 21 世紀永續經營與生活環保的概念已成為世人共信的準則。所謂綠色企業（greening business）永續經營的新觀念，強調適用技術、降低資源浪費的差別式發展（discriminating development），以及保存資源、擴充修理、復原再生、創造工作、非物質類成長（指養生保健、藝術活動、社會服務……）。[22]文化資源的永續發展也相對受到重視，而出現了下列重要的經營原則：

1. 跨代公平原則（generational equity）：基於文化資源的獨特性，衡量文化價值不能純粹以現實經濟效益做考量，必須確保後代子孫同享文化資源的權利，保障其文化基礎不被剝奪。

2. 代內公平原則（intergenerational equity）：為避免因社會階級、地區或所得差距造成文化資源分配的不均衡，因而重視文化的開放參與、提供對少數或弱勢者公平的文化服務。

3. 預警原則（precautionary principle）：針對文化資源的不可替代價值，防止危害損毀而必須採取嚴謹的風險趨避立場。

4. 維持多樣性原則：尊重文化傳承與藝術創作維持多樣化風貌。[23]

■人與超自然──精神價值層面

早期西方法蘭克福學派 Adorno 等批判標準化的複製犧牲了文化的原創精神，1980 年代 Fredric Jameson 的後現代主義與文化理論仍然視資本主義社會主流的文化活動，依附科技在模仿與混成之間淡弱了歷史感，人們追求感官刺激來忘卻心情上的焦慮。[24]然而在文化民粹主義（cultural

---

[22] 宋偉航譯（1993），John Davis 著，《綠色企業──永續經營新趨勢》，（*Greening Business: Managing for Sustainable Development*）。台北：天下文化出版，頁 41-44。

[23] 張維倫等譯，前引書，《文化經濟學》。頁 67-72。

[24] 陳光興（1987），〈歷史・理論・政治──詹明信的後現代主義評介〉，《當代》雜誌第十六期。台北：當代雜誌社，8 月，頁 76-86。

populism）的立場，則視通俗的大眾文化與大眾消費才是真正符合當代人民的慾望與期待。[25]所以流行文化在全球化的浪流中，隨著高度科學技術的特效與律動，不斷強化鎮懾征服人心。「網路」、「迪士尼」及「好來塢」式虛擬世界的旋動風迷全球，提供當代人對超自然世界的精神交流多了一份寄託的園地，真實與虛擬世界併存而不相排斥的現象，文化產業的精神價值相對呈現出兼具以下兩項特質：

1. **詮釋傳統，活絡實用價值**：社會變遷促使傳統文化活動的儀式行為淡化神秘色彩，經由現代的詮釋或行銷包裝，提昇傳說的趣味性並增強了實用性功能。例如民間宗教信仰、風水星相觀念……不再只是儀式或靈性的追求，而是現代人可以親近的實用知識。[26]古意新鮮，賦予傳統文化新的活力也充實了文化觀光新的內涵。

2. **解構傳統，重視親身參與感**：當代流行文化的特質破除了盲目接受的心態，不遵從獨斷式的教條，在解構傳統的風潮中，強調文化活動的開放性及嘉年華式的參與感。[27]

(二)文化產業應善盡商業倫理責任

■商業倫理具有崇高價值

一般產業經營與商務交易的首要目標大都聚焦於如何增進最大經濟效益，功利論（Utilitarianism）的立場主張追求利潤與效益的極大化，但是商業利益除了有形的財物、權力之外，還可以包括滿足、快樂、幸福

---

[25]袁千雯等譯（2005），Dominic Strinati 著，《通俗文化理論》（*An introduction to Theories of Popular Culture*）。台北：韋伯文化出版，頁233-248。

[26]李亦園（1992），《人類學與現代社會》。台北：水牛出版社，頁105-122。

[27]高宣揚（2002），《流行文化社會學》。台北：揚智出版，頁467-487。

等無形的效益。義務論（Obligationism）的觀點則視商業行為必須遵守道德與倫理規範，強調他人的權利不可侵犯，每個人的自主權都應尊重。[28] 兩種不同立場的呈現凸顯出商業交易行為主體與客體之間的對應關係，有賴倫理原則的建立和遵從才能共創安全與和諧。至於商業倫理（Business Ethics）的概念，一般也用做企業倫理（Enterprise Ethics）。本文探討文化產業如何有效發展，涉及的主體包括文化藝術創作者、經理人、藝術團體及相關之組織較之一般企業體更為廣泛。因此，採釋意寬廣之商業倫理做為論述基礎。又因倫理貴在實踐，文化產業側重倫理的意義即以下列三項價值的實踐為前提：

1. **實踐真、善、美的崇高理想**：文化是以人為中心，擴散對社會、對自然及精神層面的事與物，產業化仍以運用「求真」、「存真」的知識觀念，弘揚「善德」、「善行」，實踐「美好人生」。這是人際倫理學的基本價值，也是文化學的終極目標。

2. **跨越法律善盡社會責任**：本質上文化是社會甚至是全民的遺產，因為產業化的過程衍生對人（包括群、己）、對物（涵蓋歷史文物及當代創作）、對具有文化精神象徵的符碼的任何影響，都必須從尊重文化，講究實踐的立場來因應處理。所以文化產業在保護文物、生產製造、開發資源、……各方面，以公眾利益優先考量，應遵守超越法律的更高倫理並善盡社會責任。

3. **以倫理為經濟價值的最高層級**：基於文化資產的獨特性及文化產業具有外部性效果，文化的再生過程所追求的經濟目標，除了現實的成本效益之外，更須顧及永續性經營並符合長期的整體利益。所以文化產業的商業倫理規範雖然建立在多元化價值評量之上，但必須尊崇其完整的理想性與絕對性。

---

[28] 蔡蒔菁（2002），《商業倫理概念與應用》。台北：新文京開發出版，頁 4-6。

■商業倫理在文化產業上的實踐範疇

　　一般企業倫理的實務偏重如何增強信念，在企業決策、領導統御、行業服務、教育訓練……各方面，重視「以人為先」的管理作為。更重要的是建立態度，遵循共同的倫理規範，推展「利他」及「利己」並重的企業作為，提升企業道德形象。類似歐洲文藝復興的人文主義精神（humanism），強調「關懷人的價值，肯定人的自信，追逐利益並善用財富，遵循倫理規範，散播民主的種籽」，這是現代企業倫理的重要內容。[29]

　　西方學者亞其・卡洛（Archie B. Carroll, 1995）針對解決「人與社會的問題」提出社會責任模型（Corporate Social Responsibility, CSR model），分為下列四項：

1. 經濟責任（economic responsibility）：強調減少成本，創造利潤，帶動社會經濟發展。
2. 法律責任（legal responsibility）：應遵守法律規定，恪遵環境保護、消費者保護、勞動者保護……等法規。
3. 倫理責任（ethical responsibility）：在法律規定之外尚須力求合乎公平、正義、避免傷害的原則。
4. 慈善責任（philanthropic responsibility）：企業應出於自願回饋貢獻資源，舉辦提昇社會生活品質的公共慈善業務。[30]

　　由於文化的涵蓋面廣泛，文化產業的主體包括了創作個體，也可以是有形的企業組織，更可能是分散的社群大眾。文化產業的客體則是人與社會、人與自然、人與精神價值的對應關係。因此，商業倫理規範與

---

[29] 吳成豐（2005），《企業倫理的實踐》。台北：前程文化出版，頁 462-463。
[30] Carroll. Archie B., *Business and Society: Ethics and Stakeholder Management*, Cincinnati: South Western, 1989.

文化產業發展的互動關連，從其主體與客體的對應關係、衍生必要的倫理議題、到當代普遍重視的責任實踐範疇，可以綜合歸納簡要如**表 13-1**：

表13-1　商業倫理在文化產業的實踐範疇示意圖

文化的對應關係	倫理議題	商業倫理的實踐責任
人與人	社會領域	經濟責任、法律責任、慈善責任、品牌責任、廣告責任、人事管理、競爭合作、消費者保護、智慧財產保護、勞動者保護。
人與自然	環境領域	文物資源保護責任、惜慎責任（避免過度或不當開發）。
人與超自然	精神領域	公平原則、正義原則、歷史傳承、關懷原則、忠實原則

資料來源：筆者繪製。

四、商業倫理調和文化產業創造共生價值

(一)擴大有形的經濟規模

　　在開放自由競爭的資本主義市場上，影響企業獲利及其整體競爭力的原因，包括生產投入、需求條件、相關支援體系、企業策略及競爭對手等諸多因素。不同的是文化產業的生產因素受限於歷史文化資源的稀有性、獨特性、藝術創作需求的不確定性，加上文化商品的產出往往兼負有傳承及教化使命的外部性因素，使得文化產出的經濟利潤不能完全從成本效益來衡量。政府的輔導與企業贊助相對重要，文化產業運作的

脈絡也呈現如圖 13-1 所示的關係：

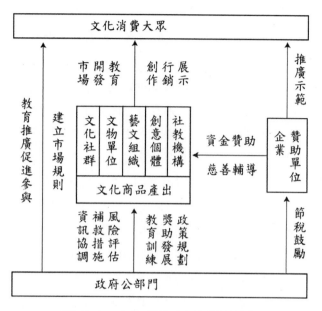

圖 13-1　文化產業支援脈絡關係圖

資料來源：筆者自繪。

　　在台灣文化創意產業的範疇由政府設定為「視覺藝術」、「音樂及表演藝術」、「工藝」、「文化展演設施」、「設計產業」、「電視與廣播」、「電影」、「廣告」、「數位休閒娛樂」、「設計品牌時尚產業」、「建築設計產業」、「創意生活產業」等 13 個類別。實則當代各國對文化產業的看法大多以開闊的視野不採嚴格的界定，尤其創意生活類涵蓋層面廣泛。概估文化產業的產值確實不易，要再進一步分析其中調和商業倫理所創造出來的量化數據更有實務上的困難。但是從各國透過公部門的政策規劃，文化產業聚落有效發展而且締造聲譽，形成規模經濟的事例，仍可看出商業倫理促進文化產業發揮有形效益的重要性。謹舉數則顯著事例如下：

1.保存古蹟傳承歷史風貌塑造「大英帝國文化再現」的英國，利用古蹟文物、神話傳說、歷史軼聞，結合博物館、歌劇表演，休閒購物設施，建構意涵深厚的文化產業，每年吸引 3,000 萬外國遊客到訪。[31]法國也以體貼入微的行銷服務，推廣其散播全國的博物館、美術館、歌劇院等設施，每年吸引 7,000 萬遊客，而且單就「蒙娜麗莎」畫像每年銷售的相關產品達近 40 萬件。[32]

2.美國社會挾其龐大的消費市場及智慧產權保護措施，近十年來在數位化電影動畫製作方面掀動熱潮。從 1995 年推出《玩具總動員》以來，20 部動畫片在美國票房收入達 80 億美元。[33]而《哈利波特》（Harry Potter）一書憑藉豐富的創意想像風迷全球，僅以 2005 年 7 月發行第 6 集為例在全球暢銷達 3 億本，周邊伴隨而起的電影、玩具相關商品所創造的商機更是難以計算。[34]

3.透過綜合規劃，以融合過去的文化遺產，保持時下現有的多元風格，加上對未來的創造願景等三方面原則，聚合開發創意產業。[35]上海「新天地」從維持石庫門建築的歷史風貌，結合文化、休閒、娛樂和商業功能，改造成中西新舊和諧共存的上海地方縮影。而韓國的「仁寺洞」維持傳統文化街的內涵，其中有 40 間美術館、20 個展現傳統器物的藝品商店、70 家深具韓國特色的茶館，打造

---

[31]李天鐸（2005），〈文化產業發展的兩手策略〉，《中國時報》。台北：2005 年 10 月 2 日，A4 版。

[32]黃肇松（2005），〈今天不要到羅浮宮——從「蒙娜麗莎」遷居看文化產業的經營〉，《中國時報》。台北：2005 年 4 月 4 日，A11 版。

[33]〈冰原歷險記 2 賣座，電影掀動畫熱〉，《聯合報》。台北：2006 年 4 月 4 日，A14 版。

[34]http://tw.news.yahoo.com/051005/4/2 djxj.html.2005.10.7.

[35]桂雅文（2004），〈去英或摘星——見習創意產業〉，載入《揭開英國創意產業的秘密——從十五種不同角度觀看英國的戲劇、電影、媒體、行銷以及設計》。台北：行政院文化建設委員會，頁 50。

成為欣賞韓國文化特色的生活中心，成為旅遊觀光最熱門景點。[36]

(二)充實文明的精神價值

文化產業所創造的最終價值比起一般商品最大的差別是邊際效用不同，經濟學上邊際效用遞減法則（Law of Diminishing Marginal Utility）說明了消費者對特定物品的慾望都有一定的限度，隨著消費量的增加，熱中的程度會愈來愈降低，商品的邊際效用一定會遞減。[37]但是文化性創意商品的精神價值在其生產、傳播、保存、消費過程中卻較少因流通與時間而損耗，反而呈現價值積累及價值增生愈顯珍貴的現象（李向民、王晨，2006），戲劇、歌曲、歷史傳說、文物古董……富饒情趣與生活品味的文化商品透過社會倫理的洗鍊，往往更添增敘述內涵，其精神文明的價值也隨市場需求而增長。這種價值增生的現象如圖 13-2 所示。[38]

除此之外，文化商品的社會性意義也有增進社群人際溝通強化認同的價值。西方學者葛爾納（Ernest Gellner: 1997）闡述民族的核心意涵指出：「民族是從共享的文化（shared culture）開始。」[39]安東尼‧史密斯（Anthony D. Smith: 2000）論述當代的族群認同感，也認為：「群體的社會認同是由民族的社會結構與精英成員刻意的文化加工所產生。」[40]

---

[36]馮久玲（2002），《文化是好生意》。台北：城邦文化出版，頁 108-117。
[37]張清溪、許嘉棟等（1987）著，《經濟學理論與實際》上冊。台北：新陸書局經銷，頁 115-116。
[38]李向民、王晨（2006），張曉明等主編，〈創意、文化產業與精神經濟〉，《2006 年中國文化產業發展報告》。北京：社會科學文獻出版社，頁 89-95。
[39]Ernest Gellner, "Nationalism", (New York University Press, 1997), p.4.
[40]Anthony D. Smith, "The Nation in History: Historiographical Debates about Ethnicity and Nationalism", (New England University Press, 2000), pp.53-54.

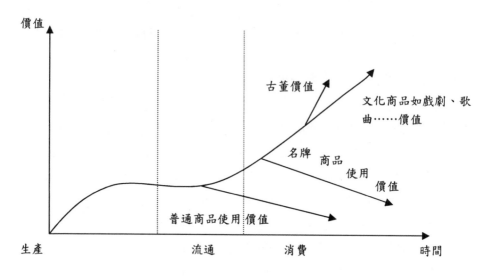

圖 13-2　文化商品精神價值形成趨勢圖

資料來源：李向民、王晨，〈創意、文化產業與精神經濟〉。

英、美先進國家在全球化浪潮中傾銷大眾流行文化與商品，文化力創造了龐大商機，也成為鞏固民族認同展現國家競爭力的核心動力。近年來台灣社會日愈重視文化創意產業，文建會更在 2004 年 7 月啟動所謂「文化公民權運動」。[41]希望繼政治、經濟發展之後，訴求在地公民參與，從支持和維護文化藝術發展的權利和義務中，落實建立一個屬於文化和審美的公民共同體。

---

[41]陳其南（2004），〈文建會啟動「文化公民權運動」落實第二波民主化工程〉。2004 年 7 月 20 日，http://www.twcenter.org.tw/f03/act/paper.doc。

五、結語

　　文化是人類社會生活共同的遺產，隨著社會變遷加劇，21 世紀全球化帶動知識經濟發展的範圍與速度不斷擴大。如何將新的巧思創意融入文化活動，亦即以創意與知識核心，進而創造文化商機，是文化創意產業的外顯目標。至於如何在擴大文化服務的基礎上秉持商業倫理，維護細緻幽雅的文化內涵，發揮休閒娛樂與提升生活品味的功能，則是文化創意產業終極的價值。

　　本文循趨勢發展的觀點分析當代文化產業發展，具有以創意加值迎合大眾消費、重視創意行銷彰顯經濟目的、順應風潮強化品牌特色、產業群聚更能擴大乘數效益及融入在地促進文化觀光等特徵。但是文化活動與文化商品較之一般商業行為最大的不同點，是其在市場流通與消費使用的過程裡還具有經濟目的之外的外部性價值。所謂外部性因素涵蓋了激發人在世俗環境中如何體現文化藝術真、善、美的意象？如何轉化物質的形象符碼提升而為精神層次的品味？如何落實關懷，善盡維護歷史文化和自然資源的責任與義務？這是傳承教育與永續經營的重要課題。因此，文化產業強調承襲良好傳統、融入在地特色、詮釋巧思創意、擴大臨場參與和跨越法律的社會責任。這種社會責任的實踐無疑地須以當代商業倫理為重心，其具體要項包括了：促進經濟、遵守法律、慈善責任、品牌信譽、公平正義、忠實關懷、智慧財產保護、文物資源保護、消費權益保護……等原則。

　　考察當代文化創意產業經營環境，在自由競爭的開放市場上受限於文化資源的稀有性、獨特性，以及創意商品需求的不確定性，加上外部性成本等因素，文化商品的經濟目標難以完全從成本效益來衡量，政府公部門的輔導和民間企業贊助相對顯得重要。其實文化產業受政府扶持……結合商業倫理責任在先進國家創造了豐碩效益，已成為凝聚社會

認同與提昇國家競爭力的指標。強化經濟目標恪遵商業倫理，成為文化產業有效發展的重要準則。

　　然而台灣近年來也出現為了吸引人潮創造商機，藉民俗傳統之名無止盡地擴充遊藝範圍。以跨年、燈會為例，大型活動氾濫，照亮虛華卻形同趕集盛會。文化產業的經濟目標與商業倫理如何平衡思考理性因應，正有待政府、業者、消費大眾共同努力。

參考書目

一、中文部分

〈冰原歷險記 2 賣座，電影掀動畫熱〉，《聯合報》。台北：2006 年 4 月 4 日，A14 版。

《2004 文化白皮書》。台北：行政院文化建設委員會出版。

仲曉玲、徐子超譯（2005），Richard E. Caves 著。《文化創意產業——以契約達成藝術與商業的媒合》（*Creative Industries —Contracts between Art and Commerce*）。台北：典藏藝術家庭出版。

吳成豐（2005）。《企業倫理的實踐》。台北：前程文化出版。

吳錫德譯（2003），Jean-Pierre Warnier 著。《文化全球化》（*La mondialisation de la culture*）。台北：麥田出版。

宋明順（1988）。《大眾社會理論——現代社會的結構分析》。台北：師大書苑。

宋偉航譯（1993），John Davis 著，《綠色企業——永續經營新趨勢》（*Greening Business: Managing for Sustainable Development*）。台北：天下文化出版。

李天鐸（2005）。〈文化產業發展的兩手策略〉，《中國時報》。台北：2005 年 10 月 2 日，A4 版。

李亦園（1992）。《人類學與現代社會》。台北：水牛出版社。

李向民、王晨（2006）。〈創意、文化產業與精神經濟〉，張曉明等主編，《2006 年中國文化產業發展報告》。北京：社會科學文獻出版社。

李明譯、邱如美譯（1997），Michael E. Porter 著。《國家競爭優勢》（*The*

Competitive Advantage of Nations）上冊。台北：天下文化出版。

林怡君（2005）。〈日本新競爭力＝推動觀光立國〉，《卓越觀察》
OBSERVATION 雜誌。台北：卓越觀察雜誌社。

花建（2003）。《文化＋創意＝財富－全世界最快速致富產業的經營
Know-How》。台北：帝國文化出版。

桂雅文（2004）。〈去英或摘星──見習創意產業〉，載入《揭開英國創
意產業的秘密──從 15 種不同角度觀看英國的戲劇、電影、媒體、
行銷以及設計》。台北：行政院文化建設委員會。

袁千雯等譯（2005），Dominic Strinati 著。《通俗文化理論》（*An introduction
to Theories of Popular Culture*）。台北：韋伯文化出版。

高希均（1991）。《經濟學的世界（上篇）：經濟觀念與現實問題》。
台北：天下文化出版。

高宣揚（2002）。《流行文化社會學》。台北：揚智出版。

張清溪、許嘉棟等合著（1987）。《經濟學理論與實際》上冊。台北：
新陸書局。

張維倫等譯（2003），David Throsby 著。《文化經濟學》（*Economics and
Culture*）。台北：典藏藝術家出版。

陳光興（1987）。〈歷史‧理論‧政治──詹明信的後現代主義評介〉，
《當代》雜誌第 16 期。1987 年 8 月號，台北：當代雜誌社出版。

陳其南（2004）。〈文建會啟動「文化公民權運動」落實第二波民主化
工程〉。網址：http://www.twcester.org.tw/f03/act/paper.doc，線上檢
索日期：2004 年 7 月 20 日

馮久玲（1987）。《文化是好生意》。台北：城邦文化出版。

黃肇松（2005）。〈今天不要到羅浮宮──從「蒙娜麗莎」遷居看文化
產業的經營〉，《中國時報》。台北：2005 年 4 月 4 日，A11 版。

鄒應瑗譯（2003），Richard Florida 著。《創意新貴──啟動新新經濟的
菁英勢力》（*The Rise of the Creative Class: and How It's Transforming*

Work, Leisure, Community and Everyday Life）。台北：日月文化出版。

齊思賢譯（2000），Malcolm Gladwell 著，《引爆趨勢——舉手之勞成大事》（ *The Tipping Point: How Little Things Can Make a Big Difference*）。台北：時報文化出版。

劉大和（2005）。《文化與文化創意產業》。台北：魔豆創意出版。

劉瑞華（2005）。〈文化經濟：過去與未來〉，參閱李炳南主編，《經濟學帝國主義》。台北：揚智文化公司出版。

劉維公（2003）。〈台北市文化經濟之初探〉，《東吳社會學報》第 15 期。台北：東吳大學社會學系，2003 年 12 月。

劉慧清譯（2002），Jack Trout、Steve Rivkin 著。《新差異化行銷：殺手競爭紀元的生存之道》（ *Differentiate or die: survival in our era of killer competition*）。台北：城邦文化出版。

蔡蒔菁（2002），《商業倫理概念與應用》。台北：新文京開發出版。

二、英文部分

Adorno, T. & Max Horkheimer (1993), Dialetic of Enlightment, New York: Continum

Anthony D. Smith (2000), "The Nation in History: Historiographical Debates about Ethnicity and Nationalism", New England University press.

Carroll. Archie B. (1989), Business and Society: Ethics and Stakeholder Management, Cincinnati: South Western.

Ernest Gellner (1997), "Nationalism", New York University Press.

朱建民

傳統宗教對當代環境議題的回應——以西方的基督教和台灣的佛教爲例

14

朱建民　東吳大學哲學系客座教授

一、前言

　　人類生存在自然之中，隨時在與周遭環境產生互動；這點自古至今皆是如此。但是，認真地把「環境」當做一個議題，卻是 20 世紀後半葉的事。簡言之，現代形態的環境意識是隨著現代形態的環境破壞而來的。工業革命之後，人類改變環境、破壞環境的能力大幅增強，強到超過了環境的復元速度，也影響到了人類自身的生存和生活品質。1972 年聯合國人類環境會議指出人類活動如何造成環境污染和生態破壞，該次會議提出的人類環境宣言指出：「在地球上許多地區，我們可以看到周圍有越來越多的人為損害跡象。水、空氣、土壤及生物界中，污染已達到危險的程度；生物界的生態平衡受到重大和不適當的擾亂；一些無法取代的資源受到破壞和陷於枯竭；人為的環境，特別是生活和工作環境裡存在著有害於人類身體、精神和社會健康的嚴重缺陷。」

　　在當代環境思想史上有兩個里程碑。第一個里程碑是 1962 年卡遜（Rachel Carlson）的《寂靜的春天》，這本書代表當代人開始意識到環境破壞的嚴重性，也警覺到人類正自作自受地慘遭大自然的反撲。其後，地球資源的有限性以及自然環境的承載能力日益受到關切。第二個里程碑是 1967 年懷特（Lynn White）的〈我們生態危機的歷史根源〉，這篇文章代表當代人開始深入反省人類對於環境的態度與相處之道。其後，相關課題的研究蔚為風潮，造成環境哲學與環境倫理學的興起。

　　懷特在這篇文章指出，源於傳統基督教的人類中心主義是當代生態危機的禍源；此一指控引發西方思想界對於人類中心主義的熱烈討論。針對此一議題，這幾十年來出現的相關論述，大部分都是承襲著懷特的指控而站在反人類中心主義的立場，人類中心主義似乎成了環境破壞的罪魁禍首。反之，與它對立的觀點，諸如：生命中心主義、大地倫理、

生態中心主義、深層生態學等等主張，皆能大行其道。

在懷特所引起的這場風波中，有兩個環節值得注意。一是，人類中心主義和反人類中心主義的論戰。另一是，傳統宗教對於當代議題的回應。針對第一個環節國內外已有許多相關討論，本文重點則放在較少人談論的第二個環節，亦即，觀察傳統宗教如何回應當代環境倫理的議題及批評。以下首先介紹懷特對基督教思想的批評。

二、懷特對基督教思想的批評

懷特在 1967 年的文章指出，近代科學及技術的發展造成當前生態危機，但究其根源，還得溯源到正統基督教對於自然的傲慢自大心態。他說：「人們如何對待生態環境，乃取決於他們如何看待自身與其周遭萬物之間的關係。我們對於自身本性和天命的信念（亦即宗教），深切地影響人類的生態環境。」[1]簡言之，依他看來，生態危機表面上是科技惹的禍，但追根究底是宗教惹的禍。既然西方至今基本上仍受到基督教的影響，因此，問題的癥結在於基督教對於人與環境的關係持有何種看法。

懷特指出，基督教由猶太教承襲一種直線前進的時間觀，以及一種獨特的創世說。在此，人類被造物主設定為地球的管理者，人類為動物命名並掌管之。人依上帝形象而成，亦分享上帝的超越性，動物存在的目的即是為了人類。懷特認為，基督教（尤其是西方的形態）是有史以來最為人類中心的宗教，它不僅製造人與自然的二元，更主張人類依其目的而利用自然乃是上帝的旨意。在原始宗教中，人們相信山河大地處

---

[1]本文提到的懷特看法皆引自 Lynn White, "The Historical Roots of Our *Ecological Crisis", Environmental Ethics: Readings in Theory and Application*, edited by Louis P. Pojman (Boston & London: Jones and Bartlett Publishers, 1994).

處皆有神靈，林木及河流皆有其守護神。當人們砍伐林木、開採山嶺、築建河壩，皆得對相關的神靈有所撫慰。在摧毀這些異教信仰之後，基督教使得人們在利用自然之際，不必再顧及自然事物的感受。

懷特表示，從歷史來看，近代科學可以說是基督教自然神學的延伸發展，近代技術也可以部分地被看做，在實現基督教之「人乃超越自然並應統治自然的教義」。問題是，一個多世紀以前科學與技術的合流，卻造成今日無法控制的生態危機。如此一來，基督教不是成了罪魁禍首嗎？懷特本人不認為生態危機可能藉由更多的科學和技術加以解決，因為當今的科技興起於基督教的自然觀，而這種對於人與自然關係的看法，一直流傳在今天各地。在此觀點下，林木只是物理事實的存在，不可能有精神或神聖的涵意。懷特認為，補救之道在於提出另一種基督教觀點：聖方濟的形態。聖方濟的核心信念在於謙卑；不僅個人應該謙卑，整個人類都應該謙卑。人類與萬物都是上帝造的；人類並非高居萬物之上，而是平等的；人與萬物之間不應呈現一種君主政治，而應是民主政治。懷特認為，原本對自然抱持高傲自大態度的基督徒，應該採取這種萬物（包括人類）平等的態度來對待自然，才比較有可能挽救生態浩劫。他說：「既然我們麻煩的根源主要是宗教性的，則補救之道也必須在本質上是宗教性的。」

依上述分析，傳統基督教認為人類分享上帝的超越性，因而遠高於其他萬物，這種人類中心主義，使人類認為自己可以隨意利用自然，因而造成生態危機。當然，這種對於基督教的指控，在西方社會中必定掀起軒然大波。支持懷特觀點的人很多，但反對者也不少。有的反對者指出，懷特把基督教視為禍源是一種過度簡化的做法。例如，孟克里弗（Lewis W. Moncrief）指出，宗教信念固然是影響生態觀念的因素之一，但不是全部，甚至不見得是最根本的因素。孟克里弗認為，宗教對於人與人之間，或人與環境之間應有何種關係的主張，只是一種非常廣泛的系統，其中包含一些被容許的信念或行為，並鼓動一種體制，在社會上

及精神上讚許那些符合這套系統的信念或行為，而責備那些違反者。換言之，宗教在此僅是畫定了一個場地，它限定某些遊戲無法在這種場地進行，但是究竟是那一種遊戲才行，它也沒有明確規定。相信萬物有靈論的人，比較不會任意摧毀自然存在，因為這可能引來責罰。但是，這並不表示不相信的人就會任意濫用自然資源，只能說不相信的人受到的心理上和社會上的約束較少。孟克里弗認為，直接造成今日西方生態危機的力量在於：民主、科技、都市化、個人財富的增加、對於自然界的侵略態度。基督教或許對這些力量皆有多少影響，但不足以獨立出來做為唯一的根源。在此，基督教傳統頂多只有間接的影響，而且，其影響力最缺少經驗佐證[2]。

三、基督教內部的重新詮釋

另一種對於懷特的反擊，則來自對基督教經典的不同詮釋。把當前生態危機歸因於基督教對於自然界的傲慢自大，或某種跋扈的人類中心主義，在文獻上似乎不乏證據。例如，《舊約‧創世記》第一章二十六節至二十八節：「上帝說，我們要照著我們的形像，按著我們的樣式造人，使他們管理海裡的魚、空中的鳥、地上的牲畜、和全地、並地上所爬的一切昆蟲。上帝就照著自己的形像造人，乃是照著他的形像造男造女。上帝就賜福給他們，又對他們說，要生養眾多，遍滿地面、治理這地，也要管理海裡的魚、空中的鳥、和地上各樣行動的活物。」又如《舊約‧詩篇》第八篇：「主阿！……我觀看你指頭所造的天，並你所陳設

---

[2] 上述提到的孟克里弗看法引自 Lewis Moncrief, "The Cultural Basis of Our Environmental Crisis", *Environmental Ethics: Readings in Theory and Application*, edited by Louis P. Pojman (Boston & London: Jones and Bartlett Publishers, 1994).

的月亮星宿，便說，人算甚麼，你竟顧念他；世人算甚麼，你竟眷顧他。你叫他比上帝微小一點，並賜他榮耀尊貴為冠冕。你派他管理你手所造的，使萬物，就是一切的牛羊、田野的獸、空中的鳥、海裏的魚、凡經行海道的，都服在他的腳下。」

有的基督教人士認為，《聖經》的說法並不像懷特描繪得那樣跋扈，上帝並未給人濫用資源、破壞自然的權利；人類乃是地球的管理員（stewards），應該講求管理員的倫理，不但要對上帝謙卑，也應該對自然抱持同樣的態度。地球是上帝賜給人類的禮物，人類應當謹慎使用[3]。

這種觀點在 1970 年代出現，到了 1990 年代似乎已被基督教的某些官方機構完全採納。例如，1991 年英國聖公會制訂一套「基督徒管理被造世界的守則」，其中提到：「我們共同擁有並倚賴同一個世界，世界的資源有限而且很多是不可更新的。基督徒相信這個世界是上帝創造，由祂救贖並保守，是屬於上帝的。上帝將世界託付給人類，而人照上帝的形象所造，並要向上帝負責。不論我們是否接受，上帝已賦予人各種的身分，有管家、租客、管理人、信託人或是監護人。管家的崗位代表關懷的管理，不是自私的剝奪；管家的責任是關心現在、將來及自己，以及認知到我們管理的世界除了對人有價值之外，本身也有生存及發展的價值。」[4]在這段文字的最後，不僅表達出善待自然界的態度，更明確指出，自然界不僅具有工具價值，更具有內在價值[5]。

上述聖公會的詮釋方向顯示，基督教內部已經隨著時代的需求而進行調整。在這種觀點下，「對於基督徒而言，破壞自然世界不但是錯誤

---

[3]這種立場最著名的代表人物即是美國前副總統高爾，參見楊憲宏等譯（1996），高爾著，《瀕危的地球》。台北：台灣地球日出版社。
[4]轉引自匯思譯（2002），艾金遜著，《基督教應用倫理學》。香港：天道書樓有限公司，頁 176。
[5]傳統上把植物分成食用、藥用、觀賞用，即是一種工具價值的分類觀點。

的決定，更是不遵守上帝的道。」[6]如此，不破壞環境才是信奉上帝的基督徒應有的表現。進一步，他們要求真正信奉上帝的基督徒，應該更積極地參與環境關懷和保護的行動中，尊重自然，維護並欣賞自然本身的美好。英國聖公會的教義委員會提到：「接受上帝是創造主，表示人的創造活動要符合創造主的旨意，祂造萬物為美好的。……接受上帝是救主，表示人要與上帝聯合，進行我們的拯救行動，盡力去復興和再創造曾被人的愚昧和軟弱所毀壞的東西，並且幫助發掘被造物中未為人所確立的美好。」[7]

在本文中，我們不去追究懷特對基督教的指控是否正確，不去追究基督教思想是否應為當代生態危機負責。但是，我們至少看到，基督教已經針對這樣的指控有所回應，而其回應的方式是朝向環境保護的一面來詮釋其教義。這樣的詮釋是否合乎原典本意，在基督教內部也許會有若干爭議，但這不是我們關心的重點。事實上，被視為經典的書籍，經常容許有不同的解釋，誰的解釋比較合乎原意，往往歷經千百年的爭論。以《舊約‧創世記》第一章二十九節及三十節為例，「上帝說，看哪，我將遍地上一切結種子的菜蔬、和一切樹上所結有核的果子，全賜給你們作食物。至於地上的走獸、和空中的飛鳥、並各樣爬在地上有生命的物，我將青草賜給他們作食物。」純就文字本身而言，有心的素食主義者很可以拿這段文字，要求世人遵守上帝的訓示而吃素，但是，事實上大多數的基督徒在看到這句話時都會從寬解釋。換言之，究竟要對宗教經典做何種解讀，其實有很大的彈性空間。例如，什麼情況稱得上「謹慎地利用」、什麼樣的表現才稱得上「盡責的管理者」。在洛克的時代，對於自然有未施人力之處即是未盡其責，在今天顯然有不同的看法。因此，我們寧願從另一個角度來看，不問何者較合乎原意，而問何者對我

---

[6] 匯思譯，艾金遜著，《基督教應用倫理學》。頁 180。
[7] 同註 6。

們較有意義。一般來說，比較適合某個特定情境及時代環境的解釋才會為時人接受。在此，我們明白看到基督教內部對於時代趨勢的正面而且正確的回應。甚至在基督教的系統中，近些年更有人進而重新詮釋基督教義，提出一種「生態公義神學」[8]，強調基督教義的本質，相較於其他宗教和哲學，乃是最合乎當代生態保育的潮流。

四、台灣佛教的環境意識

近卅年來，台灣的佛教界出現前所未有的興盛狀態。就整個佛教發展史的角度來看，其中有一個值得注意的特點，即是出現了人間佛教的理念。在傳統的中國社會中，佛教是出世的；與世間有所交涉時，大多是超度法事。因此，對一般民眾的生活而言，佛教似乎專注於處理人的死亡問題。不過，當代自太虛法師提倡人生佛教以來，其弟子印順導師也宣揚人間佛教。這種理念影響了證嚴法師、聖嚴法師、星雲法師等人，也經由這些法師及其門人，在這些年來得到行動的落實。

不同於西方基督教因應批評而被動地辯解，台灣佛教界乃是主動地回應當前社會的需求。在具體行動方面，證嚴法師的慈濟系統做得最為全面而落實。慈濟功德會號召環保志工，從社區環保做起，目前已有相當成效。慈濟的工作重點原本是以慈善事業為主，介入環保其實只是起於證嚴法師的一句話。證嚴法師在 1990 年的一場演講中，提到大家應該用鼓掌的雙手做環保，提倡垃圾分類、資源回收再利用、愛惜資源。當時有一位年輕少女深受感動，其後付諸行動，呼籲鄰居將紙張分類回收，並將回收的錢捐獻為愛心基金。從此，環保才進入了慈濟的體系。

---

[8]台灣生態神學中心翻譯（1996），Dieter T. Hessel 著，《生態公義神學》。台北：台灣地球日出版社。

證嚴法師講求的是身體力行，比較少談理論。不過，也有少數段落顯示她用佛教的義理來說明當代的環境問題。從慈濟功德會的網頁上，我們可以看到下述幾段話。「人，幾十年來，都是因為一個貪慾，不斷污染土地。不只破壞水土，而且，化學毒廢氣不斷污染。往下是污染水質，往上是污染空氣，加上山林破壞等等，這些合起來就會影響大自然，因為累積太久了。佛教稱為業力，眾生共業。」「業，就是造作的意思，很多人的行為不利於地球，不利於空氣、大氣層，大家的行動都是經年累月，不斷地累積下來，這種氣，在佛教中稱為業，就是眾生共業。很多人共同動作造成的結果，構成變成整個大自然被影響、被污染、被轉動，這就是出於眾生共同的造業。」「慈濟三十多年來不變的心願，就是期待人心淨化，讓每一個人開啟內心的大愛——不只愛自己和自己的家人，不只愛有緣、投緣的人，也要愛普天下的眾生；甚至對每一寸土地、每一種植物，我們也都要愛護。因為這都是地球上的生命共同體。」

　　其次，法鼓山的聖嚴法師自 1989 年，提倡「提昇人的品質、建設人間淨土」的理念，響應環境衛生、保育自然生態、珍惜自然資源的號召，同時發起「心靈環保」的運動，其後又陸續推動「禮儀環保」、「生活環保」及「自然環保」等四種環保。不過，其中還是以心靈環保為其重點。依法鼓山的網頁說明，「心靈環保的內容，其實就是以觀念的導正，來提昇人的素質，除了能夠不受環境的影響而產生內心的衝擊之外，尚能以健康的心態，面對現實，處理問題。因為人的心境，往往會受環境中的人、事、物的誘惑及刺激而隨著波動起伏，輕者受到干擾，重者喪失自主。如果有了心靈的防禦措施，處身在任何狀況之中，都可以保持平靜、穩定、自主、自在的心境了。」由這些文字可以看出，心靈環保與當代的環境議題並沒有直接的關係，而只是一種方便借用而已。至於自然環保方面，法鼓山主要是在自身的社區之中實踐。另外，信徒們也在土城設立了法鼓山惜福中心，回收二手物品。

　　佛光山方面，在星雲法師倡導下，很早就在宣揚惜福的觀念，進行

資源回收，並有許多具體的建議和做法。在 2006 年出版的第卅四期《普門學報》中，我們可以看到星雲法師對於環保問題的完整論述。他說：「近代人類有個大進步，就是環保意識的提昇。所謂『環保』，從居住環境的保護到自然生態、整個地球的保護，都屬於環保範圍。廣義而言，更包含了我們的語言、身體、觀念、思想等的心靈環保。」在此，星雲法師與聖嚴法師一樣，不約而同地在自然界的環保之外，強調心靈環保的重要。對他們來說，心靈環保亦即心靈的淨化，才是淨化環境、淨化社會的根源。

　　在闡述傳統佛教教義與環保意識的關係上，星雲法師強調，「佛教是一個很有環保意識的宗教，佛教主張不僅對人要有愛心，對山河大地也要愛護。……佛教的環保思想，起源於釋迦牟尼佛對緣起的覺悟，他認為世間萬物都是眾緣和合所生，都有著相互依存的關係。」星雲法師更以現代的眼光做出下述的詮釋，「阿彌陀佛是佛教有名的環保專家，他在因地修行時，發四十八大願，為建設清淨安樂的世界，歷經久遠時日，成就了零污染的西方極樂世界。……淨土中只有公益沒有公害，只有美好沒有髒亂。尤其在淨土世界裡，沒有三惡道的眾生，都是持守淨戒的善人，沒有空氣、水源、噪音、暴力、毒氣、核能等各種的污染，氣候清爽宜人，人人身心健全，壽命無量，是徹底推行環境保護的最佳典範。其他如藥師佛的琉璃淨土、彌勒佛的兜率淨土，以及三世諸佛的清淨國土，無不是規畫完善的美好居處。」

　　除了從教義來說明佛教與環保的密切關係，星雲法師更指出，從佛教大德的生活方式，和建寺的過程，都可看出「在世界各國尚未實踐環保計畫前，佛教早已領先實踐環保工作」。他說，「佛教歷史上，許多高僧大德在胼手胝足開山建寺同時，也把荒山禿嶺植上各種樹木，成為綠蔭蔽天，青翠蓊鬱的森林，對水土保持的貢獻很大。除了維護山林，也常整治河川、修橋鋪路、珍惜資源，並於講經說法時，勸導大眾護生放生，提倡素食，培養大眾惜福的觀念，所以每位僧侶都可說是環保專

家。如泗州開元寺明遠法師，種植松、杉、楠、檜等數萬株，免除了淮水與泗水的氾濫。又如東都洛陽道遇法師，勸化善款，消除黃河龍門天險的水患。」

至此可知，台灣幾個比較大的佛教團體都主動地注意到當代的環境問題。此外，甚至有規模較小的佛教團體更以環境議題為其核心工作。在此，堪為代表的是由印順法師中生代弟子昭慧法師所主持的弘誓佛學院。昭慧法師一方面在弘誓佛學院有意地選擇動物保護做為行動實踐的重點，另一方面則在其任教的玄奘大學，於 2004 年 6 月成立了應用倫理研究中心，以從事理論的深入探討。她說明設置中心宗旨如下：

1. 全球環境遭受人類之嚴重破壞，使得環境倫理受到舉世之強烈關注；而生命科技突飛猛進，亦使生命倫理受到前所未有的挑戰；再加上經貿發展衍生種種企業管理的倫理問題，因此在當代，應用倫理學課題，已愈益受到重視。
2. 佛教典籍中之倫理素材非常豐富，但過去無系統理論之建構，所以面對各種倫理議題，吾人均可見到基督宗教表達其神學觀點，佛教卻只有隨興散談，甚至是斷章取義的個人意見，由於不具足學術性，故亦不甚受到社會重視。
3. 面對各種爭議性的生命倫理或環境倫理議題，吾人但見基督宗教與俗世觀念的抗衡，佛教觀點卻極為鮮見，這使得佛教慈悲護生的精神，在此諸議題上所形成的政策或是法律層面，幾乎完全使不上力。
4. 社會上的人道主義者，以及眾多佛弟子，每希望能有人提供相關問題的佛教觀點，好讓他們在面對環境倫理、生命倫理或專業倫理的重大爭議或兩難處境時，能夠知所依歸。

五、結語

　　究竟來說，人類如何對待自然環境，取決於人類如何看待自己與環境的關係。影響人類態度的因素，除了事實認知（對於自然環境的經驗知識）之外，還包括人如何看待人類在自然界的地位（世界觀），人類如何看待人類自身（人性觀），以及人類自己的價值判斷（價值觀）。在此，宗教的影響力是不容忽視的。當然，環境問題並不屬於宗教的核心關懷，宗教自有其本身的終極關懷。不過，值得慶幸的是，透過當代中西宗教界的詮釋，傳統宗教的教義與當代環保思想保持了和諧的關係，更重要的是，此中教義所規範的價值觀與生活方式都是對當前環境問題的舒緩有根本助益的。

任國英

生態移民與環境正義——
以內蒙古鄂托克旗為例

15

■前　言
■鄂托克旗生態移民的背景
■鄂托克旗的生態移民
■鄂托克旗生態移民的問題
■鄂托克旗生態移民之反思
■結　語：環境正義與永續發展是生態移民的基本方向

任國英　中央民族大學民族學與社會學學院教授

人類生存與自然環境息息相關，在不同的時空背景下，人們會選擇較有利於物質獲取與經濟發展較容易的地方，去拓墾或居住，而環境生態也面臨更嚴峻的挑戰，為了緩解環境生態的壓力，進行「生態移民」是常見的做法。然而，生態移民是否妥適？能否符合環境正義？是大家關心的焦點。

　　內蒙古自治區鄂爾多斯市鄂托克旗是歷史悠久的畜牧業大旗。近年來，由於人為因素和自然因素的雙重作用，草場退化、沙化現象嚴重，有的地方甚至出現了沙進人退的局面。為了緩解生態環境不斷惡化和幫助農牧民脫貧致富，從 2002 年起鄂托克旗逐步計畫和實施生態移民工程。幾年來，生態移民取得了一些成效，但在移民過程中也暴露出一些問題。

　　本文試圖對鄂托克旗的生態移民、移民效果、移民中出現的問題以及如何應對做粗淺的闡述。

一、前言

　　人類生存於自然環境中，傳統觀念以為「人定勝天」，只要努力拓墾，充分利用自然資源，就能獲得財富。因此自然環境的價值，往往被視為滿足人類生活所需，增進人類利益而存在。然而，當代環境倫理學（environmental ethics）則關注人與生態和諧；人類生存活動與自然環境應力求平衡，因此，自然資源的開發、運用，要使資源保育與環境復育取得平衡；污染及廢棄物之排放，應在環境之容受力、承載力能負荷下，整個生態系統才能達到永續發展（sustainable development）[1]。

---

[1]劉阿榮著（2002），《台灣永續發展的歷史結構分析》。台北：揚智出版，頁 27-32。

通常在一個環境生態與人類活動維持平衡的情況下，大抵能持續一段較長時間的穩定，然而，這種平衡狀態因為某些因素而改變時，就會出現若干試圖恢復（或重建）均衡體系的嘗試，「生態移民」即是其中主要方式之一，把人口移居他處，減輕環境負荷，或使過渡開發利用的環境資源「禁墾」、「禁獵」，甚至禁止人類活動；再輔之以人為的「復育」，使瀕臨滅絕的物種得以保存；使惡化的環境得以緩解復甦。這種環境復育，有時涉及人為的利益獲取或流失，因此也衍生出「環境正義」（environmental justice）的問題。

隨著技術進步、經濟騰飛、社會發展，人類正面臨著嚴峻的生態環境問題的挑戰。其中，荒漠化是全球性的重大環境問題，它直接威脅著人類社會生存和發展的基礎，被稱為「地球的癌症」。目前，全球荒漠化土地面積達 3600 萬平方公里，占全球陸地面積的 1/4，主要集中分佈在亞、非、拉的發展中國家。特別是從北緯 10° 附近向東北延伸到北緯 55° 附近，形成一個幾乎連續不斷、東西長達 1.3 公里的遼闊的乾旱荒漠帶，占世界沙漠面積的 67%。[2]

中國大陸是世界上荒漠化面積較大、分佈較廣、危害較嚴重的國家之一，荒漠化遍及 13 個省、市自治區，近 4 億人口，總面積達 262.2 萬平方公里，占國土總面積的 27.3%，是全國耕地總面積的兩倍多。[3]西北、東北、華北等 13 個荒漠化危害嚴重地區，糧食產量低而不穩，有的畝產近幾十斤，「種一坡，拉一車，打一摞，煮一鍋」。荒漠化不僅對人類的生存、生活環境造成嚴重危害，而且也是導致貧困、社會動亂和阻礙經濟、社會可持續發展的重要因素。

本文所闡述的鄂托克旗就是中國大陸荒漠化最嚴重的地區之一。它地處內蒙古自治區西南部，位於鄂爾多斯市西部，東鄰烏審旗，西與寧

---

[2] 王如松、周鴻（2004），《人與生態學》。雲南人民出版社，頁 12。

[3] 王如松、周鴻（2004），《人與生態學》。雲南人民出版社，頁 13。

夏回族自治區、烏海市交界，南與鄂托克前旗連接，北與杭錦旗毗鄰，西北接烏海市。全旗南北長 209 公里，東西寬 188 公里，總面積約 2 0687 平方公里。鄂托克旗是一個以蒙古族為主體、漢族占多數的少數民族聚居區。2003 年全旗總人口 9.09 萬人。

鄂托克旗歷來是北方少數民族遊牧、生息之地。「鄂托克」一詞系蒙古語，漢譯「營」或「部」，是元、明兩朝蒙古「萬戶」下設行政建制名稱，即「千戶」。清順治六年（1649 年），朝廷將鄂爾多斯右翼諸「鄂托克」中的克扣特、錫巴固沁、烏喇特、塘沽特等蒙古部劃為一個旗，稱鄂爾多斯右翼中旗。新中國成立後，命名為鄂托克旗。目前，鄂托克旗下轄 4 個蘇木、2 個鄉、6 個鎮和 9 個居民委員會。烏蘭鎮為旗人民政府所在地，是全旗政治文化中心。

鄂托克旗地域遼闊，資源豐富，是歷史悠久的畜牧業大旗。畜牧業是鄂托克旗的主體經濟。歷史上曾以「水草豐美，土宜產牧。牛馬銜尾，群羊塞道。」著稱。目前，全旗擁有天然草牧場 2,575 萬畝，牲畜頭數為 120 萬頭（隻）。全旗牲畜頭數居自治區牧業旗縣前列。這裡是被譽為「軟黃金」的阿爾巴斯白山羊絨原產地，是鄂爾多斯集團羊絨製品的主要原料基地。

二、鄂托克旗生態移民的背景

生息在這裡的各族人民長期過著遊牧生活。解放後，由於人口的增加和生產生活條件的不斷改善，畜牧業從遊牧過渡到定居放牧。從 1949 年到現在的五十多年間，鄂托克旗的畜牧業得到了很大的發展。但目前由於受各種自然因素和人為因素的影響，草場退化和沙化現象嚴重，單位面積載畜量不斷下降。農牧民的生產、生活受到威脅。

(一)自然因素

■乾旱的氣候

鄂托克旗草原沙漠化，自然因素的作用非常大。鄂托克旗地處內陸，屬典型的溫帶大陸性季風氣候，降水量少，蒸發量大，乾旱多風，災害性天氣較多，素有「十年九旱」之稱。

在過去的二十年中，全旗年平均降水量僅為 271 毫米左右，特別是全旗中部的荒漠化草原以西的年降水量來，已經到不足 150 毫米，且降水主要集中在 7-9 月份。鄂托克旗地區年日照時數為 2,900-3,100 小時，年蒸發量 2,460 毫米左右，是年降水量的 9.1 倍。鄂托克旗地區每年 5 級以上大風天數達 120 天左右，揚沙及沙塵暴天氣 30 次以上，主要集中在冬春兩季，尤其以春季最多。惡劣的氣候導致草原生態環境惡化，草場植被覆蓋度急劇下降，給草原畜牧業經濟造成惡性循環。

■嚴重的草原鼠害

近十年來，鄂托克旗平均每年因鼠害破壞的草原達 700 多萬畝。根據草原技術部門透過實地科學的測算與分析，全旗草場上一年大約有 4.7 億隻各類害鼠，每隻害鼠每天採食量按 18 克計算（冬季全部冬眠），每年採食牧草約 13 萬公斤，相當於 20 萬隻綿羊一年的採食量。

(二)人為因素

■政策失誤

除自然因素以外，人為因素的作用更突出。20 世紀 50 年代後期，由於指導思想上的偏差和方針政策上的失誤，鄂托克旗草原遭受過兩次較大的人為破壞活動。一次是「大躍進」年代，一次是「文化大革命」時

期。這兩次破壞活動前後延續了二十年。大量的墾荒未給人們帶來預想得到的高產量，相反卻導致開墾地區及周邊地區的生態環境退化和沙化，農牧業生產兩敗俱傷。

從 1984 年起，鄂托克旗開始全面實行「草場公有、承包經營，牲畜作價、戶有戶養」的家庭聯產承包經營責任制。草牧場使用權承包到戶後，人們只重視建設，不兼顧保護措施，加之資金緊缺、認識不足等多種原因造成草牧場的退化、沙化嚴重。目前，鄂托克旗已經變成一個半農半牧區，而草原區內建國後開墾的耕地如今都成為最嚴重的沙源地。

■畜群畜種結構不合理

鄂托克旗盛產阿爾巴斯白山絨羊，它的羊毛素有「軟黃金」之稱。20 世紀 80 年代末 90 年代初期，中日合資建立的鄂爾多斯羊絨集團，以及在它的帶動下內蒙古乃至全國羊絨衫企業如雨後春筍般出現。國內外市場對羊絨的需求量迅猛增加。在商品經濟大潮的推動下，羊絨市場價格猛增（每斤綿羊毛的價格約 20 元，每斤羊絨價格在 100-120 元，羊絨是羊毛價格的 5-6 倍），飼養阿爾巴斯白絨山羊的數量迅速增加，鄂托克旗山羊已占到全旗牲畜總頭數的 80%以上。山羊對草場破壞非常嚴重。山羊吃草連根拔起，牠啃過的草場，草原再生能力很差，又加上山羊遊走路程遠，對草原踐踏厲害。根據新西蘭國最新研究表明，山羊數量占畜群的 30-40%時，對草場有一定的改良作用，如果超過這個比例就會起到破壞作用。可見，畜群畜種結構不合理，也會造成草原的退化和沙化。

■超載放牧

按照有關規定，每 15-20 畝草場可放牧 1 隻羊。但每個家庭草場面積普遍很小，每個家庭擁有草場從 400、500 畝到 1,000、2,000 畝不等。幾十隻到 100 隻羊的年收入根本不夠一個牧民家庭一年的生活消費，而

近些年阿爾巴斯山羊絨收購價格一度攀高。受經濟利益的驅使，牧民普遍超載放牧，草原退化沙化十分嚴重。以鄂托克旗新召蘇木為例，近二十年，全旗新增沙化面積 180 萬畝的 50%左右就在新召地區。根據旗草原技術部門對新召草原進行不同年份測定資料看：1984 年畝產乾草 22.8 公斤，全年 32 畝草場可養 1 隻羊；1990 年畝產乾草 17.2 公斤，全年 42.2 畝草場可養 1 隻羊；到了 2001 年畝產乾草降到 6.1 公斤，全年 120 畝草場才可養 1 隻羊。全旗各蘇木鄉鎮的情況與新召情況基本相似。[4]

■灌溉飼草料基地的不合理開發

近年來，特別是乾旱硬梁草原區，凡是土質較好，水資源相對較豐富地區的地塊相對較好。人們正好找准這些原始植被較好的地段進行打井灌溉，大面積的開發飼草飼料基地，結果引起草原退化沙化。在開發過程中，一是不及時種植防風固沙林帶；二是水資源不足或不合理利用水資源；三是種植技術不過關；四是管理不善或沒有長期收益的觀念，飼草料基地僅開發二至三年就變成荒沙梁。

人為因素加上自然因素導致鄂托克旗天然草牧場的退化、沙化日趨嚴重，植被稀疏，牧草矛盾尖銳，水土流失加劇，一些地方甚至出現了沙進人退，人類無法生存的地步。惡劣的生態環境不僅影響本地區社會經濟發展和人民群眾生產、生活，而且嚴重威脅著自治區西部乃至黃河中下游地區國民經濟發展和人民群眾生命財產安全，也成為呼和浩特市、北京、上海等地頻繁發生沙塵暴、泥漿雨等災害性天氣的根源之一，是影響自治區「三北」，特別是「首都圈」生態環境建設的重點地區。

---

[4]烏力吉那順，《乾旱硬梁草牧場退化沙化的原因及其對策》。列印稿，未出版。

三、鄂托克旗的生態移民

　　所謂生態移民是指因生態環境惡化或為保護和恢復生態環境而發生的遷移行為。這是 20 世紀 90 年代產生的一種新的移民模式。透過生態移民將生態環境脆弱地區或自然保護區內分散居住的農牧民轉移出來，使他們集中居住於新的村鎮，以達到保護和恢復生態環境、促進經濟發展的目的。

　　中國的生態移民源自於易地扶貧。它開始於 20 世紀 80 年代的「三西」農業建設計畫移民。1994 年國家開始實施「八七扶貧攻堅計畫」，易地扶貧也隨之得以推進。大部分省（區）都進行了以脫貧致富和保護生態環境為目的的生態移民（易地扶貧）試點。根據 2001 年國家計畫發展委員會發佈的《關於易地扶貧搬遷試點工程的實施意見》，經國務院批准，2001-2003 年，在雲南、貴州、內蒙古、寧夏四省區開展了易地扶貧搬遷試點工程。[5]內蒙古的生態移民和易地扶貧移民是結合起來實施的。鄂托克旗作為「易地扶貧搬遷工程」的試點，就是生態移民和易地扶貧移民相結合的具體實踐。

(一)生態移民的基本思路

　　依據 2001 年國家發展計畫委員會發佈的《關於易地扶貧搬遷試點工程的實施意見》和內蒙古自治區發展計畫委員會《關於實施生態移民和異地扶貧移民試點工程的意見》，以及《關於修改完善生態移民和易地扶貧移民規劃的通知》結合鄂托克旗的實際情況，鄂托克旗政府制定和實施了從 2002-2010 年生態移民扶貧搬遷工程的一系列規劃。

---

[5]國家發展計畫改革委員會國土開發與地區經濟研究所（2004），《中國生態移民的起源和發展》。綜述報告，12 月。

2002 年初，依照內蒙古自治區發展計畫委員會總體部署，鄂托克旗被列為全自治區易地扶貧搬遷工程試點旗，開始實施易地扶貧搬遷試點工程。在移民中他們堅持生態移民試點以移民扶貧開發及生態環境保護建設相結合的原則；以水定位，無水走人的原則；集中安置與分散安置相結合的原則；鄉內移民和跨鄉移民結合的原則；移民工作與轉移農業人口，加快小城鎮建設相結合的原則；與農牧業生產佈局、產業結構調整相結合的原則；國家扶持與自立更生相結合，以農牧民為建設主體的原則；先建設生為設施，後完善生活設施的原則和政府引導、移民自願的原則相結合。

　　移民遷出地重點考慮生態環境惡劣、沙化嚴重的三類草場禁牧區；生產條件極差、人民生活極為貧困地區；集中連片遷出。移民遷入地選擇地表水或地下水資源充足、水質良好、適宜開發的地區；地勢較平坦，土壤較肥沃且不易發生次生鹽漬化危害地區；有一定的電力供應條件或用電條件方便地區；有交通網絡或幹線依託的地區；通訊條件良好地區；小城鎮二、三產業比較集中，經濟發展較快，鎮區功能比較完善，能夠吸納較多社會勞動力的建制鎮或旗政府所在地。確定移民遷入區開發主導產業為農業種養結合和小城鎮務工經商兩種形式。

　　移民政策規定，移民遷出後，原承包土地、草牧場使用權不變，但必須在規定的期限內退耕、禁牧，將牲畜全部遷出，實現生態環境的自然恢復，封閉期限不少於五年；移民遷出草場及土地交由所屬蘇木鄉鎮人民政府代管。按照自願移出的原則，由移民戶申請，嘎查（村）民委員會批准，蘇木（鄉）鎮備案，移民工程領導小組審查通過。移民的規模根據自治區政府投資多少確定。生態移民專案資金由國家給一部分資金，國債資金和政府各個專案資金捆綁起來。鄂托克旗這兩年移民，人均補助現金 4,500 元。把握因地制宜，突出經濟、社會、生態效益的統一的原則，努力為移民創造良好的生產、生活條件。

　　在移民工程的實施過程中，鄂托克旗力求為移民戶提供優惠政策：

一是所有移民計畫用地（包括宅基地）全部由移民試點工程領導小組彙同蘇木鄉鎮人民政府統一劃定，無償使用；二是根據實施規劃，移民小區水、電、路、訊、廣播電視等基礎建設優先安排；三是移民住宅建設費用根據國家有關移民政策，由國家專項投資和地方政府給予適當補貼，不足部分由移民自籌解決；四是旗委、政府制定並出臺相關的優惠政策和決定，優先農轉非，優先安排移民戶子女入託、入學、入伍、就業，並對積極配合移民工程建設的有關人員予以獎勵；五是實行移民戶稅收先征後返政策，前三年全部返還，後兩年減半返還。[6]

(二)生態移民的實施情況

2002 年全旗移民 250 戶 1088 人。移民遷出區主要為生態惡劣、人口密度大和農牧業基礎設施落後的地區。移民易地遷入採用農牧業綜合開發和移民擴鎮兩種形式集中安置，其中賽烏素農業綜合開發區移民區安置移民 120 戶 522 人，棋盤井務工經商移民區安置移民 130 戶 566 人。

2003 年總計搬遷 520 戶 2300 人。易地扶貧搬遷試點工程移民遷出區涉及部分草牧場退化、沙化嚴重以及人口居住密度太大的地區。同時包括國家二級重點文物保護區──阿爾寨石窟（含百眼井）保護核心區、緩衝區所在地阿爾巴斯蘇木和公其日嘎鄉的部分牧戶住區。移民遷入區有：

1. *沙井鎮桃力民移民遷入區*：安置鄉內移民 20 戶，88 人，開發土地 250 畝，其中飼草料水澆地 200 畝。
2. *蘇米圖沙產業開發區移民遷入區*：計畫開發土地 1100 畝，其中飼草料水澆地 900 畝，安置移民 180 戶 800 人。

---

[6]鄂托克旗計畫委員會（2002），《內蒙古鄂托克旗 2002 年易地扶貧搬遷試點工程實施方案》。修訂本，9 月。

3.阿爾巴斯蘇木陶斯圖綜合開發專案移民遷入區：本區計畫聯片開發土地 600 畝，其中飼草料水澆地 500 畝，安置移民 50 戶 222 人。

4.棋盤井鎮移民遷入區：本區計畫安置移民 270 戶 1190 人。

2004-2005 年計畫移民 1,630 戶 6,317 人。2006-2010 年計畫移民 3,750 戶 15,000 人。遷出區涉及 10 個蘇木鄉鎮，遷入區有 6 個鎮一個蘇木。移民住宅總規模 5,380 套，每套建築面積 40 平方米（磚混），總建築面積 21.52 萬平方米。水澆地開發總規模 70,100 畝。

移民試點工程在鄂托克旗的實施，成為鄂托克旗實施國家生態工程後的又一次較大投資的生態扶貧專案。

四、鄂托克旗生態移民的問題

鄂托克旗實施生態移民的初衷是好的，但在執行過程中，受各種因素的影響，到目前為止生態移民的預期效果並沒有顯現出來。不僅如此，在實施生態移民過程中還暴露出很多問題，有待於我們進一步研究和解決。

(一)生態移民扶貧工程未能起扶貧作用

由於生態移民扶貧工程沒有真正起到扶貧作用，經濟效益和社會效益不明顯。從目前的生態移民的實踐來看，除了自然保護區的生態移民，大部分生態移民工程都與扶貧工程結合在一起實施，扶貧物件也就是生態移民物件。然而，由於政府資金投入不足，那些本來是移民物件的貧困戶，往往享受不到政府生態移民的優惠政策。移民要搬進政府統一蓋的安置房和享受政府優惠的購牛貸款，自己首先要拿出數萬元的資金。

對於真正生態惡化區的貧困牧民來說，這是一個天文數字。因此，最後搬進來的都是富裕牧戶，甚至有不少是與遷出地無關的城鎮居民和外地人。比如蘇米圖奶站規定，進奶站要買 3 頭奶牛，付 3,200 元的房費和水電費，沒有一定的經濟實力，買不起奶牛者，都被拒絕於門外。另一方面，移民後的農牧民改變原有的生產生活方式，從事他們不熟悉的行業。從調查結果看，移民後賺錢者不多，因此，短期內沒有太大的經濟效益。進入一個新的環境，農牧民還有一個心理和文化的適應過程，小部分移民在短期內無論對當地還是移民本身都不會產生太大的社會效益。

(二)生態移民未能起保護草場作用

由於遷出區的移民不聯片搬出，遷出後草場不封閉，生態移民起不到保護草場的作用。生態移民是在自願基礎搬出的，旗裡給每個鄉蘇木分配一些名額，再由鄉蘇木下放到各嘎查村，每個嘎查僅有幾戶報名，許可後才能搬遷。一般情況下，富裕家庭不移民，貧困家庭沒錢移民，只有家庭條件中等，兩代家庭共同生活者，勞動力富裕，會有一個家庭搬出來，另開闢一條賺錢之路。家裡草場不封閉，由另一個家庭在此繼續放牧。目前，鄂托克旗牧民家的草場面積普遍較小，以草定畜以後，發展空間受到限制。草場大小固定，放養的牲畜數量也固定，這意味著一年的收入也就定了。他們到奶站來主要目的是尋找新的賺錢機會。這種移民工程，儘管打的是生態移民的旗號，但從其結果看，既沒有生態效益，也沒有達到扶貧的目的。

(三)缺乏嚴格的科學論證

鄂托克旗生態移民遷入區的選擇僅憑個人經驗使然，缺乏嚴格的科學論證。目前在鄂托克旗的三個主要移民區中，棋盤井鎮務工經商移民

區、賽烏素農業種養結合移民區和蘇米圖薩林浩特奶牛基地是鄂托克旗的三個主要移民區。

棋盤井鎮是鄂托克旗重鎮。這裡礦產資源極為豐富，現已探明礦產資源 40 多種。棋盤井依託優越的地理位置，發達的交通條件，豐富的礦產資源和良好的投資環境，從 2000 年起開始了工業園區的建設和發展，構築高載能、煤炭、建材三大基礎工業平臺，將棋盤井鎮建成鄂爾多斯市西部的工業經濟核心區，全國較大的高載能工業基地。截止 2003 年，全鎮實現國內生產總值 9.5 億元，財政收入 9,528 萬元，居民人均可支配收入達到 7,000 元，出口創匯 5,000 萬美元。目前，鄂托克旗把棋盤井鎮是該旗最大的移民區——鎮務工經商移民區。

移民來棋盤井鎮的男子靠開計程車、跑長途運輸、賣水、挖煤等掙錢。相對其他地區，在這裡找工作容易（女子找工作困難），錢掙較多。另外，這裡的工廠密集，再加上生產工藝和生產設備簡陋，使這裡的環境污染嚴重。棋盤井鎮號稱「八百里火焰山」。儘管鄂托克旗政府正在加大力度治理環境污染問題，但成效尚不顯著。生態移民從一個生態環境惡劣的地區，又遷移到另一個生態環境惡劣的地區，未免有些滑稽。更令人擔憂的是，礦產資源是不可再生的，儲量再大也是有限的。我們不能不考慮，今天大批移民搬遷到此地，當資源攫取枯竭以後，他們將再流向何方？

賽烏素地區因為有黃河支流都斯圖河的流經，地下水資源相對豐富。這個農業種養結合移民新區的建立是在沒有經過任何科學論證的情況下，僅憑當地某負責人的一點「經驗」就確定下來。2003 年 11 月移民 120 戶 522 人。移民在此開發水澆地，種植飼草料。2004 年 7 月底我們前去調查時，看到水澆地上白色粘土裸露，農作物低矮稀疏，老百姓心急如焚。移民為開墾這片土地投入大量資金，幾乎顆粒無收。120 個移民戶絕大部分房門緊鎖，返遷回家，村裡僅存 20 多戶在此守候，生活艱難。

蘇米圖蘇木建立奶牛養殖基地的優勢在於牛奶的奶質好、純天然、

無污染，但也不能回避它的先天不足，那就是距蒙牛集團所在地包頭市的路途遙遠，運輸不方便、成本高。另外，近幾年內蒙古各地一哄而上建奶站，蘇米圖也不排除有照搬別人的嫌疑。所以他們剛建奶站時是牛價迅猛提高之時，牧民大多買的是高價牛入站，當奶站運作起來時，飼草料的價錢又提高，牧民養牛的成本也提高，再加上一個承擔牛奶收購和運輸的中間環節──康維公司，奶的收購價偏低，牧民的利益受損失。建站一年來養牛戶的收入增加不明顯，甚至出現負增長，致使有部分養牛戶從奶站撤出。

(四)生態移民造成新的生態破壞

生態移民的目的是為了恢復和保護生態環境，倘若移民遷入後造成新的生態破壞，那就與生態政策背道而馳了。鄂托克旗生態移民的共同特點就是把分散的農牧民集中起來從事種植業或城鎮化。就用水而言，無論是生產用水，還是生活用水主要抽取地下水。在一個的旗的範圍內，水源再豐富也是相對的，況且是在一個生態環境惡劣、氣候乾旱的地區，在一個區域內過度使用地下水勢必會造成新的生態危機。這種生態移民工程的生態效益的長遠性和有效性值得懷疑。

生態移民工程實施過程中出現了政策與行為的偏差：一方面牧民對政府實施的移民工程政策表示滿意；另一方面在具體實施過程中急功近利和從眾心理嚴重，移民工程缺乏長遠規劃。國家的任何一項治理草原生態環境的政策措施（包括生態移民）的出發點都是好的，但在具體實施過程中會出現這樣或那樣的偏差，如地方官員官本位作風嚴重，對政策宣傳的力度不夠，老百姓對政策內容不清楚，執行過程一貫採取行政命令的手段，效果不好；地方幹部的理論和知識水平和人員素質普遍不高，直接影響國家政策的貫徹實施的效果。就生態移民而言，這是國家為治理西部地區生態環境的重大舉措，但各地在操作過程中都存在很多

問題，幾年下來生態移民的效果並不明顯，甚至沒有效果，造成資金和人員的巨大浪費，生態移民的前景堪憂。

五、鄂托克旗生態移民之反思

政府實施的生態移民是為了保護生態環境和農牧民的生活得到改善，但幾年下來的實踐證明效果並不盡如人意，這個問題值得我們深思。這既有各級政府部門在貫徹實施生態移民工程中的制度缺失和決策失誤，也有農牧民對生態移民的認識不足和對移民政策的藐視行為，而前者的問題是主要的。因此，在今後的生態移民實施過程中我們應關注以下幾方面的問題：

(一)政府應加強行政管理力度

政府應加強擴大行政管理力度，使移民連片整體搬遷，遷出地草場全部封閉，實現真正意義上的生態移民。鄂托克旗的生態移民是在農牧民自願基礎實施的。受資金的限制，全旗每次移民搬遷不過幾百戶，分配到嘎查（行政村）一級只剩下幾戶，最多不過十幾戶的名額。這種方式的移民搬遷不僅不能連片搬出，而且遷出去的牧戶草場仍在繼續使用。這種生態移民根本起不到改善草場生態環境的作用。

(二)建立生態扶貧保障機制

建立生態扶貧保障機制，讓農牧民移得出，留得住，不返遷。為確保生態移民達到預期效果，草場應全部封閉，在移民適應遷入區環境之前，有關部門應建立生態扶貧補償金制度，保障移民的最低生活水平，

同時向移民提供就業機會，舉辦生產技能培訓班能等系統化服務，使他們能安居樂業，無後顧之憂，全面實現生態、經濟和社會效益。

(三)選擇遷入地應有嚴格的科學論證

生態移民不是一家一戶或一個旗縣的小事情，它是關係到生態移民工程成敗的關鍵因素,也關係到西部地區乃至全國生態環境的保護和可持續發展的大問題。因此筆者認為，在生態移民時應遵循以下基本原則，即遷出地的生態環境惡化到非移民不可的地步；遷移後遷出地的生態環境能夠得到明顯改善；移民後不會破壞遷入地的生態環境；遷入地的發展具有可持續性。

(四)生態移民應關注少數民族「地方話語」

遷移不但會使移民的生產生活場所在空間位置上發生變化，而且也會使移民的生產生活方式以及與此相關聯的社會結構和文化習俗發生變化。無論採用什麼樣的移民方式，這種變化都是不可避免的。內蒙古的生態移民意味著有越來越多的人將走出草原，放棄原有的傳統文化，進入主流社會。從生態人類學角度看，筆者認為維護草原生態平衡，應更多地關注少數民族的「地方話語」，實現民族文化自救。

其實，蒙古族牧民在世代生息的草原生活中，積累了許多保護生態環境的生態知識，並應用於他們的生活實踐中，如逐水草而牧的傳統遊牧生活方式，是牧民對於放牧草地的合理利用和保護；牲畜轉場是根據氣候的變化對牲畜放牧營地的季節性更換。在他們的思想觀念中，對「長生天」的崇拜；喇嘛教所呈現的因果法則，慈悲心懷；薩滿教對自然力的崇拜；一年一度的「敖包」祭祀等。正是在這種優良傳統文化的維護下，千百年來蒙古族的遊牧地帶能夠保留下來「藍天白雲、草原森林、

湖泊河流，一片綠色淨土。」應該重視和發揚蒙古族這些傳統文化精髓，並把它應用到生態移民實踐中去，使蒙古族文化在現代歷史條件下得以利用和傳承，使草原生態環境得以保護。三江源生態環境保護協會的哈希‧紮西多傑曾指出：當地人在這裡生存了幾輩幾代，他們知道這個地區需要什麼，缺什麼。這個地方該不該有牧戶？要不要搬遷？怎麼做？[7]

發展應選擇合適的技術。我們要善於從蒙古族傳統文化中挖掘保護生態環境方法，將民族傳統知識與現代科學技術相結合，使其在全球化時代得以發揚光大，而不是人為地加快其消失的步伐，更不應該因生態移民而造成新的生態環境破壞。我們不否認當地幹部的工作能力和知識水平，但聽一聽科學家和老百姓的建議，也不是一件壞事。

(五)樹立科學的生態倫理觀

很多哲學家認識到，基於傳統倫理學理論和原理的大眾價值的價值觀是導致某些環境和生態破壞的原因。因此，在他們看來，需要進行哲學上根本性的變革，這包括重新思考形而上學、認識論以及倫理學上的概念。……我們如何理解世界、如何評價、評價什麼都極大地受科學的影響。如果我們想在環境問題的挑戰面前有所作為，最重要的就是要認識到科學和倫理同樣重要。一個古老的哲學格言可幫助我們領悟這一點：「沒有倫理學的科學是盲目的，而沒有科學的倫理學是空洞的。」[8]因此，生態移民應建立在科學的生態倫理觀念基礎之上。

---

[7]一迪（2003），〈生態移民的困惑〉，《華夏人文地理》。10月。
[8]魯樞元主編（2006），《自然與人文》（上、下）。學林出版社，頁728-729。

六、結語：環境正義與永續發展是生態移民的基本方向

　　生態移民儘管作為一種改善人民群眾生存環境和生活質量的經濟行為出現，但是其內涵和外延不僅僅局限於經濟行為。生態移民的實質是人與生態環境關係的重新調整，環境正義的體現。它是環境責任和生態利益的合理分擔和分配。透過調整，還草原以本來面目，給牧民以綠色家園，使蒙古草原和蒙古族文化得以永續發展。

　　人與自然的和諧必然促進人與人和諧，而人與人的和諧必然促進人與社會的和諧。社會和諧不能一味地追求經濟趕超，不能無原則地取消鬥爭，不能縱容人對物的過分佔有。社會和諧是人道社會主義，包含著尊重自然的基本訴求；社會和諧是對傳統經濟發展模式的自覺調控，使全體人民在公平、公正的前提下實現共同富裕。

　　體現人與自然和諧的環境生態，與體現人與人和諧的社會公平，從未像今天這樣緊密相連。科學發展觀的核心是堅持可持續發展的理念，統籌人與自然和諧發展，處理好經濟建設、人口增長與資源利用、生態環境保護的關係，推動全社會走上生產發展、生活富裕、生態良好的文明發展道路。這即是可持續的發展道路。

　　「永續發展已為當前人類共同關心的議題，它一方面呈現過去強調『成長典範』，所產生的資源耗竭與環境負荷；另一方面更指向人類『新典範』：必須兼顧環境生態與可持續發展，不損及未來世代的生存與發展權益……永續發展是一個『綜合的和動態的概念』，它涉及經濟、社會、文化、科技、自然生態不同面向的綜合，並體現三個環節之上：『一是以自然資源永續利用和良好的生態環境為基礎；二是以經濟永續發展為前提；三是以謀求社會的全面進步為目標。只要社會在每一個時間段內都能保持資源、經濟、社會同環境的協調，那麼這個社會的發展就符

合永續發展的要求。』」[9]

　　「美麗的草原我的家，風吹綠草遍地花，彩蝶紛飛百鳥兒唱，一彎碧水映晚霞，駿馬好似彩雲朵，牛羊好似珍珠灑……；美麗的草原我的家，水清草美我愛她，草原就像綠色的海，氈包就像白蓮花，牧民描繪幸福景，春光萬里美如畫……」這是蒙古族牧民心中的理想家園。生態移民正是朝著這個方向努力的，但就目前情況看問題還很多。

---

[9] 劉阿榮（2002），《臺灣永續發展的歷史結構分析——國家與社會的觀點》。台北：揚智，頁 211、32。

參考書目

一迪（2003），〈生態移民的困惑〉，載《華夏人文地理》。10 月。

王如松、周鴻著（2004），《人與生態學》。雲南人民出版社。

任國英（2004），〈生態人類學的主要理論及其發展〉，載《黑龍江民族叢刊》第 5 期。

范廣融、尹紹亭譯（2006），（日）秋道智彌、市川光雄等編著，《生態人類學》，雲南大學出版社。

烏力吉那順，〈乾旱硬梁草牧場退化沙化的原因及其對策〉，列印稿，未出版。

國家發展計畫改革委員會國土開發與地區經濟研究所（2004），《中國生態移民的起源和發展》（綜述報告）。12 月。

鄂托克旗計畫委員會（2002），〈內蒙古鄂托克旗 2002 年易地扶貧搬遷試點工程實施方案〉（修訂本）。9 月。

新吉樂圖主編（2005），《生態移民——來自中、日兩國學者對中國生態環境的考察》。內蒙古大學出版社。

劉阿榮著（2002），《臺灣永續發展的歷史結構分析——國家與社會的觀點》。台北：揚智。

魯樞元主編（2006），《自然與人文》（上、下）。學林出版社。

石慧瑩、劉阿榮

新自由主義的環境正義觀 —— 以 John Rawls 的正義 理論為例

16

石慧瑩　中央大學哲學所博士候選人
劉阿榮　元智大學社會暨政策科學學系教授兼人文社會學院院長

一、前言

　　自二十世紀下半葉以來，全球自然環境漸趨惡化的問題浮上檯面，使得環境議題成為當代重要課題之一。隨著環境正義的理念擴展開來，環境利益與負擔的公平分配與當代自由民主社會的相關性變得愈來愈明顯。不過，多數人在這種對應關係中，對於自由主義（Liberalism）發揮的影響傾向於給予負面的評價，認為自由主義支持諸如絕對財產權、有限政府、自由放任市場機制等經濟系統，往往是造成環境不友善政策的幫兇。在分配議題上，自由主義也多側重社會及經濟正義的分配而忽略環境利益與負擔的分配正義問題。然而，環境正義理念及環境資源分配問題在當代確實與政治社會已產生緊密的聯結，甚至牽動現今全球政治、經濟局勢以及各個社會的發展。作為現代西方世界政治理論基礎的自由主義對於環境利益分配不平等的問題實有必要加以回應。

　　自由主義是近代西方政治哲學中重要的思想資源，但自由主義的內容卻非一組一成不變的道德和政治價值，在自由主義發展的歷程中，不同時期的自由主義有不同的立論重點。一開始的古典自由主義（Classical Liberalism）著重於對絕對王權以及教會、貴族的反抗，爭取的是市民權利以及市民社會和市場的自主。（錢永祥，2003）經過二百多年的努力，西方社會已穩定地形塑一個保障個人權利、重視個人自由的社會形象。相對於古典自由主義對自由的重視，部分當代自由主義學者則緣於現今社會不平等現象，轉而思索社會平等的意涵，並探討在現實政治社會的合作關係中，自由平等的公民應該在甚麼樣的公平條件之下，進行社會合作，公民們彼此之間又有著什麼樣的權利與義務。美國哲學家 John Rawls 就依據這項問題提出了「正義」的主題來呈現當代新自由主義（New Liberalism）重視平等的時代要求。

當代自由政治理論學家 John Rawls 在《正義論》中提出「差異原則」之後，分配正義的議題主宰了自由政治理論的方向，但討論的重心多半放在社會及經濟正義，很少考慮到環境向度在分配正義議題中的重要性，這一點我們從 Rawls 的正義理論忽略環境正義的向度可以看出端倪。不過，有些學者指出，雖然 Rawls 的正義理論很少涉及環境議題，但仔細檢視，仍可從其著作中找出若干理論資源，足以證成新自由主義支持環境正義的立場。（Manning, 1981; Wenz, 1983, 1988; Singer, 1988; Hartley, 1995; Bell, 2002, 2004）

基於上述看法，本文將以 Rawls 的正義理論為例，探討新自由主義在理論上支持環境正義理念的可能性。本文共分五節，文章結構除前言及結論之外，第二節簡介環境正義的歷史起源與訴求，以及所引發的相關社會與政治反應。第三節概述 John Rawls 正義理論中的相關概念。第四節則依據 Rawls 正義理論，嘗試延伸出足以支持環境正義的論點。本文的目標並不是要證明新自由主義的主張與環境正義的要求完全一致，而是藉著 Rawls 正義理論的幾項基本概念，推論出其理論中所隱含的若干與環境正義理念可能相符的觀點，從而顯示新自由主義的平等理念在某種程度上可以有效地支持環境正義的訴求。

二、環境正義的興起

「環境正義」（Environmental Justice）觀點最早於 1980 年代出現於美國，主要是一種試圖挑戰種族、性別以及經濟等種種歧視的社會運動。其後，這種以社區運動起家的環境意識，漸漸地發散為一種圍繞著公眾健康、職業安全，以及由工業化、高科技污染所引發的廢棄物處置的環境議題。研究者指出，特別是有色人種社區有非常高的比例暴露在有毒廢棄物的風險危害中。（Talbot, 1998）環境正義運動賦予「環境」一種

有別於早期「環境倫理」專注於保護物種及荒野的新觀點。對環境正義支持者而言,「環境」的意義,如同 1991 年 10 月 27 日在美國華盛頓所召開之「有色人種環境高峰會」(People of Color Environmental Leadership Summit) 中 Dana Alston 所說:

> 對我們而言,環境就是我們居住、工作及遊憩的地方。環境提供我們解決這個時代重要議題的平台——質疑好戰精神以及保衛家園的政策、宗教自由、文化保存、永續能源發展、城市未來、交通運輸、住屋、土地與主權、自決、工作等——種種我們能夠不停地走下去的條件。(Talbot, 1998)

依循此種重視現實社會層面的「環境」定義,環境正義將環境倫理議題由偏向浪漫式地討論人類與自然物的平等關係,帶回經濟、種族、性別等現實的社會正義議題,關注人類社會環境利益與負擔之公平分配、貧窮和飢荒以及世代間可持續發展的問題。

歷史上環境正義興起的里程碑發生在 1982 年,美國北卡羅萊納州華倫郡 (Warren County, North Carolina) 居民的反污染抗議行動。由於反對興建多氯聯苯處理場的設置,當地居民舉行大規模示威,有 500 多人因而被捕,也因此喚起社會大眾開始重視社區土地公平利用、污染源防治及資源平等分享等問題。同時,在這個事件的導引下,學者發現弱勢族群(包括低收入、少數種族、婦女、兒童等等)常常成為環境破壞與污染最直接的受害者。(Hofrichter, 1993) l987 年,美國聯合基督教會種族正義委員會發表了一份「有毒廢氣物與種族」的研究報告。報告中指出:美國境內的少數民族社區長期以來不成比例地被選定為有毒廢棄物的最終處理地點。(United Church of Christ Commission for Racial Justice, l987)這份報告震驚了少數民族社區及許多環境學者與環保運動者,環境正義從此成為環境研究與環保運動一個重點項目。1991 年 10 月 27 日在美國華盛頓召開「有色人種環境高峰會」(People of Color Environmental

Leadership Summit）通過了十七條「環境正義原則」。隨後，當時執政的柯林頓總統為了把環境正義設定為全國優先施政重點，也於 1994 年 2 月 11 日發布 12898 號執行命令（Executive Order 12898 Federal Actions to Address Environmental Justice in Minority Populations and Low Income Populations），加強維護少數族群及低收入人民之環境權。自此強調平等獲取自然資源、平等享有乾淨空氣及水源、充分的健康照護等環境品質的公平分配問題正式成為環境決策的考量重點，其核心關懷便是「環境平等」的信念。

三、Rawls 的正義理論

在眾多的倫理學理論中，效益主義（Utilitarianism）一向因其實用性格經常被援用為決策工具。效益主義最重要的主張就在於依據最大化整體利益或「最大多數人的最大利益」的判準來判斷所有行為和決策規則的對錯，此種明確而簡化的特點使得效益主義的推理特別流行於經濟、公共政策與政府法規，我們在環境政策上也可看出效益主義扮演的重要角色。（Wenz, 1988）只是過於重視社會整體的福祉而忽略蒙受痛苦之個體或群體之利益，往往也為效益主義招來利益與負擔分配不公的批評。針對效益主義重視追求社會整體利益，可能傷害、犧牲個人或少數人權益這一理論缺失，Rawls 在其《正義論》中開宗明義地宣示，一個社會制度無論多麼具有效率，只要它違反正義，就必須加以修正或廢除。（Rawls, 1971）有鑒於講究效率的社會制度經常使用效益原則作為其政策工具，因此，Rawls 希望在效益主義的正義理論之外，提供另一個既可捍衛個人自由與權利又有高度實踐性的正義理論。Rawls 所提出的理論就是一套以公平為特徵的正義觀。

依照正義的原始概念：每個人得其應得，即為正義。因此，每個人

應當得到甚麼、又如何決定每個人應當得到甚麼，是正義論的核心問題所在。然而，依據 Rawls 對正義環境的設定，正義的客觀條件呈現出物質資源中度匱乏的事實，正義的主觀條件則指出每個理性人是互不關心的主體。在這種資源及利他心皆有限的情況下，任何生活計畫或善觀念（conception of the good）的追求必然出現利益衝突的情形，為了不使個體之間因為衝突而瓦解社會合作機制，建構一套人人都可合理接受的公平分配原則實為當務之急。

為了建構一套真正符合公平的正義原則，Rawls 運用契約論方法，提出「原初立場」（Original Position）作為這一個思想實驗的假設境況，並以無知之幕（veil of ignorance）過濾掉某些特殊偶然性所可能造成的干擾，讓所有立約各方對社會中的特殊個人利益都同樣無知，以確保進入社會前所得出的原則是正義的。Rawls 建議我們想像社會上的每一個人都處在一個稱為「原初立場」的狀態，在其中人們只知道一般性的事實，如生物學的、社會學的及物理學等知識，但沒有人知道個人的身分，包括性別、貧富、種族、天分或性向。因為不知道自己的個人身分，也不知道自己和別人有什麼利益上的差異，因此沒有人可以針對自己的特殊條件選擇一個對自己有利的正義原則。既然理性人在揭開無知之幕之後可能是任何一個其他人，那麼為了避免最壞情況發生在自己身上，理性人將會選擇一個對每個人都有利的原則。這種共同想法使得每一個理性人在原初立場中的利益趨向一致，不再有利益衝突的問題，也提供了選擇大家都能接受的正義原則的可能性。

只是人們根據什麼條件來選擇正義原則呢？

為了提供立約各方選擇正義原則的依據，Rawls 提出「社會基本善」（primary social goods）的概念。根據 Rawls，每個人由於不同的能力、環境和需求，可能會有不同的人生目標與期待。但是，不管每一個人的生命計畫是什麼，基本善是每一個理性人都會想要得到的東西，它是「各式各樣的社會條件和適於各種目的之必要工具（all-purpose means）」。

簡單地說，基本善就是實現個人目標的必要工具，這些基本善可以幫助人們達成他們想要的目標。而且人們喜歡較多的基本善，藉由獲得基本善的指數高低，理性人會知道應該選擇何種正義原則才能提升他們的利益。在 Rawls 所列出的基本善清單中，大致上包括基本權利、自由、機會、權力、收入、財富以及自尊的社會基礎。（Rawls, 1971, 2001）藉由基本善的指標功能，提供給原初立場中的立約各方作為正義觀念優劣的比較依據，提供他們在一個理性的基礎上去選擇一個正義原則。

有關正義原則的內容，根據 Rawls 的推論，原初立場中的立約各方會選擇他所提出的兩個正義原則。這兩個原則分別為：

1. **每個人都有同等的權利擁有最大程度的基本自由**：一個人所擁有的自由要與他人擁有相同的自由能夠相容。
2. **社會與經濟上的不平等將以下列的方式來安排**：(1)它們對每個人都有利；並且(2)它們是隨附著職位與工作的，而這些職位與工作對所有人都是開放的。（Rawls, 1971: 60）

Rawls 在第一個原則中所表述的，基本上是政治社會中公民的基本自由精神，宣示所有人都有平等的自由追求幸福人生，不管是在政治上或法律上，都應給予所有人平等的對待。這個原則維持了自由主義一貫捍衛自由的價值觀，一般而言並無太大爭議。第二原則涉及到社會基本善的實質分配，引發諸多討論。

羅爾斯的分配理論在現實社會和經濟制度上並不要求齊頭式的平等，財富和所得、職位與工作的不平等是可以被允許的，強求每個人在各方面都表現得平等，反而是另一種不平等。因此，要在不平等的現實社會中達成平等的理想，訂定一種大家都能接受的不平等的分配原則便是必要的。面對社會不平等，Rawls 在第二原則的內容上首先強調「機會平等原則」，告訴我們至少每個人都應該有均等的機會去參與經濟競爭、獲得職位與工作。至於允許社會與經濟上的不平等的另一個條件是「差

異原則」（difference principle）。Rawls 認為，為了達成「對每個人都有利」的目標，必須從「處於最不利地位」（the least advantaged）的一組人的觀點來看，不平等的分配才可能實現社會平等的理想，因為平等的概念會要求我們先去滿足那些處於最不利地位的人的需要。為了更突顯社會分配必須最先滿足最緊迫需求的人，後來 Rawls 將差異原則的對象明確地改寫為：「社會與經濟上的不平等將以下列的方式來安排，以使得 a.它們對處於最不利地位者是最有利的……」。（Rawls, 1971: 302）

四、Rawls 的正義理論與環境正義

自由主義向來給人不關心環境政策的印象，而 Rawls 的正義理論正是 20 世紀自由主義的代表人物，這是否意味著 Rawls 的正義理論也是對環境不友善的自由主義理論？針對此項質疑，本文認為，雖然許多人以自由主義所支持的自由市場制度為環境惡化的原因之一，然而我們在正義論中看到 Rawls 以正義為社會制度的首要價值，而其正義社會更是以公平為特徵，強調平等分配的精神，若以此種角度來進行分配正義的討論，新自由主義其實是有很好的基礎可以回應環境平等的正義訴求。

雖然 Rawls 的著作很少論及環境相關的正義理念，但並不表示 Rawls 本人從未意識到這個問題的存在。對於忽略掉許多正義議題一事，Rawls 在《正義論》中也承認他「把道德的許多面向擱置一旁」，而且其正義觀只不過是某種道德觀點的一部分，正義觀點也有其局限性。（李少軍譯，2003）而在《政治自由主義》一書中，他也提出正義的四個難題來說明其正義理論所面臨的困難：

> 我們至少有四個難題：一個難題是將正義延伸到包括我們對未來各代人的義務（包括正義儲存的問題）；另一個難題是將正義延伸到

那些應用於國際法和各民族間政治關係──即傳統的萬民法的觀念和原則問題；延伸的第三個難題是制定正常醫療保健原則的問題；最後，我們還可以追問：正義是否可以延伸到我們與動物的關係和自然秩序之中。（萬俊人譯，2002）

針對他所提出的四個難題，「動物和自然界其餘部分」因為不在正義社群之中，而無法納入正義理論的討論範圍。至於同為人類社會的其他幾個難題，Rawls 相信可藉由正義的延伸討論加以處理。順著正義理論的延伸，我們也可以將正義概念對應到多項環境議題，本文將針對環境惡化所牽涉到「環境的程序正義與實質正義」、「環境基本善的概念」以及「世代間的正義」幾個面向，分析新自由主義與環境正義訴求是否相容。

(一)環境的程序正義與實質正義

環境正義同時包含程序正義和實質正義兩個成分。環境的程序正義被理解為要求「所有人不管種族、膚色、收入、國籍或教育水準」都能夠「有意義的參與」環境決策。（EPA, 1998）假如每個人都有機會參與環境決策，每個人就有管道去捍衛他自己及其他人的實質環境權。由於環境不平等事件多發生於弱勢團體在非自願的狀況下遭受各種環境毒害的威脅以及資源的限制使用，透過程序正義原則確保利害關係人獲得充足的資訊，並能夠公平參與、檢視環境相關決策，將可避免社會上強勢團體任意地將污染物棄置於弱勢團體的家園，保障弱勢群體的基本環境權益。

Rawls 以契約方式建立起的正義理論其核心就在於經由一套公平的程序，建構出立約各方皆能合理接受的正義原則，在他心目中這一套經由公平程序得出公平結果的原則，即是指純粹程序正義原則。（林火旺，

1998）在環境事件中，我們也可依循恰當的程序來確保人們公平地擁有他所應得的東西，不管是環境利益或負擔。程序正義堅持，在環境決策之前必須先符合這樣的條件，亦即，在平等及充分告知的情況下以非強迫的方式讓利害關係人自己來做決定。學者 Capek 具體地提出個人、社區或少數民族在面對可能的環境不正義時，應有的四個基本權利，分別是：(1)充分資訊的權利；(2)公開聽證的權利；(3)民主的參與及社區團結；(4)賠償的權利。其中前三個權利皆屬於維護程序正義的權利，唯有賦予個人、社區及弱勢團體充分的民主參與權，才能成就環境正義的必要基礎。至於第四個基本權利的提出，則是在保障居民的自主性、資訊權與參與權的程序正義之外，兼顧受害居民應得補償之實質正義。（紀駿傑，1996）

程序正義可說是實質正義的第一道保障，即便程序正義不必然保證最後的實質正義結果，但是要由公正程序導出實質不正義確實要比經由一個不公正的程序來得困難。可知，程序正義為環境正義首要條件，即使短期內要求實質環境平等的目標無法達成，我們仍有必要透過程序正義的手段來達到保障弱勢群體的平等公民權。

再從環境的實質分配上來看。假如說經濟正義是有關「善物」的分配（the distribution of a "good"），那麼環境正義就關係到環境「惡物」的分配（the distribution of a "bad"）。環境正義理念中所要處理的一個重要問題正是環境利益與負擔的分配。研究顯示，弱勢群體往往是社會中環境惡物的主要承擔者。諷刺的是，這些承擔環境惡物的對象正是 Rawls 主張在正義社會中要優先給予照顧的「最不利地位者」。若依照 Rawls 差異原則的精神來看環境決策或環境行動，則環境決策與行動不僅不應在環境利益／負擔的分配上傷害這些弱勢者，更應以其利益為優先考量。在進行不平等的分配時，決策者應該站在「最不利地位者」的立場來看問題，任何不平等分配必須對最不利者最有利才可以被接受。然而，對應於現實，在環境正義抗爭運動上所突顯出來的各種環境爭議，顯然

完全與此背道而馳。污染及廢棄物的製造者往往依循「最小抵抗路徑」（least resistance path）的原則，將各式污染及廢棄物丟棄在特定的地點及特定人群的生活領域，（紀駿傑，1998）而這些特定人群正是各弱勢族群與貧窮社區等社會中「最不利地位者」。若由環境負擔的分配來看，各種危害環境的不正義事件正違反 Rawls 差異原則的規定，「最不利地位者」原先就是社會上的弱勢團體，若再強迫他們接受諸多環境惡物，顯然將使他們的生活陷入更不利的情況，這是實施正義原則的公平社會所不容許的環境政策。

(二)環境基本善

　　早期的環境正義觀念強調的平等性是污染的平等分配，社會上環境危害的負擔應該不分貧富貴賤，一律平等分擔。不過，近年來環境正義已由原先「均等污染」的訴求漸漸發展出「沒有人應該被迫忍受不利的環境危害結果」的理想。（Bell, 2004）換句話說，環境正義的訴求若只落在消除環境危害的不平等上是不夠的，應該由原來要求平均負擔污染轉向努力降低污染，最理想的情況是不再有人曝露在環境危害中，以達成營造健康環境的目標。從環境「惡物」的分配到環境「善物」的分配是近年來環境正義的一種進展。（Bell, 2004）何謂環境善物呢？相對於空氣污染是一種環境「惡物」，乾淨的空氣就是一種環境「善物」。乾淨的空氣、無污染的飲用水、最起碼的住屋及基本溫飽等人類維生所需的基本條件正是名符其實的「環境基本善」。從平等的負擔污染到平等獲取健康所需的基本環境善物，反映出環境正義的主要分配內容。本節將從基本善的概念來檢視 Rawls 理論的環境應用。

　　基本善也可說是基本的有用物品，是每個人實現自己的人生計畫時一定需要的東西。在正義論中 Rawls 區分社會的和自然的基本善，前者隸屬於一種社會配置（the disposition of society），諸如權利與自由、權

力與機會、收入與財富以及自尊皆屬於社會基本善（social primary good），健康、精力、智力和想像則屬自然基本善（natural primary good），不是直接在社會基本結構的控制下。（Bell, 2004）進一步地，Rawls 又在社會基本善之間，區分基本自由以及經濟與社會所得。他列出投票、服公職的基本自由、言論自由、結社自由、良知自由、擁有私有財產以及不受任意逮捕等基本自由，這些基本自由形成了自尊的基礎，屬「較高序的利益」（higher-order interest）。Rawls 堅信在無知之幕之後的理性人會選擇他所提出的兩條正義原則，這兩條原則具有一種詞典式（lexical）優先次序，亦即，在第一原則未被完全滿足的情況下，我們不能先追求第二原則。這種優先性的特點在於不允許用基本自由來換取經濟或社會所得，也不容許以某些人的基本自由來換取其他人的經濟或社會所得。對 Rawls 而言，一個社會在達到某一個財富水準之後，平等自由權相較於其他的基本善而言，享有絕對的優先性，因為這是每一個原初立場中的理性人所欲求的。然而他在另一方面卻又強調，自由的優先性只有在「大家的基本要求已經被滿足之後」，以及社會條件允許大家能夠有效地利用這些基本自由之後才能成立。（Rawls, 1971） Rawls 一開始是以自由為最重要的人生價值，所以基本自由居於社會基本善的最高序位，但後來似乎又承認基本要求比自由更具優先性。這種模稜兩可的立場未能方便地讓我們直接利用基本善的概念到環境議題上，因為我們所討論的環境基本善似乎被歸類到自然基本善領域，而不在社會基本善之列。

　　針對 Rawls 對社會基本善的設定，特別是自由的優位性，有學者站在環境哲學的角度提出質疑。因為，若從環境的角度來看基本善的重要性，維生所需之物不管對哪個人來說，都是最基本的有用物品，這一點我們只要稍加設想即可明瞭，對一個饑寒交迫或飲用水受到嚴重毒害污染的人而言，言論自由反倒是次要的東西了。因此，Singer 就指出，就人類整體生存條件而言，不管什麼樣的社會，穩定地取得飲用水、有遮

風避雨的住所、無污染的食物以及乾淨的空氣等，也是人們欲求的基本善。（Singer, 1988）若用 Rawls 的口氣來模擬這些基本善的重要性，可以這樣推論：沒有乾淨的空氣將導致呼吸道的疾病，從而將阻礙公民從事「互利互惠的社會合作」（例如就業），以及追求他們的人生計畫。換句話說，沒有了這些條件也就失去生存的憑藉，Rawls 實在沒有理由把這些條件排除在社會基本善之列。在 1948 年聯合國發表的「世界人權宣言」（Universal Declaration of Human Rights）中，除了強調人生而自由與平等之外，也將適當、充足的飲食、免於飢餓的自由、起碼的住屋條件、醫療照護等等條件列為保障人們基本權利的人權項目。（UN, 1948）表面上看來，乾淨的空氣、飲用水、食物以及住屋這些事似乎比較像是自然的基本善，因為它們的物質特性表現出自然而然的特質，與 Rawls 一再強調的社會基本結構（the basic structure of society）似乎沒什麼關聯。但是只要我們仔細地想想，就會發現這些基本善的內容並不這麼單純。自來水從水龍頭流出來其實是來自昂貴的公共建設計畫，而我們賴以維生卻很少有人多加注意的乾淨空氣，也仰賴 Rawls 稱為「社會基本結構」的經濟、社會、教育與法律等各種社會制度的設計來維持。因此，這些看似自然的基本善，不管是直接或間接都處於社會基本結構的控制下。對 Rawls 來說，理性人也許不願意犧牲像投票權這樣的社會基本善來換取各種社會及經濟的特權，但是要理性人犧牲飲用水、乾淨的空氣等基本生存憑藉來換取社會與經濟特權似乎更是違反理性的思考，理性人並不會以乾淨的空氣和飲用水來交換社會及經濟特權，就如同理性人不會以投票權去換取社會及經濟特權一樣。事實上，Rawls 在《作為公平的正義》一書中也提到：

> 身為公民，我們也是政府所提供的各種有利於個人的利益和服務（personal goods and services）的受益者，而這些利益和服務是我們在這樣一些場合中有權利得到的，如保健，所提供的公共利益（public

goods），以及保護公共健康的標準（清潔的空氣和沒有受到污染的水源等等）。所有這些項目都可以（如果必要的話）包含在基本善的指標之中。（Rawls, 2001）

由此來看，Rawls 在後期的考慮中，已經同意把各種與公共健康相關的標準納入基本善之中。因此，正義原則應該明白指陳，像飲用水、無污染食物、乾淨的空氣等等基本善，是理性人的基本欲求，他們會要求這些條件能在一個公正社會中獲得保障。如此一來，基於對環境基本善的追求，理性人所選出的正義原則就應該禁止那些會製造環境風險、破壞基本生存條件的制度與社會發展，以及任何可能危害社會及自然環境的作為及決策。

(三)世代間的正義

「世代間的正義」（Justice between Generation）問題，是近年來歐美政治哲學領域中一個重要課題。60 年代以來，人口過多的壓力與土壤、河川、空氣等污染、核廢料的處置，以及為了滿足部分人士無止盡的欲求，過度擷取自然資源，種種作為削弱了未來世代滿足其需要的能力與條件，引發世人對永續發展議題的關注與環境倫理的討論。人們理解到忽視環境後果的經濟成長，對人類生態環境造成的破壞，其結果不但威脅到社會的未來發展，甚至將改變全體人類未來的命運；而倫理學家也開始正視當代人與未來世代之間是否存在著道德權利與義務的關係等問題。1972 年聯合國人類環境會議上通過《人類環境宣言》，明確指出人類具有保護及改善這一代和將來世世代代環境的責任。1987 年聯合國「世界環境與發展委員會」（WCED），以「我們共同的未來」為主題發表「布朗特蘭報告」（The Brundtland Report），正式提出「永續發展」（sustainable development）的概念，報告中提出了世代間正義的理念，

並正式定義「永續發展」係指「滿足當代的需要，同時不損及後代子孫滿足其需求的發展」，強調「在有限的自然資源及環境承載（涵容）能力下，能夠滿足目前世代之發展，而不損及未來世代之需求。」（Brundtland, 1987）在謀求社會進步及發展的同時，如何兼顧到環境生態的保護，以提供下一代可居住的環境，是值得大家深思的課題。然而，從倫理學的角度來看，世代間正義理論的建構仍面臨許多爭議性的問題。

依照 Rawls 對契約論的設計，立約各方知道他得跟其他立約者生活在一起才能進行完整的社會生活，個人自由與機會也才能獲得保障。在這個情況下，與他一起進入契約的人都是同一社會的道德主體，大家彼此之間有一種相互考量的義務。但是未來世代與當代人並非同一社會的道德主體，未來世代並未參與訂定契約，當代人對他們似乎並無直接的道德義務。更何況無知之幕之後立約各方的心理狀態都是互不關心，在這種情況下，人們似乎沒有必要以尚不存在的未來世代作為正義的討論對象，立約各方所訂出的道德規則也沒有必要考慮他們的行動對未來世代可能造成的影響。若用這種觀點來看環境資源的耗用及廢棄物的處理，將對未來世代的生存環境形成嚴重的不正義。

人類社會自工業革命以來，由於生產技術突飛猛進，雖然因此獲得物質生活的充分滿足，但也在追求發展的競逐心態下，過度開發或不當使用，使得環境惡化超過其涵容能力，我們除了面臨這一代的生存危機外，更危及未來世代之生存權。這種因為在存在的時間上，未來世代無法參與前代人的決策，但前代人的所作所為卻直接影響未來世代的生活，損及後者的權益，形成了世代間不正義的現象。（劉阿榮、石慧瑩，1999）資源的過度耗用造成未來世代缺乏足夠與容易取得的資源使用，製造大自然無法分解循環的物質或製造有危害性的物質等，更使得未來世代承受不必要的環境風險。為了保持文化和文明的成果，完整地維持正義制度，同時避免環境損害對未來世代可能造成的不良影響，牽涉到每一代要為未來世代儲存多少資源的問題。

在世代正義的議題上，Rawls 反對為了未來世代的利益犧牲當代人的權益，不能以後代的更大福利為藉口而損害現在這一代的公平份額，但他也不贊成只顧現在而不管未來。為了解決世代之間的公平，Rawls 在契約論中提出了一個公平儲蓄原則。他論證，某種儲蓄計畫看來是公平的，**「儲蓄是全面實現正義體制和平等自由權的一個條件，但是如果認為一個正義的良序社會必定是高度的物質生活水準的產物，那是一種錯誤」**。（Rawls, 1971）Rawls 認為，資本累積對生活的增進是必要的，但是何種程度的累積是合理的？當代人會不會為了累積過多的基本善，而耗盡有限的自然資源，導致未來世代生存的困境？

　　在原初立場的設計中，Rawls 聲稱在無知之幕之後的立約者不知道他們所屬的世代，不知道所屬社會的經濟或政治情況以及文化或文明的形式。不過，他們會知道，不管身處哪一個世代，他們都屬於同一個世代。這個假設若運用到環境資源的使用上將對未來世代形成一個重大的威脅。我們都知道，Rawls 預設正義的客觀環境是自然資源中度匱乏的環境，現實世界也正是這麼一個資源有限的世界。假設當代人完全不考慮未來世代對資源的需求，毫無節制的濫用資源，以追求更多的財富、更舒適的生活，或產生更多無法解決的廢棄物污染問題，那麼未來世代將面臨一個完全匱乏的環境，正義理想也永遠不可能實現的社會。

　　由於當代人的作為可能形成世代間的不正義，因此，在討論正義原則時，我們應同時考慮未來世代的生存權益。問題是，依據什麼考量可以阻止立約者去選擇那種允許他們這一代人用光所有可用的水、空氣及土壤，只要在他們死之前夠用就好的那種正義原則？針對這一個疑慮，Rawls 提出了家長式關心的心理學設定。他假定在原初狀況中的立約者知道他們現在的家庭，立約各方同時是各個家庭中的家長，撫養子女是理性人的人生計畫，這些人會關心自己的下一代並考慮子孫的福利。基於這樣的關心，我們也必須維持未來世代的自由、機會、健康和自尊等基本善，乾淨的空氣和水源、土地及能源等生存必要的自然資源更是不可

少，因此，為下一代留下「適當數量的實物資本積累」（suitable amount of real capital accumulation）絕對是必要的。

　　Rawls 世代正義的立論點並非因為立約各方對未來世代有道德義務，而是出於對他們較為親近的未來兩代子孫的情感上的關心。只不過 Rawls 的說法似乎有時效上的問題。現代工業進步，許多污染或廢棄物屬於石化製品，原本於自然界中並不存在，也無法自然分解，因而造成了所謂的「萬年垃圾」，影響久遠，其危害往往可能延展到千百年之後，例如核廢料可以被妥善地無害貯儲五百年，在那之後就將毒害空氣。然而，Rawls 所描述的同情心只及於未來兩代，對於這種久遠以後的惡果已非他設定的理性人所關心的了。況且社會上存在著許多不想要生兒育女的人，這種不願養育後代的想法也是理性的人生計畫之一。他們既無兒女，也無須承擔對未來世代的任何道德義務，面對此種狀況，正義社會的立約者如何給予未來世代的社會基本善一個合乎道德的考量？

　　針對這個問題 Peter S. Wenz 與 Brent A. Singer 都認為只要加厚 Rawls 所設計的無知之幕即可解決。作法是在原先的無知之幕設想上，進一步假定立約各方不知道他們將屬於那個世代，他們也許會屬於當代，也許屬於幾個世代之後，除去無知之幕之後才發現，自己所處的年代有可能是在一千年到五百年之後。在這種情況下，立約各方將不會採用那個允許當代人用光所有可用的水、空氣及土壤的正義原則，人們會謹慎而公平地考慮保存資源給每一代人，因為他們知道自己有可能是需要資源被留存的未來世代。這種改良的作法用來解決環境的世代正義，更能突顯出 Rawls 無知之幕的立意良美，可確保選出來的正義原則不會特別偏私於任何特定的個人或團體及世代，進而解決世代正義的困境。（Singer, 1988; Wenz, 1983, 1988）

五、結語

　　在相關的環境正義課題中，透過 Rawls 程序正義的概念，可達到保障弱勢群體的環境參與權；在實質正義上環境決策也可引用差異原則的概念，強調應優先考量社會中處於最不利地位者的利益。另外，藉由基本善的概念，我們推衍出生存所需的環境基本善的重要性，並藉由改良無知之幕的設計，解決世代間的環境正義問題。在環境不正義的事件中，我們看到環境風險設施往往在「最大多數人的最大利益」或「公共利益」的包裝下，強迫「最不利地位者」犧牲自我利益造就大眾福利，非自願地承擔社會不公平的風險，其過程不但有違「程序正義」的要求，也悖離 Rawls 對「最不利地位者最有利」的實質正義理念。另外，我們由 Rawls 的社會基本善的設定出發，檢討 Rawls 在社會基本善的概念上自由優位性的設定，並主張進一步納入飲用水、基本溫飽、住屋以及空氣這些生存不可或缺的環境資源到基本善的清單中，使得環境議題能在社會討論中獲得更多重視，禁止那些使我們陷入生存困境的制度與社會發展，以及任何可能危害社會及自然環境的環境決策，進而推出較為積極的環境保存原則。

　　其次，有關世代間的正義問題，雖然 Rawls 提出了家長式關心的心理學情感設定，假定在原初立場中的立約各方會關心自己的下一代並考慮他的子孫的福利，在與正義的儲蓄原則一致的情況下，我們會選擇適當的正義原則。然而這種由同情心出發的關心無法成為普遍性義務要求，為了健全正義理論對未來世代在環境利益與負擔上的公平分配，可採納 Singer 等人之建議，以加厚無知之幕的方式修正 Rawls 的設計，讓人們不知道自己身處哪一個世代，以確保立約者選出一個對各個世代都有利的、更為環境親善的正義原則，進而解決環境議題上世代正義所面臨的困境。

在全球自然環境漸趨惡化的今日，環境議題成為當今政治正確的一大課題。在環境事件中，環境破壞與污染的最直接受害者往往是社會中的弱勢族群。為了矯正此種環境不平等，環境正義成為當代環境議題的訴求重點，藉以要求環境利益與負擔的平等分配。Rawls 承襲了自由主義的道德理想，並提出以公平作為衡量社會基本結構正義與否的標準，其差異原則更提供社會資源再分配的道德根據。本文根據 Rawls 的正義理論延伸出足以支持環境正義的論點，藉由對 Rawls 若干概念的詮釋與擴展，呈顯出 Rawls 的正義理論其實可以有效支持環境正義的理念，也間接證成新自由主義的平等理念在某種程度上可以與環境正義的訴求彼此相容。

參考書目

一、中文部分

林火旺（1998），《羅爾斯正義論》台北：台灣書店印行。

紀駿傑（1996），〈環境正義：環境社會學的規範性關懷〉，發表於「第
　　一屆環境價值觀與環境教育學術研討會」，成功大學台灣文化研究
　　中心籌備處。

紀駿傑（1998），〈我們沒有共同的未來：西方主流環保關懷的政治經
　　濟學〉，《台灣社會研究季刊》第 31 期。

劉阿榮、石慧瑩（1999），〈永續發展的五個正義向度〉，《應用倫理
　　研究通訊》第 10 期。中壢：中央大學哲學研究所。

錢永祥（2003），〈羅爾斯與自由主義傳統〉，《二十一世紀雙月刊》。
　　香港：中文大學出版。

萬俊人譯（2002），羅爾斯，《政治自由主義》。南京：譯林出版社。

李少軍譯（2003），羅爾斯，《正義論》。台北：桂冠圖書公司。

二、英文部分

Bell, Derek R. (2002) How can Political Liberals be Environmentalists?
　　Political Studies, 50, 4, 703-24.

Bell, Derek R. (2004) Environmental Justice and Rawls' Difference Principle,
　　Environmental Ethics, 26, 287-306.

Bruntland, G. (ed.) (1987) *Our Common Future: The World Commission on
　　Environment and Development*, Oxford: Oxford University Press.

Bullard, Robert D. (1990) *Dumping in Dixie: Race, Class, and Environmental Quality*, Oxford: Westview press.

Capek, Stella M. (1993) The 'Environmental Justice' Frame: A Conceptual Discussion and an Application. *Social Problems* 40, 1:5-24.

Environmental Protection Agency(EPA) (1998) *Office of Federal Activities, Final Guidance for Incorporating Environmental Justice Concerns in EPA's NEPA Compliance Analysis*, Washington D.C.: U.S. Government Printing Office.

Hartley, Troy W. (1995) Environmental Justice: An Environmental Civil Rights Value Acceptable to All World Views, *Environmental Ethics*, 17, 277-289.

Hofrichter, Richard (ed.) (1993) *Toxic Struggles: The Theory and Practice of Environmental Justice*. Philadelphia: New Society Publishers.

Manning, Russ (1981) Environmental Ethics and John Rawls' Theory of Justice, *Environmental Ethics*, 3, 155-165.

Rawls, John (1971) *A Theory of Justice*, Cambridge: Harvard University Press.

Rawls, John (2001) *Justice as Fairness: A Restatement*, Cambridge: Harvard University Press.

Singer, Brent A. (1988) An Extension of Rawls' Theory of Justice to Environmental Ethics, *Environmental Ethics*, 17, 217-231.

Talbot, Carl (1998) Environmental Justice, *Encyclopedia of Applied Ethics*, San Diego, Calif. : Academic Press, v.2, p.94.

United Church of Christ (1987) *Toxic Wastes and Race in the United States: a National Report on the Racial and Socioeconomic Characteristics of Communities Surrounding Hazardous Waste Sites*. New York.

United Nation Doc. (1948) Universal Declaration of Human Rights, 217A

(III).

Wenz, Peter S. (1983) Ethics, Energy Policy, and Future Generations, *Environmental Ethics*, 5, 195-209.

Wenz, Peter S. (1988) *Environmental Justice*, Albany: State University of New York Press.

國家圖書館出版品預行編目資料

應用倫理學的新面向 / 劉阿榮等著. – 初版.
-- 臺北縣深坑鄉：揚智文化, 2007. 11
面； 公分

ISBN 978-957-818-854-9 (平裝)

1. 應用倫理學 2. 文集

190.7 96022664

圖書編號：A9050

應用倫理學的新面向

著　　者／劉阿榮等
出 版 者／揚智文化事業股份有限公司
發 行 人／葉忠賢
總 編 輯／閻富萍
登 記 證／局版北市業字第 1117 號
地　　址／台北縣深坑鄉北深路三段 260 號 8 樓
電　　話／(02)8662-6826
傳　　真／(02)2664-7633
E-mail ／service@ycrc.com.tw
印　　刷／鼎易印刷事業股份有限公司
I S B N ／978-957-818-854-9
初版一刷／2007 年 11 月
定　　價／新台幣 400 元

＊ 本書如有缺頁、破損、裝訂錯誤，請寄回更換 ＊